中国设施园艺产业发展战略

"我国设施园艺产业发展战略研究"项目组 著

科学出版社

北 京

内容简介

本书是中国工程院咨询项目"我国设施园艺产业发展战略研究"的研究成果。本书进一步明确了设施园艺产业在我国社会经济发展中的战略地位，深入分析了国内外设施园艺产业的发展现状与趋势，认真梳理了未来二十年我国对设施园艺产品的需求，确定了我国设施园艺产业的发展道路和重大目标，科学规划了不同设施园艺类型在我国的时空布局，明确提出了我国设施园艺产业发展的战略重点和重点项目，深刻阐释了我国设施园艺产业发展的重点战略措施和政策建议。这些研究成果，对于推进我国设施园艺产业现代化，实现可持续绿色发展具有重要参考价值。

本书可供设施园艺产业行政管理人员、大专院校师生、科研单位研究人员以及企业管理和技术人员等参考使用。

审图号：GS（2020）6495号

图书在版编目（CIP）数据

中国设施园艺产业发展战略／"我国设施园艺产业发展战略研究"项目组著. —北京：科学出版社，2021.1
　ISBN 978-7-03-066685-7

Ⅰ. ①中…　Ⅱ. ①我…　Ⅲ. ①园艺–设施农业–产业发展–研究–中国
Ⅳ. F323

中国版本图书馆 CIP 数据核字（2020）第216596号

责任编辑：王玉时　林梦阳／责任校对：严　娜
责任印制：师艳茹　／封面设计：蓝正设计

科学出版社出版
北京东黄城根北街 16 号
邮政编码：100717
http://www.sciencep.com

北京画中画印刷有限公司　印刷
科学出版社发行　各地新华书店经销

*

2021 年 1 月第　一　版　　开本：787×1092　1/16
2021 年 1 月第一次印刷　　印张：11 1/2
字数：256 000

定价：118.00元
（如有印装质量问题，我社负责调换）

《中国设施园艺产业发展战略》
编写人员名单

主　　编（项目主持人）李天来

副 主 编（项目副主持人）齐明芳

参编人员（项目参加人，按姓氏笔画排序）

孙周平　李建明　邹志荣　宋卫堂

须　晖　郭世荣　魏　珉

前　言

民族要复兴，乡村必振兴，农业现代化是乡村振兴必由之路。设施园艺作为保障"菜篮子"产品有效供给、丰富人们生活的基础产业和助力农民脱贫致富的支柱产业，必将在推进农业现代化中发挥重要作用。30多年来，我国设施园艺产业发展迅猛，生产面积已从20世纪80年代初不足0.7万hm^2发展到目前约470万hm^2，年产值约1.46万亿元。可以说我国已成为世界设施园艺第一生产大国。

然而，纵观世界设施园艺发展进程，我国还不是设施园艺生产强国，设施园艺生产还处于初级发展阶段。尽管通过引进和消化吸收，我国已小规模发展了现代连栋温室园艺产业，但这类温室建造成本高，耗能巨大，除部分生产高档花卉外，多数处于亏损经营状态。仅从耗能角度，我国多数地区不适于这类温室发展，因此这类温室园艺也就难以成为我国设施园艺产业主体。而我国现有的主体设施园艺产业，大部分既缺乏设施装备和环境调控标准，也缺乏生产管理技术标准；设施装备简陋，生产机械化和环境调控自动化水平低（机械化率不足30%）；产业生产技术水平不高、创新能力不足（创新平台与创新队伍不足、科研支持力度小而分散）、成果转化率低、缺乏科学的生产技术标准；经营规模小（一家一户的小农经济为主）、产业服务水平不高、产品品牌打造不够。以上现状从而导致我国设施园艺的土地产出率不高，平均产量不足7.5万kg/hm^2；劳动生产率低，劳动强度大，人均经营面积仅为0.1hm^2左右；资源利用率不高，土地和水资源利用率尚有较大提升空间。总而言之，我国现阶段设施园艺产业距离现代化要求还相差甚远。因此面对2035年基本实现现代化的全国总目标，急切需要破解影响设施园艺产业现代化发展的难题，这就需要强化科技创新与成果转化力度，加大人力、物力、财力的投入和政策支持，否则设施园艺产业将难以在2035年实现现代化。

本书根据2017年中国工程院立项支持的"我国设施园艺产业发展战略研究"咨询项目研究成果编写而成。全书旨在明确我国未来十五年的设施园艺产品需求、设施园艺产业发展道路、战略目标、设施类型及其布局、发展战略重点、重要创新项目、需要的战略措施和政策,为我国设施园艺产业现代化发展提供参考。

本书包括十章内容,其中设施园艺在我国经济社会发展中的战略地位由齐明芳和李天来编写,国外设施园艺发展的现状与趋势由郭世荣编写,我国设施园艺发展的现状与趋势由郭世荣编写,我国未来二十年设施园艺生产技术需求由宋卫堂编写,我国设施园艺的发展道路与战略目标由李天来和齐明芳编写,我国设施园艺的类型选择及其时空布局由孙周平和李天来编写,设施园艺发展的战略重点由邹志荣和李建明编写,设施园艺发展的重点项目建议由李建明和邹志荣编写,设施园艺发展的重大战略措施建议由须晖编写,设施园艺发展的重大政策建议由魏珉编写。全书最终稿由齐明芳通篇整理,李天来进行修改。

项目实施过程中,承蒙中国工程院及其农业学部领导的指导与关心,也得到了刘旭、康绍忠、方智远、汪懋华、罗锡文、陈温福、朱有勇、万建民、陈剑平等院士和同行专家的指导与帮助,在此一并致以崇高敬意与衷心感谢!

由于项目研究时间较短,本书编写时间有限,加之我们水平有限,因此,书中难免存在一些问题,敬请读者提出意见。

李天来

2020 年 11 月于沈阳

目　录

第一章 设施园艺在我国经济社会发展中的战略地位

我国幅员辽阔、人口众多，园艺产品，特别是蔬菜周年均衡供应一直是困扰我们的大问题。新中国成立以来，我国各级政府始终把蔬菜供应当作头等大事来抓，特别是 20 世纪 80 年代国家实施"菜篮子工程"以来，在市长管"菜篮子"的责任制下，蔬菜供应得到极大改善，在市场的推动下，其他园艺产品供应也得到了全面改善，目前园艺产品总体是供大于求，蔬菜年人均占有量达 550 余千克，基本实现了周年均衡供应。

在我国，设施园艺产业已成为解决园艺产品周年均衡供应的重要产业，其中设施蔬菜、西甜瓜和食用菌解决了北方市场冬淡季和南方市场夏淡季的供应问题，实现了周年均衡供应；设施果树解决了桃、杏、樱桃、葡萄、草莓等不耐贮运果品的周年供应问题；设施花卉解决了花卉周年供应问题。不仅如此，设施园艺产业还促进了农民脱贫致富，大幅度提高了农民的生产效益；同时，其劳动密集型的产业特点为社会提供了大量的就业岗位。此外，在出口创汇和平衡农产品贸易方面也具有显著优势。因此，设施园艺在我国经济社会发展中占有极其重要的战略地位。

一、设施园艺的范畴和概念

（一）设施园艺学的范畴

设施园艺学作为园艺学的重要组成部分，是工程、环境与园艺相融合的新兴学科。所谓设施园艺就是在设施内种植园艺作物的系统；而设施园艺学就是研究设施内种植园艺作物的系统科学，即研究设施园艺园区规划、设施结构设计与建造、设施环境变化规律与调控以及设施园艺作物专用品种选育与种苗繁殖、生长发育规律与调控、栽培模式与技术、病虫害防控方法与技术、园艺产品产后处理等的科学。可见，设施园艺学不仅是在植物学、遗传学、植物生理学、生物化学、分子生物学、气象学、土壤学、农业化学、植物保护学等学科理论和技术进步的基础上发展起来的，而且也是在农业建筑工程学、环境工程学、自动控制学、材料学、信息科学等学科发展的基础上发展起来的。

按照设施内种植园艺作物的不同，设施园艺作物栽培可分为设施果树栽培、设施蔬菜栽培、设施花卉栽培、设施西甜瓜栽培、设施食用菌栽培、设施药用植物栽培、设施茶叶栽培等。设施果树栽培就是在设施内种植果树，目前种植较多的主要有核果类、浆果类及少数热带果树，如桃、李、杏、樱桃、草莓、蓝莓、葡萄、无花果、火龙果等；设施蔬菜栽培就是在设施内种植蔬菜，目前种植的种类较多，除了部分结球叶菜类蔬菜、水生蔬菜、多年生蔬菜以外，绝大部分蔬菜可进行设施栽培；设施花卉栽培就是在设施内种植花卉，目前主要有草本花卉和木本花卉、盆花和切花；设施西甜瓜栽培就是在设施内种植西甜瓜，主要有薄皮、厚皮甜瓜和各种西瓜；设施食用菌栽培就是在设施内种植食用菌，主要有香菇、双孢菇、金针菇、凤尾菇、白灵菇、鸡腿菇、木耳、银耳等；设施药用植物栽培就是在设施内种植药用植物，这种栽培主要在中草药基地内进行，并要注意中草药药用成分的变化，对于设施种植改变药用成分较大的药用植物不宜进行设施栽培；设施茶叶栽培就是在设施内种植茶叶，目前这种栽培还较少，设施茶叶栽培也要注意对茶叶有效成分的影响。

按照设施类型的不同，设施园艺作物栽培又可分为简易覆盖栽培、塑料大中棚栽培、温室栽培、遮阳棚栽培、避雨棚栽培等。简易覆盖栽培包括地面覆盖栽培和近地面覆盖栽培，地面覆盖栽培包括地膜和沙培覆盖栽培；近地面覆盖栽培是指在近地面1.5m以下覆盖设施内栽培，如风障、阳畦、温床、小拱棚等设施内栽培。塑料大中棚栽培是指采用脊高1.8m以上的屋脊形或拱圆形透明塑料薄膜覆盖棚内栽培。温室栽培是指采用透明玻璃或塑料薄膜覆盖、具有一定环境调控能力的脊高1.8m以上的屋脊形或拱圆形棚内栽培，如日光温室栽培、连栋温室栽培、单栋加温温室栽培等。遮阳棚和避雨棚栽培是指采用遮阳网和防雨膜覆盖、具有一定遮阳和防雨作用的棚室内栽培。

按照栽培方式的不同，设施园艺作物栽培还可分为土壤栽培、营养基质栽培、无土栽培、立体栽培等。设施园艺土壤栽培是指在设施内的土壤上种植园艺作物；设施园艺营养基质栽培是指在设施内的营养基质上种植园艺作物；设施园艺无土栽培是指在设施内采用营养液供应养分种植园艺作物；设施园艺立体栽培是指在设施内利用空间种植园艺作物。

按照应用设施的目的不同，设施园艺作物栽培又可分为防寒栽培、降温栽培、防雨栽培等。防寒栽培就是在寒冷季节进行设施保温或加温园艺作物栽培，如北方冬季日光温室栽培；降温栽培就是在高温季节进行设施降温园艺作物栽培，如夏季遮阳降温栽培、人工降温栽培等；防雨栽培就是在雨季进行避免雨淋的园艺作物栽培，如大樱桃雨季临时覆盖栽培、叶菜雨季临时覆盖栽培、花卉雨季临时覆盖栽培等。

按照栽培茬口的不同，设施园艺作物栽培还可分为长季节栽培（一年一大茬）、冬春茬栽培（促成栽培）、春提早栽培（半促成栽培）、秋延后栽培（半抑制栽培）、秋冬茬栽培（抑制栽培）、夏秋茬栽培（越夏栽培）等。长季节栽培一般指8月份播种育苗，翌年7月份采收结束或1月份播种育苗，11月份采收结束的种植制度；冬春茬栽培一般指9月或10月份播种育苗，翌年6月或7月采收结束的种植制度；春提早栽培一般指12月至翌年2月播种育苗，6月至7月采收结束的种植制度；秋延后栽培一般指6月至7月播种育苗，11月至12月采收结束的种植制度；秋冬茬栽培一般指7月至8月播种育苗，翌年2月采收结束的种植制度；夏秋茬栽培一般指4月至5月播种育苗，10月至11月采收结束的种植制度。

按照设施园艺特殊栽培类型的不同，设施园艺作物栽培还可分为芽菜栽培、软化栽培、假植栽培、高品质栽培等。芽菜栽培就是以蔬菜芽苗为产品的蔬菜栽培；软化栽培就是通过遮光使作物产品器官不形成叶绿素的蔬菜栽培，如韭黄、蒜黄等；假植栽培就是一些叶菜连根采收后临时栽植的蔬菜栽培，如低温季节芹菜连根采收后在温度较好的地方临时栽培以调节上市期，再如圆葱秋季育苗后挖出来在温度适宜的地点临时栽植越冬，翌年栽培；高品质栽培就是以形成特殊品质为目标的栽培，如高糖番茄栽培等。

（二）设施园艺的概念

设施园艺源于日本的"施設園芸"，是 20 世纪 60 年代末、70 年代初日本学术界首先提出来的；欧美称为温室园艺；我国 20 世纪 90 年代前称为保护地园艺，其中包括保护地果树、保护地蔬菜、保护地花卉等，90 年代后称为设施园艺。设施园艺是指在不适宜园艺作物（蔬菜、花卉、果树）生长发育的寒冷或炎热季节，利用保温加温、通风降温、遮阳防雨、增光补光等设施和设备，人为地创造适宜园艺作物生长发育的小气候环境，使其不受或少受自然环境影响而进行的园艺作物生产。由于设施园艺生产的季节往往是在露地自然环境下难以生产的时节，故又称"不时栽培"或"反季节栽培""错季栽培"等。我国是设施园艺发展较早的国家，汉朝时已利用暖房栽培葱、韭菜等，至今已有两千多年的历史。

设施园艺通过设施工程手段调控环境条件，使环境更适合园艺作物的生长发育，以达到提高作物产量和产品质量的目的；同时采用机械化和智能化的工业化生产方式，以提高园艺作物的生产水平。设施园艺是由农业建筑工程、农业环境工程、环境控制工程、农业信息工程、农业材料工程、农业机械工程等工程体系和园艺作物种质改良、园艺作物生物学特性、园艺作物种植、园艺作物环境调控等园艺作物生产体系所构成。可见设施园艺是集现代工程、材料、环境控制、机械应用、信息、生物、园艺生产等于一体的，缺了哪一项都难以形成完整的体系，也就不能获得很好的结果。设施园艺具有环境相对可控、单位面积产出率高、现代技术高度集成、高投入、高产出等集约化生产的显著特征。设施园艺不仅可以实现周年连续生产，从而保障不耐贮运园艺产品的周年供应，而且土地产出率也高，其中设施蔬菜单位面积产量可达到露地产量的 2 ～ 10 倍，蔬菜工厂单位面积产量则可达到露地产量的 40 倍以上。目前，设施园艺除为人们提供园艺产品外，还具有生活休闲、生态保护、旅游度假、文明传承、健康教育等功能；同时设施园艺已不再局限于传统的种植业，而是逐渐延伸到第二产业和第三产业，成为我国传统农业生产向现代农业转变的重要方式。因此，目前的设施园艺产业已经不是传统意义上的设施园艺作物栽培产业，而是一种一二三产业深度融合，包括产前、产中及产后一系列生产过程的设施园艺大产业。

设施园艺一词常被放大，如工厂化农业、设施农业等。事实上，工厂化农业是指在相对可控环境条件下，用工业的生产和经营理念与方式进行动植物生产的一种现代农业，它包括种植业和养殖业。而设施农业是在设施内进行动植物生产的一种农业，它也包括种植业和养殖业。由此可见，工厂化农业先进于设施农业，设施农业包含设施园艺，设施园艺的初步发展阶段属于设施农业的组成部分，设施园艺的高级发展阶段，即现代化发展阶段属于工厂化农业的组成部分。

二、设施园艺在提高人们生活质量中的重要地位

园艺产品主要包括蔬菜、水果、花卉、食用菌、西甜瓜等，是人们生活中必不可少的重要作物产品，特别是随着人们生活水平的不断提高，园艺产品的需求量迅速增加。园艺产品多以鲜活器官供应市场，特别是蔬菜每日必食但又鲜嫩多汁不耐贮运，因此蔬菜周年供应必须依赖周年生产；然而我国北方地区冬季寒冷，难以在露地生产蔬菜，常导致冬春蔬菜供应淡季；我国南方地区夏季炎热多雨，露地生产蔬菜也较困难，常导致夏秋蔬菜供应淡季。蔬菜供应的不足，会直接影响人们身体健康，从而间接地影响其他产业的发展。

设施园艺在一定程度上可人为调控环境进行园艺作物生产，如目前我国设施蔬菜已实现了周年生产，这就为蔬菜周年供应提供了有效途径；另一方面，设施园艺产业是一个高投入高产出的产业，它为解决我国"三农"问题提供了很好的途径。因此设施园艺在我国国民经济发展中占有重要的地位。

（一）确保了我国蔬菜周年均衡供应

蔬菜可为人类提供丰富的维生素、矿物质、碳水化合物、蛋白质、脂肪等多种营养物质，而且有些蔬菜中含有的人类必需营养成分是粮食作物和其他动物性食品没有的，因此蔬菜与人类健康息息相关，每日必食。但多数蔬菜不耐贮运，必须随着市场需求而应时生产，这也就是说蔬菜周年供应必须周年生产。

蔬菜周年生产地点的选择，须根据不同地区各种生产方式的生产成本、运输的便利条件和成本、保质保鲜技术水平以及市场需求量等多个因素决定，只有这样才能获得最好效益。例如，美国地域辽阔、气候多样、一年四季均有适种蔬菜地区，人口不多、习惯上吃菜较少、蔬菜需求量不是太大，交通便利、能源价格低，便于长途运输，因此美国主要采用适地种植长途运输方式来供应蔬菜。荷兰地域较小，整个区域冬季不冷、夏季不热、人口不多、需菜量较少，因此荷兰冬季采用设施蔬菜就地生产、就地供应的方式。日本岛国、南北狭长，一年四季也均有适种蔬菜区域，但由于南北运距较大，因此采用适地生产长途运输和设施就地生产相结合的方式。我国地域辽阔、气候多样、一年四季均有适种蔬菜地区，但我国人口众多、习惯上吃菜较多、蔬菜需求量大、运输难度大，加之我国能源价格相对较高，因此全部依靠适地种植长途运输来供应蔬菜难度较大，必须在不适宜季节进行设施蔬菜生产，也就是说我国蔬菜周年供应必须采用适地生产长途运输和设施就地生产并重的方式。由此可见，我国发展设施蔬菜生产是必需的。

改革开放 40 年来，我国设施蔬菜发展迅猛。设施蔬菜的发展，为彻底结束我国千百年来北方地区冬淡季、南方地区夏淡季蔬菜供应状况发挥了重要作用。设施蔬菜年生产总量从 1981 年的 25 万 t 发展到 2016 年的 2.6 亿 t，人年均设施蔬菜占有量从 1981 年的 0.2kg 发展到 2016 年的 190kg，年人均占有量提高了 950 倍（图 1-1）。另外，目前设施栽培的蔬菜作物有上百种，设施蔬菜加上露地南菜北运、北菜南运、上菜下运等配合，绝大部分地区已经满足了蔬菜周年均衡供应，实现了"冬吃夏菜、夏吃冬菜、中吃西菜、北吃南菜"。

设施蔬菜巨大的供应量以及丰富的种类，稳定了蔬菜市场价格，丰富了我国城乡居民的"菜篮子"，对改善市场供应和丰富人民的物质生活起到了积极的作用（图 1-2 ～图 1-5）。

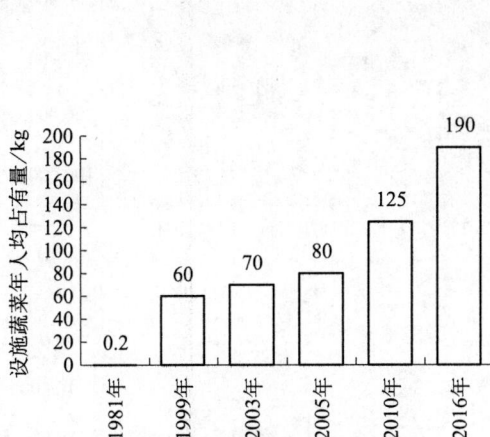

图1-1 我国设施蔬菜人均占有量

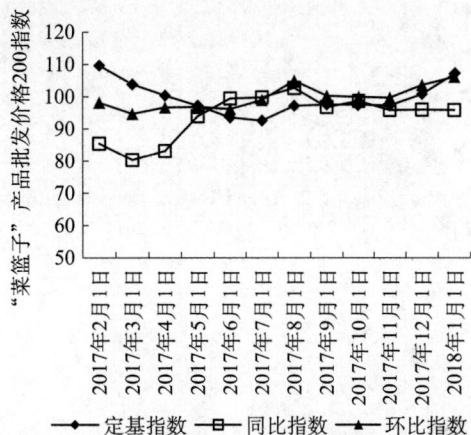

图1-2 农业农村部农产品批发价格月度200指数

注：定基指数以2015年为100计算，同比指数以上年同期为100计算，环比指数以上月为100计算

彩图请扫码

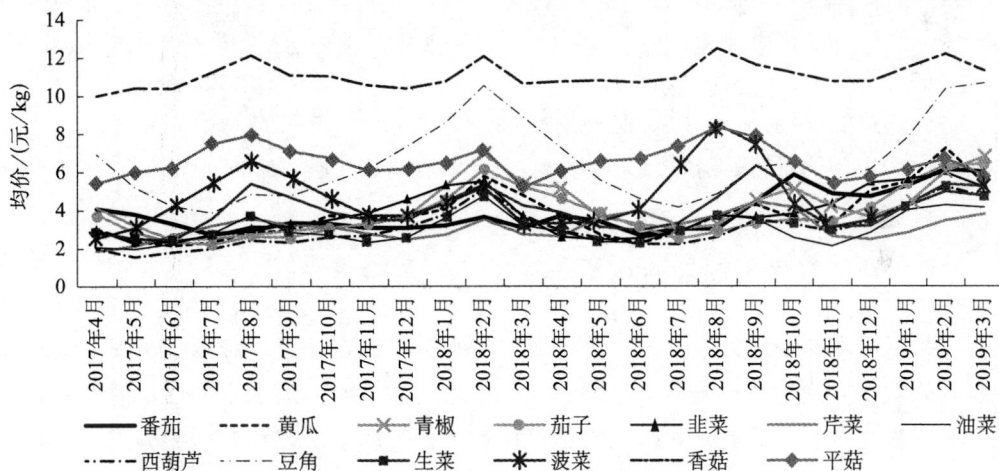

图1-3 设施主要蔬菜价格波动情况（数据来源：农业农村部信息中心重点农产品市场信息平台）

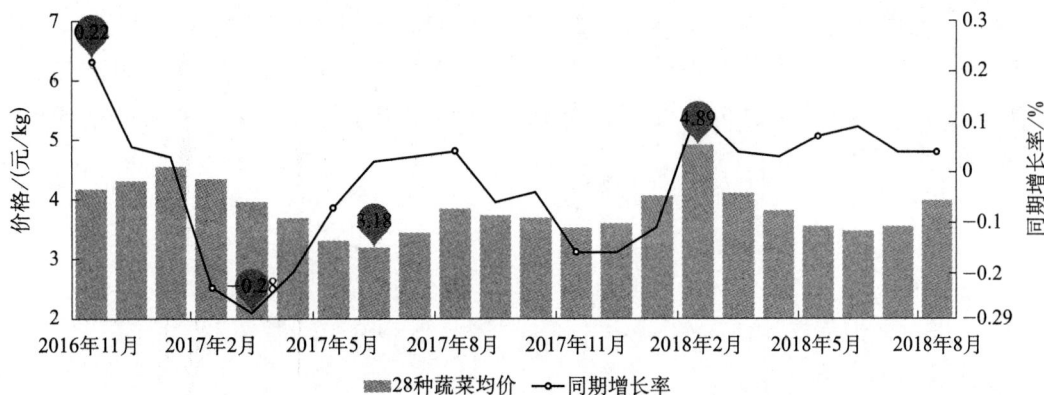

■28种蔬菜均价 —○—同期增长率

图1-4 28种蔬菜均价趋势（数据来源：农业农村部信息中心重点农产品市场信息平台）

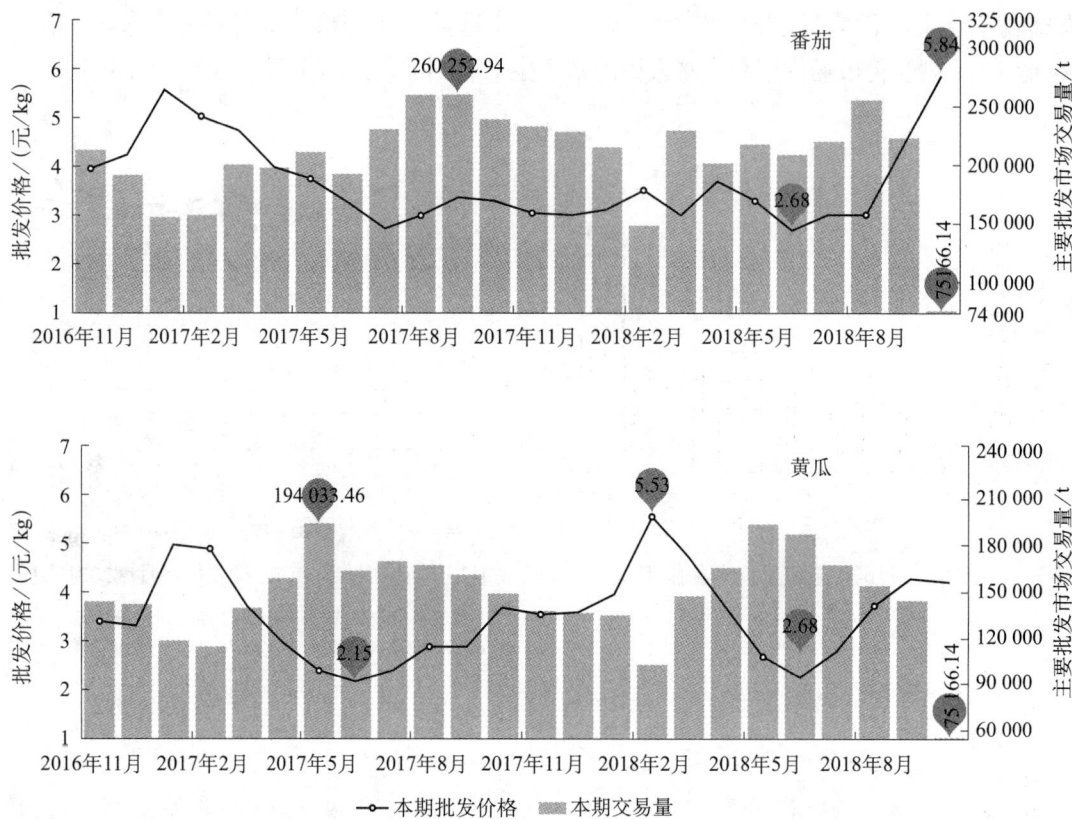

图1-5 番茄与黄瓜批发交易情况（数据来源：农业农村部信息中心重点农产品市场信息平台）

（二）丰富了我国不耐贮运水果市场

我国果树以露地栽培为主，但一些不耐贮运水果仅靠露地栽培难以满足周年供应，因此通过设施栽培方式生产不耐贮运水果，以解决人们对不耐贮运水果的周年需求，对于我国人民来说极为重要。目前，我国的设施果树栽培种类以浆果类和核果类为主，还有一些南方热带和亚热带果树，主要包括草莓、葡萄、蓝莓、桃、杏、樱桃（中国樱桃、西洋樱桃）、李、枣、早熟梨、柑桔、无花果、番石榴、佛手、香蕉、火龙果等，其中草莓栽培面积最大，占总面积的65%以上；葡萄、桃、杏、樱桃次之；其他树种相对较少。截至2015年，我国已有果树设施栽培面积约13.7万 hm²，年产量517万 t。每千克市场售价草莓和葡萄稳定在5～10元、桃6～12元、杏10～20元、中国樱桃20～80元、西洋樱桃80～200元（图1-6，图1-7）。

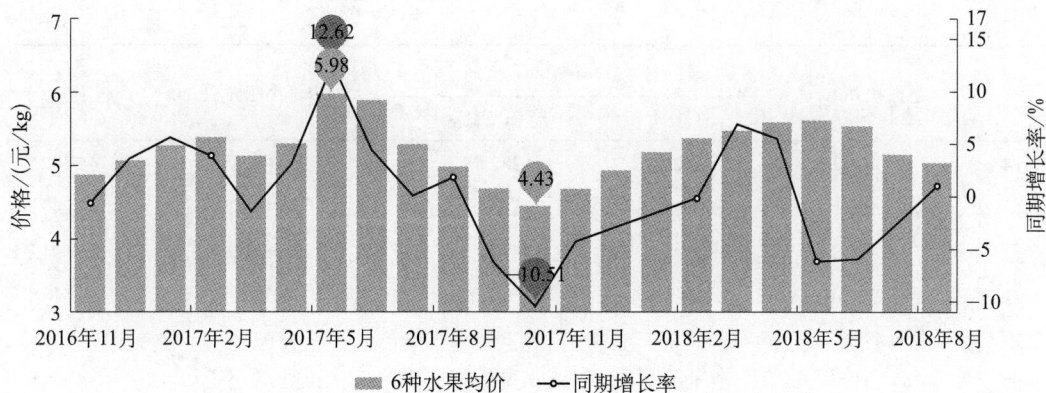

图1-6　6种水果均价（数据来源：农业农村部信息中心重点农产品市场信息平台）

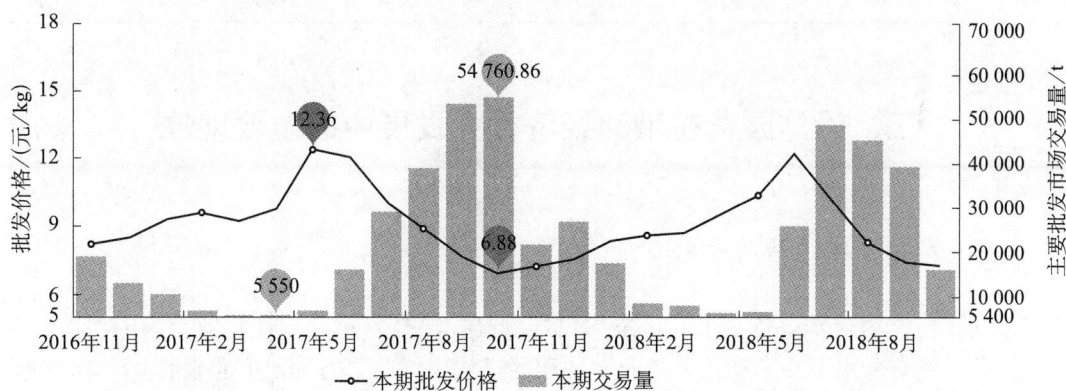

图1-7　葡萄批发交易情况（数据来源：农业农村部信息中心重点农产品市场信息平台）

（三）改善了城乡居民生活色彩

随着人们物质生活和精神生活的提高，人们对花卉的需求越来越高。花卉成为人们日常生活中陶冶情操、修身养性的首选。花卉与人们的生活有着千丝万缕的联系，既能药用、食用，又能美化、净化环境，令人赏心悦目，有利于人们的身心健康。2016年我国已经成为世界最大的花卉生产基地和旺盛的花卉消费市场，全国花木种植总面积 133.04 万 hm^2，设施栽培面积 11.62 万 hm^2，其中温室 2.46 万 hm^2，温室中的节能日光温室 1.10 万 hm^2，大、中、小棚 4.74 万 hm^2，遮阳棚 4.42 万 hm^2（表 1-1）。设施花卉栽培在加快花卉种苗繁殖速度、提早定植调控花期、提高产量和品质、周年集约化生产、提高劳动效率等方面发挥了重要作用，其生产产品对丰富城乡人民生活色彩、提高人民生活水平意义重大。

表1-1　设施花卉生产情况表

年份	总面积 /hm^2	温室面积 /hm^2		大、中、小棚面积 /hm^2	遮阳棚 /hm^2
		总计	节能日光温室		
2016	116 173.0	24 598.6	10 968.3	47 352.6	44 221.8
2015	125 285.7	28 419.3	11 505.1	48 678.8	48 187.6

年份	总面积 /hm²	温室面积 /hm²		大、中、小棚面积 /hm²	遮阳棚 /hm²
		总计	节能日光温室		
2014	129 468.2	28 442.4	9 282.5	56 632.9	44 392.9
2013	133 482.1	36 096.5	16 652	55 145.2	42 240.4
2012	106 445.8	28 112.1	17 249.5	46 831.9	31 501.8
2011	93 272.3	23 398	14 302.3	39 360.3	30 514.1
2010	86 675.3	22 112.5	13 708.6	33 028.3	29 833.8
2009	81 767.5	21 490.5	10 965.3	31 930.2	27 843.6
2008	64 042.4	15 140.8	7 964.2	27 769.8	20 351.6
2007	162 192.4	65 332.1	48 989.6	52 983.7	43 387.1

三、设施园艺在带动经济社会发展中的重要地位

（一）促进了农民增收和脱贫致富

设施园艺作为技术装备水平高、集约化程度高、科技含量高、比较效益高的产业，在提高产品质量安全水平、带动相关产业发展和促进农民增收等方面具有重要作用。据估算，2016 年全国设施园艺产值约 1.46 万亿元，设施园艺产业仅用耕地的 4%，生产出占园艺总产值 44.2%、占农业总产值 25.3%、占农牧渔业产值 13.3% 的产品。其中设施蔬菜产值达 1 万亿元，占蔬菜产值 45%，占农业产值的 16%，占农牧渔业产值近 10%；设施果树产值 491 亿元，设施花卉产值 430 亿元，设施西甜瓜产值 1450 亿元，设施食用菌产值 1830 亿元。设施园艺的亩产值约为露地园艺产业的 10 倍、大田作物的 25 倍。因此，发展设施园艺是增加农民收入的重要途径，是贫困地区农民脱贫致富的富民产业，是农村区域经济发展的支柱产业。

（二）带动了相关产业发展并提供了大量就业岗位

设施园艺既是高度集约化产业，也是劳动密集型产业。园艺设施的建造、环境调控、生产方式、生产运行、采后处理等，可带动农业建材、覆盖材料、环境调控装备、农业机械、生产装备、采后处理装备、采后加工贮运和生产管理等产业发展。据调查，每 667m² 节能日光温室园艺作物生产平均每年投入为 8015.28 元，其中设施折旧平均占 39.96%、肥料平均占 23.01%、塑料薄膜平均占 15.77%、农药平均占 7.25%、水电平均占 2.03%，平均产出为 21 007.11 元，产投比为 2.62；每 667m² 塑料大棚园艺作物生产平均每年投入为 5205.00 元，其中设施折旧平均占 25.58%、肥料平均占 27.01%、塑料薄膜平均占 15.16%、农药平均占 9.00%、水电平均占 4.19%，产出为 13 692.07 元，平均产投比为 2.63（表 1-2）。按 2016 年全国设施园艺面积 477 万 hm² 计算，总投入约 3800 亿元，对建材、化肥、农药、塑料薄膜以及水电等行业的发展起到巨大推动作用，另外从农用塑料使用量也可以看出，

由 1997 年的 116 万 t 增加到 2015 年的 260 万 t，增加一倍以上（图 1-8）。另据估算：设施园艺可提供就业岗位 7000 万个以上，其中设施园艺作物种植可提供 4000 万个就业岗位，生产投入品产业和产品采后处理贮运等可提供 3000 多万个就业岗位。

表1-2　主要设施园艺生产投入年度成本

设施	平均产出 / 万元	投入 / 万元						平均产投比
		设施建造折旧	肥料	塑料薄膜	农药	水电	合计	
日光温室	2.1007	0.8394	0.4834	0.3313	0.1523	0.0426	0.8015	2.62
塑料大棚	1.3692	0.3502	0.3698	0.2076	0.1232	0.0574	0.5205	2.63

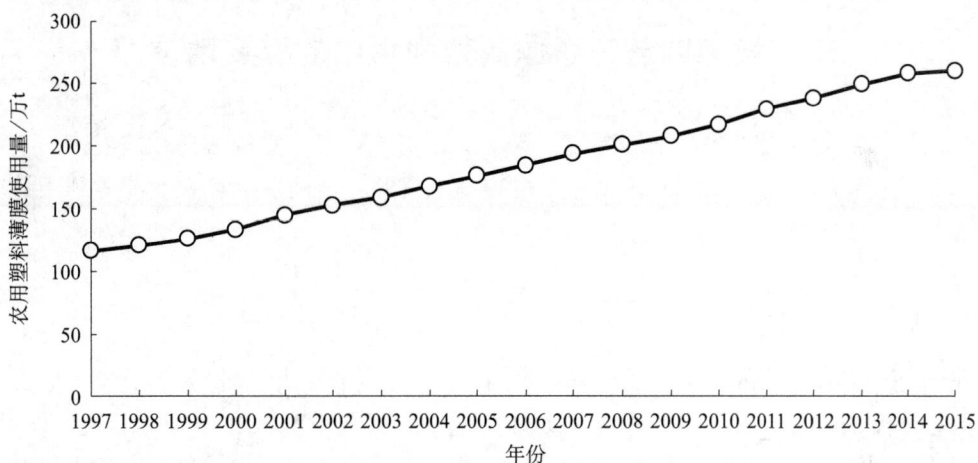

图1-8　我国农用塑料薄膜使用量变化图

（三）增加了食物生产能力以确保食物安全

设施园艺通过应用工程技术，在外界不适宜园艺作物生长的条件下，创造适宜作物生长的小气候环境，进行园艺作物生产，如我国北方地区采用节能日光温室进行园艺作物冬春生产，南方地区采用遮阳棚和避雨棚等塑料棚进行适当降温避雨越夏生产等。因此，即便是在寒冷的冬季或炎热的夏季，通过设施创造良好的环境条件，也能实现园艺作物的周年生产，从而显著增加作物的复种指数，充分利用劳动力、土地和光能资源，提高作物产量，如设施蔬菜是露地蔬菜年产量的 2 倍以上，其中日光温室蔬菜是露地蔬菜的 3 倍以上。因此，发展设施园艺可增加食物生产能力，确保食物安全，这对于人多地少的我国来说极为重要。

（四）推进了农业现代化和乡村振兴战略的实施

我国正处在从传统农业向现代农业转变的历史时期，设施园艺因此成为推进农业现代化的重点而越来越受到国家的重视。目前，我国已初步形成了以设施园艺作物的品种繁育设备、栽培管理设备、营养调控和植保设备、温室设施设备、环境调控设备以及生产农机设备等为主的设施园艺装备研发与生产体系；家庭农场、企业＋种植农户、合作社＋种植农户等多种形式的小生产与大市场相衔接的产业经营模式和设施园艺产前、产中、产后的产业服务体系也得到了快速发展，设施园艺产业专业化、规模化、集约化生产水平不断提升；农业信息化技术也在设施园艺生产中得到一定程度的应用。作为许多地区实施乡村振兴战略的重要内容，设施园艺产业中的一二三产融合为乡村振兴中的产业兴旺奠定了基础；设施园艺产业的高投入、高产出和高效益为乡村振兴中的生态宜居、乡风文明、治理有效、生活富裕提供了重要支撑。因此，实施设施园艺提质增效和提档升级工程，加快推进机械化及自动化进程，培育新型经营主体，加强新型农民培训，全面促进设施园艺的发展，将设施园艺发展成为农民增收的重点、乡村旅游观光的亮点、现代农业的着力点，将成为助推乡村振兴战略实施的重要举措。

四、设施园艺在资源高效利用中的重要地位

我国是个人均自然资源贫乏的国家，寻求资源高效利用，实现可持续发展，一直是我国政府高度重视的问题。设施园艺是一个可提高水资源、土地资源和农业能源利用效率的农业产业。

（一）提高了水资源利用效率

我国是水资源短缺的国家，虽然水资源总量约 2.8 万亿 m^3，居世界第五位，但人均水资源占有量仅 2100m^3 左右，仅为世界人均水平的 28%，属于世界 13 个贫水国之一。另外，我国属季风气候，水资源时空分布不均匀，北方的 14 个省（市、自治区）人均水资源占有量均较低。按照人年均水资源轻度缺水 2000～3000m^3、中度缺水 1000～2000m^3、重度缺水 500～1000m^3、极度缺水低于 500m^3 的缺水标准划分，即使在水资源比较丰富的 2016 年，北方的 14 个省（市、自治区）中仍然有 7 个省（市、自治区）为极度缺水，3 个省为重度缺水，2 个省（自治区）为中度缺水，1 个省为轻度缺水（图 1-9）。

农业是用水大户，用水量占总用水量的 60% 以上。我国主要灌区的渠系水利用系数只有 0.4～0.6，浪费严重，设施园艺借助现代化农业设施、设备、计算机技术，有助于实现水资源的高效利用。目前设施园艺节水灌溉已实现每千克果菜产品耗水 20kg 左右，是露地大水漫灌耗水量的 1/2。

（二）提高了土地资源利用效率

我国是人均耕地资源短缺的国家，全国土地利用数据预报结果显示，2016 年末全国耕地面积为 13 495.66 万 hm^2（20.24 亿亩[①]），人均仅有 0.093hm^2，而且耕地质量不高，2015年全国耕地平均质量等别为 9.96 等（全国耕地评定为 15 个等别，1 等耕地质量最好，15等耕地质量最差），其中优等地面积仅为 397.38 万 hm^2（5960.63 万亩），仅占全国耕地评定总面积的 2.9%（图 1-10）。

---

① 1 亩 $= \dfrac{1}{15} hm^2$

随着我国人口的逐年增长，预计到 2035 年将达到 16 亿人，对粮食的需求量巨大。要增加我国粮食产量，一方面，是要增加耕地面积，这在我国耕地逐年减少的情况下已无法实现。另一方面，则是通过增加单位面积粮食产量来增加总产量。2016 年大田作物单位面积产量为 5506kg/hm²（367kg/ 亩），许多地区水稻单位面积产量已超过 7600kg/hm²（507kg/ 亩），玉米单位面积产量已超过 10 000kg/hm²（667kg/ 亩），再增产的潜力有限。而设施园艺不仅可以调控作物生长发育适宜的环境，而且可以充分利用外界环境不能生产的季节，实现周年生产，因此可大幅度提高作物单位面积产量，据统计，设施蔬菜单位面积产量是露地蔬菜的 2 倍以上，其中日光温室蔬菜单位面积产量是露地蔬菜的 3 倍以上，而且设施蔬菜单位面积产量的增产潜力还很大。不仅如此，设施蔬菜还可以采用基质栽培而高效利用非耕地，从而节省耕地资源。因此，设施园艺的发展，可以节省大量的耕地资源而用于农作物生产，进一步提高粮食总产量，保障我国的粮食安全。

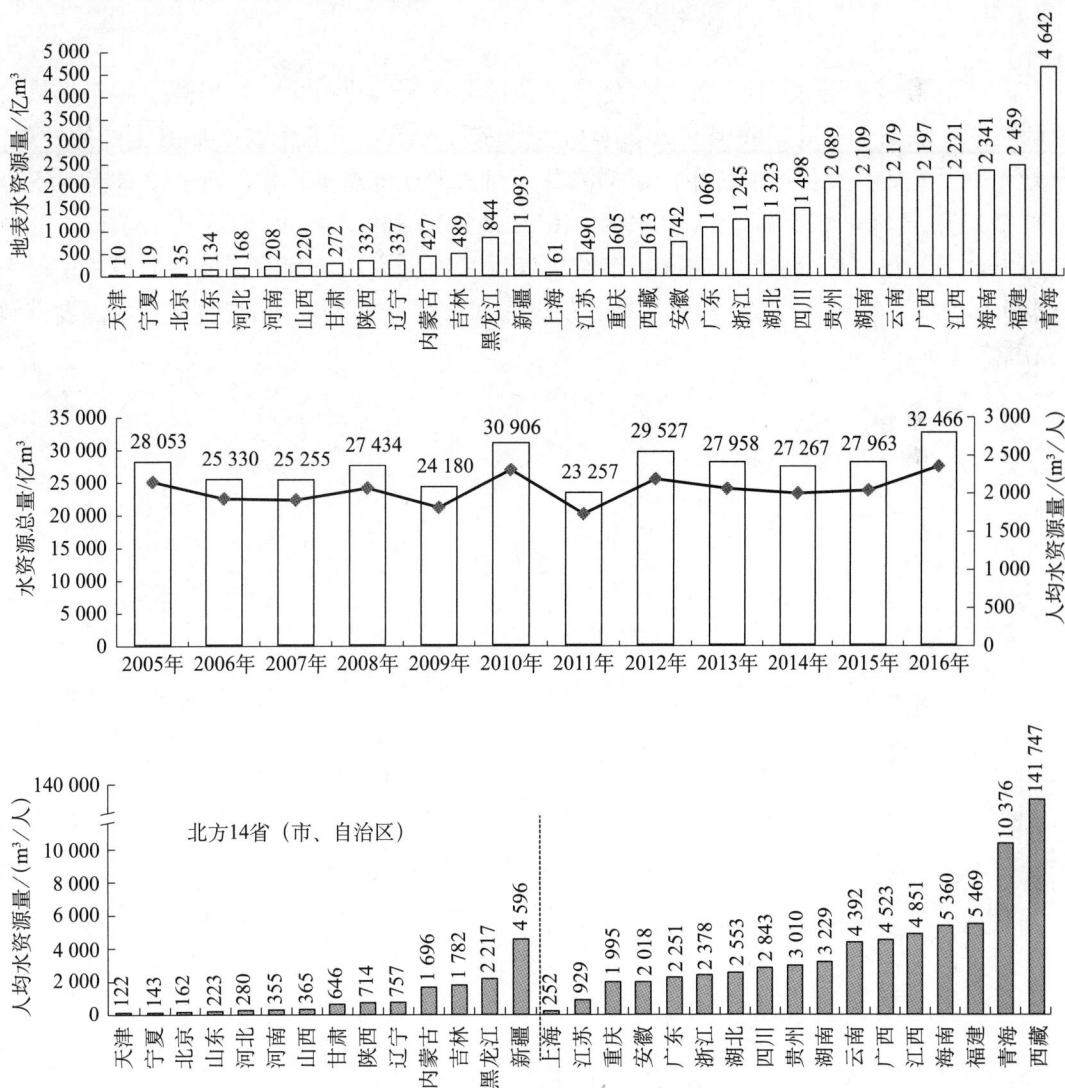

图1-9　我国水资源状况

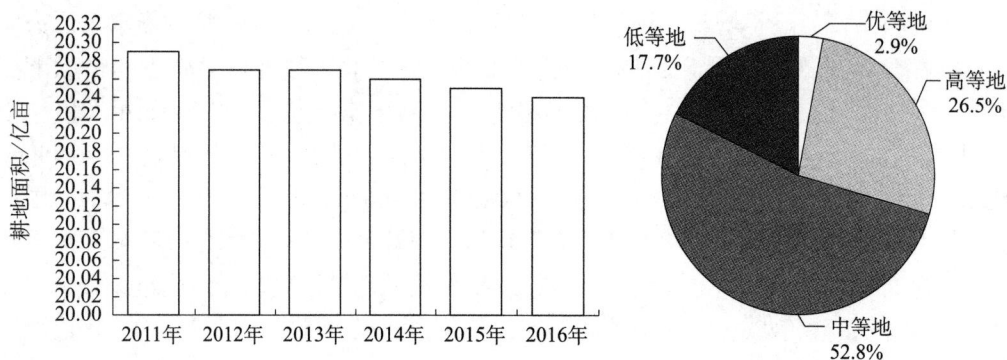

图1-10　我国耕地状况统计

（三）提高了光热资源利用效率

设施园艺充分利用露地不能正常生产季节的光热资源进行生产，提高了周年光热资源利用率，特别是提高了我国北方冬季高效节能日光温室园艺作物不加温生产的发展，充分利用了光能，实现了绿色生产。据测算，与大型连栋温室相比，每公顷日光温室每年可节约用煤900t（35°N地区约600t，40°N地区约900t，45°N地区约1350t），全国97万 hm^2 日光温室蔬菜生产，每年可节约用煤近8.7亿t。2016年我国能源消费总量仅为43亿t标准煤，农、林、牧、渔业消费总量仅为0.82亿t标准煤。由此可见，我国设施园艺节能效果显著。

第二章　国外设施园艺发展的现状与趋势

国外设施园艺是从 18 世纪初开始发展的。随着玻璃的发明与应用，英国、法国等欧洲国家相继开始建造玻璃温室用于园艺作物种植。19 世纪中叶至 20 世纪初，随着物理学、工程学的发展，欧美等发达国家设施园艺得到了较快发展，荷兰于 1903 年建成世界上第一栋现代玻璃温室用于园艺作物商品化、规模化生产。20 世纪 30 年代，美国率先研制出透明塑料薄膜，部分代替玻璃应用于设施蔬菜生产，并迅速成为园艺设施的主要覆盖材料，推动了设施园艺的发展。

设施园艺具有技术和资本集约的特点，可获得资源的高效利用、土地的高效产出和农产品的优良品质，是保证菜、果、花等园艺产品周年均衡供应和协调现代农业产业中发展、资源及环境三大基本问题的重要途径，世界各国均十分重视，并已成为许多国家或地区国民经济的重要支柱产业。随着 21 世纪尖端科学技术的迅速发展，设施园艺已发展成为多学科技术综合支撑的高新技术密集型产业，以高投入、高产出、高效益以及可持续发展为特征，设施园艺的内涵越来越丰富，科技含量越来越高，集约经营越来越高效。荷兰等世界设施园艺产业强国，在设施园艺科技创新方面已远远走在全球前列。相比之下，我国虽然是世界设施园艺生产大国，但还远远没有进入强国行列，要进入设施园艺生产强国，仍需我国农业政、产、学、研、商携手并肩、坚持不懈地共同奋斗。

一、国外设施园艺发展概况

依据自然气候、地理位置、社会经济和饮食习惯等条件，可将世界设施园艺大致划分为亚洲、地中海沿岸、欧洲、美洲、大洋洲和非洲 6 大区域。随着经济社会的不断发展，世界设施园艺整体上呈现蓬勃发展的趋势。据不完全统计，截至 2016 年底，世界主要国家设施园艺总面积（不含小拱棚）约为 396 万 hm^2，主要分布在东亚和南亚、地中海沿岸、非洲以及东西欧等一些国家，其中，东亚和南亚的中国、日本、韩国和印度约占世界设施园艺总面积（不含小拱棚）的 89.7%，中国占 85.7%；地中海沿岸诸国占 6.0%，非洲主要国家占 2.1%，东西欧及其他地区主要国家占 2.2%（表 2-1）。从发展规模上看，中国设施园艺面积（不含小拱棚）达 339 万 hm^2，居世界首位；意大利设施园艺面积位于第二，其次分别为土耳其和韩国。从设施类型上看，塑料薄膜大中棚面积最大，达 231 万 hm^2，占设施园艺总面积的58.3%，中国、日本、韩国、西班牙以及地中海地区国家使用最为广泛；塑料薄膜温室面积约为156.7万 hm^2，占设施园艺总面积的39.6%，其中日光温室面积126.3万 hm^2，主要分布于中国的辽宁、山东、河北等中国北方地区；玻璃温室面积仅为8.2万 hm^2，仅占设施园艺总面积的2.1%，主要集中在荷兰及西北欧一些国家，结构大多为文洛（Venlo）型连栋温室。从栽培作物上看，蔬菜占到设施园艺总生产面积的85%以上，主要以番茄、黄瓜、甜瓜、西瓜、茄子、甜椒等茄果类和瓜类蔬菜为主，其次为鲜切花和盆栽花卉。从种植地域分布来看，中国、日本和地中海沿岸国家主要种植蔬菜、草莓和葡萄，欧美一些发达国家主要生产高附加值的鲜切花和盆栽花卉。从栽培技术上看，荷兰、日本、以色列和美国等发达国家，设施园艺技术水平最为先进，发达国家在发展设施园艺过程中，不仅能够进行高水平的设施建设和能源投入，而且非常注重生态环境保护和资源循环利用，加上配有先进的设施栽培管理技术，作物几乎可在全天候下生产，实现了园艺产品的高产量、高品质、高利润，并且园艺产品能畅销国际市场，经济效益显著。

表2-1　世界主要国家和地区大型园艺设施面积的比较（截至2016年底）　　（单位：hm^2）

区域	国家	玻璃温室	塑料薄膜温室	塑料薄膜大棚	总面积
东亚和南亚主要国家	中国	33 357	1 262 813	2 096 747	3 392 917
	日本	1 687	41 574	10 587	53 848
	韩国	405	51 382	12 028	63 815
	印度	—	—	30 000	40 000
地中海沿岸主要国家	以色列	—	8 650	15 000	23 650
	土耳其	8 097	41 142	15 672	64 911
	意大利	5 800	37 000	30 000	72 800
	约旦	3	4 474	3 532	8 009
	希腊	180	5 600	7 801	13 581
	西班牙	4 800	48 435	—	53 235
东西欧主要国家	英国	2 747	105	0	2 852
	荷兰	10 800	0	0	10 800
	法国	2 300	6 900	—	9 200
	德国	3 034	555	111	3 700
	波兰	1 662	5 338	—	7 000
	匈牙利	200	2 500	—	6 500
	罗马尼亚				7 490
	塞尔维亚	382	5 040	—	5 422
	阿尔巴尼亚	—	1 000	1 000	2 000
	俄罗斯	500	3 340	—	3 840
北美洲主要国家	加拿大	870	1 680	—	2 550
	美国	1 156	7 540	13 006	21 702
	墨西哥	—	23 483	—	23 483

续表

区域	国家	玻璃温室	塑料薄膜温室	塑料薄膜大棚	总面积
大洋洲 主要国家	澳大利亚	15	2 268	—	2 283
非洲 主要国家	埃及	4 032	2 037	14 053	16 094
	南非	60	350	9 300	9 710
	阿尔及利亚	—	150	13 000	13 150
	肯尼亚	—	3 500		3 500
	埃塞俄比亚	—	—	39 650	39 650
合计		82 087	1 566 856	2 311 487	3 960 430

注："—"表示未统计或没有

（一）亚洲主要国家设施园艺发展概况

亚洲是世界设施园艺产业发展最快的区域，也是全球设施园艺面积最大的地区。2016年，亚洲设施园艺总面积（不含小拱棚）约355万hm^2，占世界设施园艺（不含小拱棚）总面积的84.78%。近年来，亚洲各国根据自身气候特点，发展形成相应的设施园艺模式，其明显的特征是设施结构类型多样化，但不同国家设施园艺发展程度差异较大，其中以中国、日本和韩国为代表。中国不仅设施园艺体量最大，而且设施栽培技术取得了长足进步；日本和韩国设施园艺较为发达，尤其在设施环境调控、设施专用品种选育、无土栽培和植物工厂等方面都处于亚洲领先地位。

1. 日本

日本是设施园艺发展较早的国家之一。据日本农林水产省的最新统计，截至2017年8月，日本设施园艺面积5.38万hm^2，设施类型主要以塑料薄膜大棚为主，面积约为5.22万hm^2，占设施园艺总面积的96.9%，现代玻璃温室面积为1658hm^2，植物工厂面积29hm^2。

日本是南北狭长的岛国，地理纬度为30°N～45°N，以温带和亚热带季风气候为主，四季分明。夏季受海洋暖湿气流影响，炎热多雨，南部地区多台风；冬季受西伯利亚气候影响，北部地区寒冷多雪。南北气温差异大，平均气温1月北部−6℃，南部16℃；7月北部17℃，南部28℃；最低气温纪录为−41℃，最高气温纪录为40.9℃。6月和7月为梅雨季节，夏季台风多雨，冬季日本海一侧多雪，光照不足。

20世纪70年代以前，日本曾试图以发展加温温室园艺生产为主，但由于日本的气候特点，加温耗能较大，加之后来石油价格上涨，因此不得不改变发展方向。自20世纪80年代以来，传统单栋双屋面玻璃温室不仅发展很少（图2-1），而且在逐步淘汰，新建设施多数为连栋塑料薄膜温室（图2-2，图2-3）和单栋塑料大棚（图2-4），单跨较大，高度一般在4～6m，跨度10m以上。连栋薄膜温室内温湿度环境采用通风降温、保温和加温等设备进行自动化调控。连栋塑料大棚近年来在日本也在大面积发展。

日本设施园艺主要用于蔬菜、果树和花卉生产，分别占设施面积的 69.1%、15.7% 和 15.2%，其中设施蔬菜以番茄、黄瓜、甜瓜和西瓜等果菜类为主，设施果树主要是草莓、葡萄和无花果等，设施花卉主要是玫瑰、菊花、百合等切花和一些盆花。温室主要生产甜瓜、草莓及花卉作物。设施园艺推行轻简化生产，各种生产装备较为齐全，但是尽管日本自 20 世纪 90 年代就已经研制出嫁接机器人和果实采收机器人，目前仍以人工作业为主。

图2-1　传统日本单栋双屋面玻璃温室

图2-2　日本拱圆形连栋薄膜温室

图2-3　日本屋脊型连栋薄膜温室

图2-4　日本管架单栋塑料大棚

日本设施草本园艺作物栽培仍以一年两茬的土壤栽培为主，无土栽培仅占设施面积的不到 2%，主要是岩棉、草炭、椰糠等固体基质栽培方式和深液流、营养液膜等水培栽培方式。日本温室番茄、黄瓜等果菜年产 250t/hm^2 左右。日本协和株式会社采用深液流无土栽培模式，通过对水、肥、光、气等环境因子精确控制，实现了一株甜瓜产 90 个瓜、一株黄瓜产 3300 条瓜、一株番茄产 13 000 个果实的纪录。

日本重视设施新材料及配套技术的研发，透光率高、耐用年限长的氟树脂膜和薄膜遮光粉广泛应用；另外，近年来 Mebiol 株式会社研发出一种可随水单向穿过无机离子、氧气、二氧化碳等的特殊纳米凝水膜（Imec），用于无土栽培可有效提高作物水分和养分利用效率，并生产出高品质的蔬菜。

日本是全球发展植物工厂最好的国家之一，尤其在人工光与太阳光并用型植物工厂方面走在世界前列。截至 2016 年，商业化生产的人工光与太阳光并用型植物工厂已达 250 个，主要种植番茄、辣椒以及叶菜等作物，植物工厂生产基本实现了产前（种子处理、播种）、产中（嫁接育苗、栽培管理、环境控制、病虫害防治、采摘等）和产后（精选、分级、清洗、包装、预冷等）全程自动化；但目前日本利用植物工厂生产出来的蔬菜仍多数没有经济效益。

2. 韩国

韩国是位于 33°N ～ 38°N 的半岛国家，北部属温带季风气候，南部属亚热带气候，四季分明。冬季漫长寒冷，夏季炎热潮湿，春秋两季较短，秋季日光充足。温度南北差异较大，年平均温度 6 ～ 16℃；8 月平均温度 19 ～ 27℃，1 月平均温度 -7 ～ 8℃；冬季最低气温 -12℃，夏季最高气温 37℃。年平均降水量 1500mm 左右，南多北少，70% 集中在 6 ～ 8 月。

韩国从 20 世纪 90 年代开始大力发展设施园艺，近年来面积持续增加，已从 1990 年的 2.4 万 hm² 增至 2016 年的 6.38 万 hm² 左右，25 年间增长了 2.6 倍多。

根据气候特征，韩国设施类型以不加温的改良节能型塑料薄膜温室为主，面积约占总面积的 65.2%（4.16 万 hm²），塑料薄膜大棚及中小拱棚面积约 1.20 万 hm²，现代玻璃温室面积较小，仅 405hm²。温室结构经过不断的创新和改进，已形成具有自己特色的类型（图 2-5，图 2-6），温室一般跨度为 9m，增设了气窗和窗帘等设施，温室两侧设有拉门式或卷开式出入门，利于机械作业；室内安装循环风扇保持室内的温度、湿度的均衡，冬季还可安装 2 ～ 3 层窗帘，提高室内保温效果。

彩图请扫码

| 图2-5　韩国塑料薄膜管架大棚（1） | 图2-6　韩国塑料薄膜管架大棚（2） |

韩国设施主要用于番茄、黄瓜、辣椒、甜椒、大白菜等蔬菜作物栽培，占温室栽培总面积的 92%；花卉和果树栽培面积较小，仅占设施园艺面积的 8% 左右。年产番茄、黄瓜等果菜 250t/hm² 左右，生产的园艺产品有相当一部分出口到日本、东南亚和欧盟等国。

韩国土地贫乏、资源短缺和人口密集等自然社会条件，决定了设施园艺要朝着高度集约化方向发展。尽管设施园艺作物仍以土壤栽培为主，但近年来无土栽培在稳步发展，已从 2000 年的 700hm² 快速增长到目前的 1000hm² 左右，占设施园艺总面积的 1.6%，主要用于莴苣、番茄、黄瓜等蔬菜以及部分花卉种植。韩国的设施园艺生产中，穴盘育苗技术、高效节能技术和营养液废液循环利用技术等已广泛推广应用；同时设施作物育苗、种植、田间管理、采收、产品处理与加工等工序基本实现了机械化。韩国设施园艺用机械装备多数精小、耐用，如韩国生产的管理机，一台主机配带 40 多种农机具，可用于温室和大棚等地块作业，也可用于农田作业，方便自如。

此外，韩国政府也极为重视植物工厂技术与装备的创新研究，借助高度发达的电子信息技术，大力发展利用 LED（发光二极管）照明技术的人工光型植物工厂，并不断探究适合作物生长的光环境及调控技术。

（二）地中海沿岸主要国家设施园艺发展概况

地中海沿岸地区夏季炎热、干燥，冬季温暖、湿润，四季阳光充足，昼夜温差大，较为适合发展设施园艺，是欧洲蔬菜和水果等园艺产品的主要供应国，素有"欧洲厨房"之美誉。除以色列、西班牙、意大利、土耳其等国家以外，地中海沿岸其他国家设施园艺面积相对较小。

1. 以色列

以色列位于 29°N ~ 33°N 地中海南岸和撒哈拉及阿拉伯沙漠地带北端，属地中海型亚热带气候，夏季漫长、炎热少雨，冬季短暂、凉爽多雨。因北邻地中海、南邻亚热带撒哈拉和阿拉伯沙漠地带，各地气候差异较大。全年光热资源丰富，光照充足，最冷的 1 月平均气温 6 ~ 15℃，最热的 7 月和 8 月平均气温 22 ~ 33℃，沙漠都市夏季白天气温可达 44 ~ 46℃。地中海沿岸地区夏季潮湿，中部高原地区则相当干燥。每年的 11 月至 3 月为降雨期，降水量超过全年总量的 70%，6 月至 9 月为干旱期，通常是无雨季节。降水量在全国分配不均，越南部的地区降水量越低，尤其是内盖夫沙漠地区；年均降水量 254mm，其中北部地区年均降水量为 800mm，南部沙漠地带年降水量仅有 25mm，而北部和南部地区蒸发量却分别高达 1400mm 和 2800mm（表2-2）。此外，以色列耕地面积小，土地贫瘠，水资源短缺，属农业生产条件不良地区，农业必须走高效节水道路。

以色列建国 70 多年来，其农业部门一直高度重视高效节水灌溉技术及设备的研发与推广应用，设施园艺生产普遍采用喷、滴灌设备，通过自动监测土壤和作物水分需求，自动调控水分的供给，实现水资源高效利用和精确控制。目前，高效、集约的现代设施节水园艺的产出增长了数十倍，而用水量变化不大，创造了"沙漠农业王国"的奇迹。

设施园艺是以色列农业的重要产业，根据气候特点，以色列主要发展钢骨架塑料薄膜覆盖连栋温室，目前经过多次升级换代，温室骨架结构抗风性强、安全性好，室内配有天幕、帘幕、天窗、遮阳网以及自动反射系统等设备，可有效调节设施内的环境因子。2016 年以色列设施园艺面积达 2.37 万 hm^2，其中温室面积约 0.87 万 hm^2，主要用于生产鲜切花；塑料大棚面积 1.5 万 hm^2，用于种植番茄、黄瓜和甜椒等蔬菜作物。以色列的设施园艺产业技术水平位居世界前列，年产番茄、黄瓜等果菜 600t/hm^2 左右，尤其在节水灌溉、新品种选育和栽培管理技术等方面表现突出。

表2-2 以色列气候特点

月份	日均最高气温 /℃	日均最低气温 /℃	平均降水总量 /mm	平均降水天数 /d
1	17	9	89	11
2	18	9	71	9
3	21	11	54	8
4	28	15	19	4
5	29	18	3	1

续表

月份	日均最高气温 /℃	日均最低气温 /℃	平均降水总量 /mm	平均降水天数 /d
6	33	21	0	0
7	34	23	0	0
8	34	23	0	0
9	32	22	0	0
10	29	19	16	3
11	23	14	49	6
12	19	10	81	9

以色列高度重视温室装备、配套设备、节水灌溉系统、透明薄膜、专用品种、栽培模式与技术的创新。先后开发出性能优良的塑料薄膜连栋温室（图2-7，图2-8）及其环境调控系统、节水灌溉系统、光转换膜及紫外线屏蔽膜等多种温室专用塑料薄膜和地膜，培育出多种品质优良、抗病虫、适应性强的设施园艺新品种，如培育出的温室番茄品种色泽艳丽、商品性好，无籽西瓜可以根据客户需求实现果个大小和颜色定向育种，每年仅蔬菜种子出口销售额就达数亿美元。以色列研制出先进的温室园艺作物，高产优质的栽培模式与技术，特别是超半数的无土栽培模式，利用各种传感器对作物生长状况实行昼夜实时监控，通过大数据处理分析，实现对温度、光照、水肥的科学调节，不仅使作物产量成倍增加，而且还提高了产品质量。目前，以色列普通番茄产量高达 $500t/hm^2$，樱桃番茄产量达 $120t/hm^2$，温室种植玫瑰花最高产量达 350 万枝 $/hm^2$。病虫害绿色生物防控技术在温室蔬菜生产中广泛采用，如利用天敌蜘蛛和寄生蜂杀死螨虫、蚜虫和飞蛾等害虫。此外，以色列温室作物生产管理现代化程度高，如种子处理、基质搅拌、播种育苗、移栽、水肥灌溉、采摘分级、加工储藏等每个环节都基本实现了现代化管理。

彩图请扫码

图2-7　以色列连栋塑料薄膜温室（1）　　　图2-8　以色列连栋塑料薄膜温室（2）

2.西班牙

西班牙位于 36°N ～ 43°N 的欧洲西南部地中海北岸，年平均气温 14.9℃，其中年平均最高气温 20.1℃，最低气温 9.7℃；年平均降水量 562mm。但西班牙气候受东南北三面海洋气候的影响，东部和南部有来自地中海暖湿气流，北部有来自大西洋的季风，加之西北的山脉阻挡了北部的冷空气，因此不同地区气候变化较大。其中东部与南部、加纳利群岛多属地中海亚热带气候，干燥少雨，日照时间长，夏季炎热，冬季温和，几乎全年无霜冻，东部沿海地区年降水量 600mm，南部地区年降水量仅有 300mm 左右，设施园艺集中产地的阿尔梅里亚地区年降水量仅有 250mm 左右，水资源严重不足（图 2-9）；北部地区属温带大陆性气候，冬季寒冷，夏季炎热，最高温度纪录 47.0℃，最低温度纪录 -24.0℃；西部地区属北大西洋沿海气候的温带海洋性气候，雨量充沛，气候湿润，年降水量 800mm，最高温度纪录 42.0℃，最低温度纪录 -8.6℃（表 2-3）。

20 世纪 90 年代中期开始，西班牙设施园艺发展迅猛，目前设施园艺面积已达 5.32 万 hm^2，主要集中在地中海北岸的阿尔梅里亚地区。根据这里无降雪、降雨少、无台风且冬季温暖等气候特点，设施类型以钢骨架 + 钢丝连栋塑料薄膜温室（造价 70 元人民币 /m^2）为主（图 2-10，图 2-11），主要种植番茄、辣椒、西甜瓜、火龙果、玫瑰、非洲菊等园艺作物，蔬菜和水果大多出口至欧洲，素有"欧洲果蔬之都"美称。西班牙设施园艺产业集群化特征明显，经过几十年的发展，其东南部的阿尔梅里亚省逐步形成世界最大的温室蔬菜生产群，集中了西班牙一半以上的设施面积，年产农产品达 300 万 t 左右，大部分出口到法国、德国和英国，是西班牙最大的设施蔬菜生产基地和出口基地。围绕温室集群，聚集了一大批温室建造、种苗供应、覆盖材料、肥料农药等相关产业，带动了西班牙的就业和经济繁荣，增强了设施园艺的技术创新和市场应变能力。

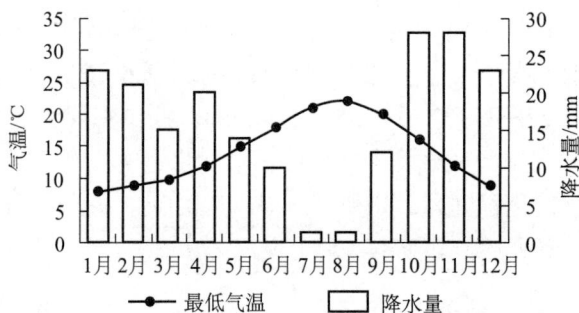

图2-9　西班牙阿尔梅里亚省各月最低气温和降水情况

表2-3　西班牙气候特点

月份	日均最高气温 /℃	日均最低气温 / ℃	平均降水总量 / mm	平均降水天数 /d
1	12	4	56	10
2	14	4	48	9
3	16	6	41	8
4	18	7	55	10
5	21	10	52	10
6	26	14	33	6
7	29	17	19	4
8	29	17	23	4
9	26	14	40	6
10	21	11	62	9
11	16	7	65	9
12	13	5	68	11

图2-10 西班牙连栋塑料薄膜温室（1） 图2-11 西班牙连栋塑料薄膜温室（2）

西班牙注重温室技术创新和实用栽培技术的应用。在消化吸收其他国家温室设计经验的基础上，创造性地设计出适合本国国情的哥特式温室结构。

西班牙设施园艺多采用土壤栽培，针对多数土壤贫瘠和少雨干旱等状况，设施园艺生产中多增施有机肥，并结合水肥一体化技术来改良土壤和提高水分利用效率。部分温室采用砂砾、珍珠岩、椰糠等固体基质进行简易无土栽培，主要生产草莓、番茄、黄瓜等作物，同时，温室有机蔬菜种植面积也在不断增长。在病虫害防治方面，西班牙80%以上的温室作物生产采用生物防治手段，土壤消毒采用日光能的方法，一般利用夏季高温时期，对土壤灌水覆膜后闷棚15天左右，可有效控制土传病虫害。

3.意大利

意大利地处36°N～47°N的欧洲南部地中海北岸，大部分地区属亚热带地中海型气候，年平均气温15.3℃，年平均最高气温19.8℃，年平均最低气温10.8℃；年平均降水量743mm。根据意大利各地不同的地形和地理位置，全国分为南部半岛和岛屿、巴丹平原和阿尔卑斯山三个气候区。南部半岛和岛屿地区是典型的地中海型气候，大西洋气团占优势，夏季为热带气团，冬季为温带气团，1月平均气温为2～10℃，7月为23～26℃；巴丹平原属于亚热带和温带之间的过渡性气候，具有大陆性气候的特点，气压较低，气候潮湿，夏季较热，冬季较冷；米兰、博洛尼亚带冬季常有大雾笼罩，有时下雪，1月平均气温为2～4℃，7月份20～24℃；阿尔卑斯山区是全国气温最低的地区，冬季下雪较多，1月份平均气温为-12～1℃，7月份为4～20℃（表2-4）。

表2-4 意大利气候特点

月份	日均最高气温 /℃	日均最低气温 /℃	平均降水总量 /mm	平均降水天数 /d
1	11	3	60	8
2	12	4	67	8
3	15	6	66	8
4	18	9	60	7
5	22	12	51	6
6	26	16	37	5
7	29	19	31	3
8	29	19	48	4
9	26	16	62	5

月份	日均最高气温 /℃	日均最低气温 /℃	平均降水总量 /mm	平均降水天数 /d
10	21	12	87	7
11	16	8	97	9
12	12	5	77	9

意大利是设施园艺发展较早国家。1962 年开始进行塑料薄膜温室栽培试验，直到 2004 年设施蔬菜栽培面积 3.43 万 hm²，占蔬菜栽培总面积的 6.9%。设施栽培主要集中在西西里、坎帕尼亚、拉齐奥、威尼托、伦巴第亚和艾米利亚罗马涅大区，其中西西里和坎帕尼亚大区分别为 8682hm² 和 8506hm²，两大区占全国设施蔬菜总面积的 50%。

根据气候特点，意大利设施类型主要有钢结构玻璃温室、钢结构塑料板材温室、钢木结构塑料薄膜温室和大、中、小棚，但以钢木结构塑料薄膜温室和大、中、小棚为主。近 20 年来，意大利设施园艺发展较快，平均每年以 5% 的速度增加，截至 2010 年，设施园艺总面积达 7.3 万 hm²，设施类型包括 3.7 万 hm² 塑料薄膜连栋温室（图 2-12～图 2-14）和大中棚、3 万 hm² 小拱棚、5800hm² 玻璃温室。设施内主要栽培番茄、南瓜和辣椒等蔬菜。随着人们对健康农产品的日益关注，超过 1000hm² 温室用于有机园艺产品生产，主要满足国内市场。为减少能源消耗和环境污染，意大利政府禁止冬季进行加温温室蔬菜生产，而是利用便捷的交通网络，从南方产区或欧盟等地调运蔬菜。

意大利温室多为简易类型，最先进的育苗温室高 7.5m，跨度 12.8m，屋顶天窗和侧墙通风相结合降温，塑料薄膜覆盖（图 2-12～图 2-14）。育苗方法有 3 种，一是泡沫板穴盘育苗，二是泥炭成块育苗，三是营养钵育苗。穴盘育苗每盘 174 棵苗，每株 0.034～0.038 欧元，穴盘回收，每盘销售价格为 5.5～6.0 欧元。温室番茄一般一年两茬，春茬 1 月定值，采用大小行，大行距 1.2m，小行距 0.8m，株距 0.8m，双杆整枝，黄膜反光，留 7～8 穗果；秋茬 7 月中旬定植，12 月初依据温度采收结束。蔬菜价格受生产成本、市场需求及气候条件影响。鲜食番茄 6～10 月平均价格 0.3～0.7 欧元 /kg，1～5 月平均价格最高达 1.8～2.2 欧元 /kg；樱桃番茄 7～10 月份仍可维持在 1.2～1.3 欧元 /kg。甜瓜总生产成本约 8700 欧元 /hm²，0.31 欧元 /kg；西葫芦、南瓜总生产成本 6559.5 欧元 /hm²，0.26 欧元 /kg；生菜 0.367 欧元 /kg；菜花 0.285～0.293 欧元 /kg。意大利是欧洲最大的蔬菜和瓜果生产国，花卉产业也仅次于花卉王国荷兰。

图2-12　意大利育苗用塑料薄膜连栋温室（1）

图2-13　意大利育苗用塑料薄膜连栋温室（2）

图2-14 意大利蔬菜栽培用塑料薄膜连栋温室

随着农业机械化、自动化发展进程，意大利设施园艺环境自动化控制得到快速发展，包括灌水量、水温、CO_2 施肥、温室通风换气等自动调节。环境调控由单因子控制向多因子综合控制方向发展。一般以光照为始变因子，温度、湿度和 CO_2 浓度为随变因子，使这四个主要环境随时处于最佳配合状态，创造作物最佳的生长环境。随着经济的发展，劳动力的成本越来越高，意大利设施园艺生产中的土壤耕耘、育苗、定植、收货、包装等机械化作业逐步推进，不仅降低了劳动力成本，还大大提高了劳动效率。但由于园艺产品生产的特殊性，设施园艺机械化率仍然不高。

意大利农业生产服务体系较为完备，农业管理部门是农业林业渔业部，公共技术管理机构在大区和各研究院。意大利政府19世纪70年代将农业开发、培训、技术服务、农业监察等职能下放给各大区和农民协会，各大区政府、协会和各研究机构一起为农户和农场进行科技信息推广及技术服务，主要负责有关农业的政策建议及政策实施、农业保险及补贴等农业支持、成人职业教育及继续教育以及农业科研应用等。自90年代开始改革后，意大利研究所的数量从1997年的332个缩编到108个，其中55个农业和生物技术研究所缩编成目前的33个研究所。意大利还组建了农业联合会，是与工业联合会、商业联合会并称的意大利国家三大企业联合体之一，拥有十多万个会员企业，负责农业保险、农业环保、农业税征收及税收收入的使用与管理、农业企业用工监督等。意大利种植业联合总会是意大利最大的农民协会组织，在全国有18个大区分会，98个省级分会，765个地区办公室，9812个基层组织，有56.8万名会员（农户、农场主或农业企业）。其宗旨是通过促进农业的综合开发，达到农村经济社会协调发展的目标。通过基层组织与各级政府部门、研究机构及其他相关组织保持紧密的联系，及时向农民提供法律法规、先进技术等方面的信息，并促进农业新技术的推广。

4. 希腊

希腊位于欧洲东南部地中海北岸的巴尔干半岛南端，年平均气温16.4℃，年平均最高气温21.6℃，年平均最低气温11.2℃；年平均降水量435mm。希腊从北到南平均气温1月5～11℃，7月25～27℃，年平均降水量400～1000mm。南部地区及各岛屿属于地中海型气候，夏季长且日照强烈，冬季短，全年气温变化不大，冬季平均气温6～13℃，夏季23～33℃；北部和内陆属于大陆性气候，冬温湿，夏干热；东部地区年降水量400～700mm；西部地区年降水量900～1200mm（表2-5）。

表2-5 希腊气候特点

月份	日均最高气温 /℃	日均最低气温 /℃	平均降水总量 /mm	平均降水天数 /d
1	11	3	47	13
2	13	4	43	11
3	15	6	41	11
4	20	9	35	10
5	25	13	34	9
6	30	17	21	6
7	33	20	15	4
8	32	20	13	4
9	28	16	21	5
10	22	12	47	8
11	17	9	56	11
12	13	5	62	12

19世纪70年代以来，希腊的设施园艺产业发展较快，尤其设施蔬菜产业增长更快。2006～2014年希腊设施蔬菜产业每年增长3.4%，2014年达5122hm²，产量37.2万t（表2-6）；观赏植物栽培面积增长较慢，只有300hm²左右；果树设施栽培寥寥无几。希腊克里特岛属温和的地中海气候，冬季温和、多雨，夏季炎热、干燥，设施园艺生产面积最大，约2300hm²，并且近年来仍呈不断增长趋势；种植的蔬菜种类以番茄、甜椒、黄瓜等为主，部分产品出口到其他欧洲国家。

表2-6 2006～2014年希腊设施蔬菜面积和产量变化

年份	2006	2008	2010	2012	2014
面积 / hm²	4937	5032	5137	5075	5122
产量 / 万t	40.1	41.6	41.9	37.9	37.2

希腊设施蔬菜区域分布特征明显。根据2003～2012年数据统计，温室番茄、黄瓜产区主要分布在克里特岛、马其顿、希腊西部和伯罗奔尼撒半岛，以克里特岛的面积和产量最大（表2-7）。四个地区温室番茄的面积和产量占全国的比率分别为75.8%和80.4%，温室黄瓜的面积和产量占比分别为83.4%和89.6%。

表2-7 希腊设施番茄、黄瓜主要分布区域

地区	温室番茄			温室黄瓜		
	面积占比 /%	产量占比 / %	产量 / (kg/m²)	面积占比 /%	产量占比 /%	产量 / (kg/m²)
克里特岛	38.8	47.4	9.22	44.6	45.7	9.66
马其顿	15.2	16.6	8.05	16.8	16.1	8.97
伯罗奔尼撒半岛	9.5	10.0	3.74	11.0	17.6	7.57
希腊西部	12.3	6.4	1.83	11.0	10.2	4.31

希腊温室以屋脊形塑料薄膜连栋温室为主，近年来新建的温室开始采用拱圆形结构（图2-15，图2-16）。透明覆盖材料主要是塑料薄膜，少数采用塑料板材和玻璃。多数塑料薄膜寿命达 3～5 年，厚度 0.18mm，聚乙烯（PE）和乙烯－乙酸乙烯酯共聚物（EVA）复合结构，具有防尘、保温、散光等多种功能。老温室的内部空间较小，一般单跨 6～7m，肩高 2.5～3.0m，脊高 3.5～4.0m；新建温室趋向大型化，通常跨度 8m 左右，肩高 4.0～4.5m，脊高 5.5～6.0m。温室骨架由钢－木混合结构逐渐转变成全钢架结构。

彩图请扫码

图2-15　希腊塑料薄膜连栋温室（1）　　　图2-16　希腊塑料薄膜连栋温室（2）

希腊冬季温度偏低，设施栽培需要加温，以燃气（油）锅炉为主，水暖和热风加温，采用橄榄油加工废弃物作燃料可至少降低加温成本 30%；夏季降温则主要通过屋面涂白、自然通风等手段实现，辅助以湿帘－风机降温。

希腊设施蔬菜生产以土壤栽培比例最大，无土栽培占 30% 左右。由于无土栽培可以克服土壤条件的限制，具有高产优质、节水节肥、省工省力等优点，近年来栽培面积不断扩大。其以椰糠、岩棉、珍珠岩等基质袋栽为主，部分采用槽栽，营养液循环利用。蔬菜种植茬口分为一年一茬和一年两茬两种。集雨灌溉、水肥一体化、嫁接栽培、熊蜂辅助授粉、生态控制和生物防治等技术在希腊的设施生产中得到推广和普及，个别采用冬季根际加温技术。

希腊设施蔬菜生产无论土壤和无土栽培，都广泛推行大行距栽培技术。大行距 2m 左右、小行距 40～50cm 双行，或单行定植双杆或单杆整枝，栽植密度 2～2.5 株 /m²。土壤栽培甜椒产量 10kg/m²，番茄产量 20～25kg/m²；无土栽培大番茄产量 35kg/m² 左右，樱桃番茄产量 20kg/m² 左右；配合环境自动控制技术，无土栽培大番茄产量可达 45kg/m²。与双杆整枝相比，单杆整枝不仅有利于果实提早采收，而且可增产 10%～15%。

希腊设施蔬菜产量水平因设施类型而异。以番茄为例，露地栽培平均产量只有 3kg/m²左右，当地温室栽培 12kg/m²，标准化温室栽培 28kg/m²，而现代化温室栽培可达 55kg/m²，最高产量超过 73kg/m²。

为便于设施园艺作物管理作业和生长发育，希腊的设施结构逐渐走向大型化，单体覆盖面积和高度不断增加，未来温室高度可达 7～8m。希腊的新型农用塑料薄膜向多功能、高效能方向发展，Plastika Kritis 公司已研发出七层共挤棚膜，不仅减少了助剂用量和成本，而且有效延长了产品的消雾流滴等功能持效期。

为提高生产效率，降低劳动力成本，环境控制、栽培管理机械化和自动化水平不断提高，环境控制和水肥一体化等装备已在希腊的商业化生产温室中推广。为降低温室能耗，地热新能源开发受到重视，地热温室生产成本中能耗、人工和物料各占 5%、38% 和 57%，而热电温室中三者的比例分别占 50%、20% 和 30%。

希腊的设施园艺生产过程逐渐走向标准化和精准化，水肥一体化管理水平不断提高。栽培茬口由一年一茬发展到一年两茬，现代化温室内的种植茬口更加灵活，保障了蔬菜周年供给。以高产为目标，希腊开展蔬菜栽植模式和整枝方式研究，并集成推广品种、环境控制、栽培管理于一体的综合生产技术体系。

希腊的设施园艺以中小农场为主要生产单元，每个农场经营规模在 1 ～ 3hm^2 不等，生产管理过程中需要雇工。由于许多栽培管理环节仍然依靠人工完成，每个工人的管理面积为 1500 ～ 2500hm^2。近年来希腊经济发展速度缓慢，工人平均工资不高，为 25 ～ 30 欧元 /d。

希腊的产品营销模式通常为农户（场）生产的产品通过合作商或中间商进入中心批发市场，然后再经零售商到达消费者手中。为保护种植者个人利益，提高应对市场的能力，通常多家农场联合成立合作社。农场生产出来的产品可送往合作社，由合作社分级定级后通过竞价批量销售，售后产品再进入国内大型中心批发市场或者出口到欧盟市场。

（三）欧洲主要国家设施园艺发展概况

欧洲设施园艺发展的主要地区是位于 50°N ～ 60°N 的西北欧国家，其中以英国、荷兰、法国和德国等国家为代表，是世界现代温室的主要发源地。目前，欧洲设施园艺的总面积约为 5.51 万 hm^2，占世界设施园艺总面积的 1.25%，温室生产的作物以蔬菜和花卉为主。虽然这些国家在世界设施园艺面积中所占比例不高，但是其温室设计建造、栽培管理水平以及生产过程自动化程度非常高。同时，欧洲还研发了多种设施栽培新模式，并从品种选育、栽培方式、环境控制及设备等方面推出标准化成套模式，为世界现代温室发展提供了参考。

1. 荷兰

荷兰位于 51°N ～ 54°N 的西欧，受大西洋暖流影响，属温带海洋性气候，冬暖夏凉。荷兰沿海地区夏季平均气温为 16℃，冬季平均气温为 3℃；内陆地区夏季平均气温为 17℃，冬季为 2℃。6 ～ 8 月平均气温为 21 ～ 26℃；冬季阴雨多风，1 月平均气温为 1.7℃。荷兰年降水量约为 760mm，降水基本均匀分布于四季，1 ～ 6 月的月平均降水量为 40 ～ 60mm，7 ～ 12 月的月平均降水量为 60 ～ 80mm（图 2-17）。荷兰每月平均的晴天小时数在 5 月份最高，约为 220h，12 月份最低，约为 39 h。表 2-8 为荷兰阿姆斯特丹气候情况，6 ～ 8 月的极端最高气温 30 ～ 33℃，但平均最高气温 19.8 ～ 21.8℃；11 ～ 3 月的极端最低气温 -6 ～ -2℃，但平均最低气温 2 ～ 5℃。说明绝大部分时间阿姆斯特丹的最高气温在 25℃左右；最低气温在 0℃左右。从晴天情况看，各月平均晴天数低于 10d，特别是 10 月和 11 月晴天不足 5d。

表2-8 荷兰阿姆斯特丹2014～2017年各月份气候情况

月份	极端最高气温 /℃	极端最低气温 /℃	平均最高温 /℃	平均最低温 /℃	平均晴天数 /d	平均降水天数 /d	平均降雪天数 /d
1	12	−6	5.5	2.0	5.8	19.5	1.8
2	13	−5	7.0	2.5	8.0	14.8	0.5
3	22	−2	10.0	5.0	9.3	11.8	0.3
4	21	1	13.7	5.7	8.7	10.7	0
5	29	0	16.8	9.0	7.3	15.0	0
6	30	7	19.8	12.3	8.8	15.0	0
7	33	9	21.8	14.3	6.5	17.5	0
8	31	9	21.3	13.8	7.3	17.8	0
9	26	7	19.3	11.8	7.3	14.0	0
10	22	2	15.3	9.5	4.3	7.8	0
11	17	−3	8.8	4.8	3.8	14.3	0
12	14	−3	7.5	3.0	7.3	15.3	0.5

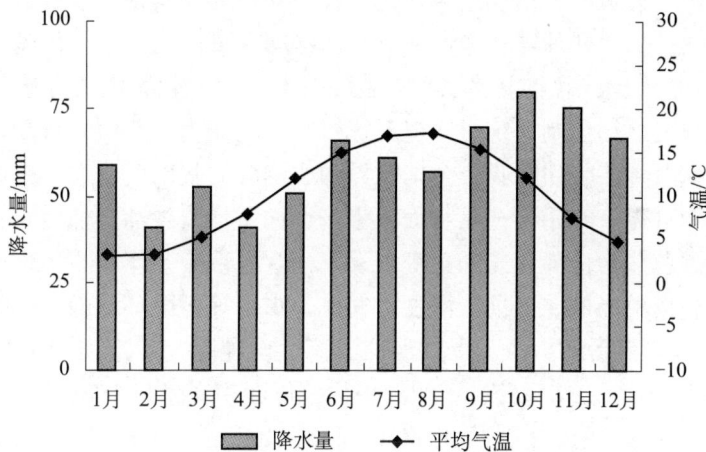

图2-17 荷兰各月平均气温和降水情况

荷兰国土面积415万hm^2，耕地面积占国土面积的29.8%，农业规模较小，耕地地势低，特别是拦海造田的16.5万hm^2耕地，地势更低，许多地方低于海平面，地下水位高，给作物土壤种植带来困难。

荷兰根据气候和耕地特点，大力发展连栋玻璃温室园艺作物无土栽培（图2-18，图2-19），很好地克服了环境和耕地的不利因素；特别是经过百余年的研究和提升，目前荷兰的文洛（Venlo）型连栋玻璃温室园艺作物无土栽培技术居于国际领先水平，温室园艺产业已成为荷兰国民经济重要的支柱产业。据有关资料报道，荷兰玻璃温室面积约1.08万hm^2，占世界玻璃温室总面积的20%左右，其中温室蔬菜种植面积约4200hm^2，主要生产番茄、辣椒和黄瓜；切花面积5400hm^2，以月季、菊花、香石竹、百合、兰花为主；苗圃和盆栽面积约1200hm^2，以榕树、朱蕉类、秋海棠等为主。2014年，荷兰温室农产品出口807亿欧元，占世界园艺产品贸易总额的24%，其中温室蔬菜每平方米产出效益为54.6欧元；温室花卉每平方米产出效益为 70.8 欧元，温室花卉和球茎在世界贸易总额中的占比分别高达 50% 和 80%。荷兰成为全球仅次于美国的农产品出口大国。

图2-18 荷兰连栋玻璃温室（1）

图2-19 荷兰连栋玻璃温室（2）

荷兰设施园艺规模化、专业化、集约化程度高，韦斯特兰地区是荷兰温室园艺生产和发展规模最为集中的地区。温室大多由家庭农场经营，单体温室面积大多在 2hm² 以上，通常只种一种作物甚至一个品种，因而设施园艺生产技术不断提升，产品质量和品质不断提高。温室生产过程中大量使用各种机械设备和自动控制系统，覆盖了从设施建造到播种、栽培、收获、采后处理等各生产环节，如移动式育苗床、自动传输设备、无人运输车、轨道式 360° 喷药机、盆栽上盆系统、栽种机器人、盆栽轨道式分选包装系统、切花采后处理系统、环境自动控制系统、冷链系统等被广泛应用。荷兰温室专用品种选育处于世界领先水平。荷兰种苗公司在收集全球优异种质资源的基础上，通过先进的分子育种手段，每年都有数十种温室专用园艺品种面向市场，如黄瓜、番茄、郁金香、百合等作物品种，是荷兰设施园艺成为世界领先的关键因素。荷兰温室园艺作物主要采用无土栽培，采用计算机控制设施内的光照、温度、湿度、气体、水肥等各个环境因子，结合封闭循环式无土栽培系统，为作物高产、稳产提供保证。荷兰设施园艺生产力水平很高，1980 年到 2010 年的 30 年间，荷兰温室番茄种植业的平均单位面积产量从 29kg/m² 增至 64kg/m²，平均每年增长 1kg/m²；能耗天然气从 46m³/m² 降至 40m³/m²；生产效率则从 40kg/h 提高至 60kg/h。目前荷兰的果菜类蔬菜试验单产已达 100kg/m²（折合亩产 66 667kg）的国际领先水平。

荷兰温室的耗能巨大，即便考虑荷兰气候计算天然气消耗费用，每亩地温室也需要 8 万欧元左右。如果冬季气度再低 10℃，荷兰每亩地温室的天然气消耗费用要 15 万欧元以上。因此，在最低气温 -10℃ 以下的地区发展这类温室用于蔬菜生产难以获得效益。

2. 英国

英国是位于 50°N ～ 60°N 的大西洋东岸岛国，属典型的温带海洋性气候，气候温和，冬无严寒，夏无酷暑。1 月的平均气温为 4 ～ 7℃，7 月为 13 ～ 17℃，季节性温差变化很小；年降水量西北部山区超过 1000mm，东南部在 600 ～ 700mm（表 2-9）。全年雾气较重，天气多变，一日之内，时晴时雨。

表2-9　英国气候特点

月份	日均最高气温/℃	日均最低气温/℃	平均降水总量/mm	平均降水天数/d
1	7	2	78	19
2	7	2	57	15
3	9	3	63	17
4	12	4	51	14
5	15	7	56	14
6	18	10	56	13
7	20	12	56	13
8	19	12	69	14
9	17	8	70	15
10	14	8	78	17
11	10	4	80	18
12	8	3	80	18

英国与荷兰气候相近，因此主要温室类型也同荷兰相似，以连栋玻璃温室为主。截至2016年，英国设施园艺总面积为2852hm²，其中设施蔬菜面积达1606hm²，占总面积56.31%，在英国农业生产中占有重要地位。据英国农业部2006～2016年的数据显示，近十年来，设施蔬菜产量呈逐年上升的趋势，从2006年的27万t增加到2016年的30.4万t，产值达3.53亿英镑；设施果树种植面积为217hm²，占果树种植面积的0.73%；设施鲜切花、盆栽花卉面积为1029hm²，占观赏苗木种植面积的6.02%。

目前，英国设施逐渐向大型化发展，特别是建于南部康沃尔郡的全球最大单体生态观光型温室，面积相当于35个足球场，主要用于园艺植物的保护与展示。在英国政府的鼓励倡导下，许多工业技术集成应用于设施园艺中，蔬菜和果树（草莓）设施生产基本实现从播种、除草、施肥、喷药、收获到包装等环节高度机械化。英国温室自动化控制程度非常高，大多数温室都装有自动控制的制暖、制冷和通风设备，有些温室还装有自动控制的洒水设备和增施二氧化碳（CO_2）的设备，通过计算机控制系统及物联网技术，可实现对温室内的温度、光照、湿度、通风、CO_2施肥、营养液管理（pH和EC调节）等进行综合控制管理和远距离监测。目前，CO_2施肥技术在温室园艺作物生产中得到普遍应用，为保证CO_2气体在温室内分布均匀，温室内通常安装内循环风机，搅动空气使温室中的CO_2均匀分布。世界能源危机发生之后，英国非常重视温室节能技术和新能源的研究和应用，将温室加热方式由原来的燃煤、燃气逐步转变为利用清洁的地源热能进行加温，部分温室采用光伏板、风力发电机和充电电池供给电源。

3.法国

法国是欧盟农业生产大国，也是园艺生产大国，其中蔬菜生产位于欧洲第五，仅次于意大利、西班牙、荷兰和波兰，年产蔬菜350万t；水果为欧洲第四，年产水果275万t。法国也是欧洲最大的园艺产品贸易国，2016年园艺产品出口总额41亿欧元，其中蔬菜24亿欧元，水果15亿欧元，花卉2亿欧元；进口总额81亿欧元，其中蔬菜29亿欧元，水果

41亿欧元，花卉11亿欧元。法国园艺产品贸易主要在欧洲内部进行，其中荷兰是法国园艺产品第一大进口国，占进口总量的55%，占进口总额的67%，其次是比利时、意大利和西班牙；意大利、荷兰、西班牙和德国是法国园艺产品出口国。

法国大部分地区属于海洋性温带阔叶林气候，南部属于亚热带地中海气候。1月平均气温北部1～7℃，南部6～8℃，7月平均气温北部16～18℃，南部20～23℃；全国90%的地区年降水量为700～800mm，高原地区为1500mm，山地地区为800～1500mm，中部的巴黎盆地气候稍干燥，年降水量不足800mm；降水最多的月份为10～11月，年降水天数100～200d（表2-10）。法国气候大致可分为四个类型。西欧型气候区位于法国西北部濒临大西洋，受西风影响较大，冬暖夏凉，气温年较差较小，终年湿润多雨，云雾多，日照弱；中欧型气候区位于距海较远的东部，受大陆影响较强，冬季寒冷，夏季较热，雨量显著集中在夏季，具有大陆性气候特点；地中海式气候区位于南部，冬季温暖多雨，夏季炎热干燥，高温是本气候区的特点；过渡型气候区位于前三个气候区之间的中部高原，为过渡性气候，特点是气温较低，温差较大，雨量较多。

表2-10　法国气候特点

月份	日均最高气温 /℃	日均最低气温 /℃	平均降水总量 /mm	平均降水天数 /d
1	12	5	70	10
2	13	5	60	9
3	15	7	58	10
4	17	9	64	10
5	21	12	71	10
6	24	15	63	8
7	26	17	57	7
8	27	16	64	7
9	24	14	81	8
10	20	11	97	10
11	15	8	86	10
12	13	6	79	11

法国南部的地中海沿岸地区是蔬菜、果树和花卉生产集中区。秋冬季因气温较低，主要种植莴苣，果菜类蔬菜多从意大利、西班牙、荷兰等邻国进口；春夏季以种植番茄、莴苣、黄瓜、胡萝卜、花椰菜、菊苣、韭菜等蔬菜为主，蔬菜产品除满足本国需要外，还出口周边其他国家。对于果树，法国以盛产优质葡萄、苹果闻名，葡萄酒行销世界各地。花卉以开花植物、花束、插花、盆花、切花等为主，其中开花植物的消费比重最大。过去20年，园艺种植者数量减少过半，而且仅有的种植者多年岁已高。尽管如此，全法园艺产品生产基本保持稳定。园艺生产者多兼做产品零售商，约占生产者总数的65%～75%。

法国设施园艺占农业生产的三分之一，主要类型有塑料小棚、塑料温室和玻璃温室（图2-20，图2-21），其中设施蔬菜面积3.2万hm²。园艺设施结构发展历程经历了初级发展阶段、快速发展阶段和稳定成熟阶段。19世纪上半叶，主要使用玻璃作为温室外覆盖材料，温室结构为双坡面玻璃温室；第二次世界大战后，法国农业得到快速恢复和发展，温室技术也得到迅猛发展，出现了连栋温室及其配套环境控制设备与技术，如温室加温和 CO_2 施肥等设备与技术；20 世纪 90 年代后，塑料薄膜连栋温室产业发展成熟，温室面积也稳定在 9200hm² 左右，而且设施园艺产业向集约化、规模化方向发展。目前，高透光率覆盖材料、各种机械设备和自动化控制系统广泛应用，并且，法国积极推广温室节能减排技术，实现了法国温室产业的可持续发展。

图2-20　法国温室（1）

图2-21　法国温室（2）

彩图请扫码

　　法国温室大多由家庭农场经营，通常只种植一种作物，使得产品质量和品质不断提升。经过多年发展，法国设施园艺生产过程机械化程度不断提高，温室环境实现了自动化控制。随着物联网技术和信息技术的不断发展，温室作物生产过程中各种计算机系统和自动控制系统等被广泛应用。采用计算机控制系统可使设施内的光照、温度、湿度、CO_2 和水肥等各环境因子有效结合，为作物优质、高产、稳产栽培提供保证。

　　法国农业生产服务体系完备。二战前的法国农业以小农经济加手工劳动为主，且土地分散，阻碍了设施园艺发展。二战后法国政府积极干预农业，促使土地走向集中，并大力发展公私合作型农业社会化服务体系，设施园艺研究、教育、推广、生产等领域服务体系中公私机构并存。在农业技术教育领域，构建了包括中等农业职业技术教育、高等农业职业技术教育和农民成人教育在内的学科完备的三级农业技术人才教育体系，其中公立教育侧重发展高等农业职业教育，私立教育侧重发展农业技校；此外还利用各种家庭农场、合作社场地设施培训农民，让农民全面掌握先进的生物和农业科研成果。在农业技术推广服务领域，构建了四个层次服务体系，一是政府成果推广署，主要资助涉农企业的研发活动，为农业技术转让项目提供部分无息贷款，并培训青年农业企业家；二是农业发展署，由农业行会和政府代表共同管理，主要进行科普宣传，促进企业农业行会与研究单位合作，同时对地方农业发展提出合理化建议；三是农业部支持下的专业技术服务中心，主要从事技术开发活动；四是农业生产协会及农产品加工等专业协会，这些协会下设分会，覆盖了农业发展的各个环节，其职能主要是维护农业工作者权益，并进行技术推广服务工作。此外，法国还设立了"全国农业进步基金"，成立了"全国农业推广和进步理事会"及各省的委员会，1959 年还颁布了《农业推广宪章》。法国还有形式多样、数目繁杂的农业合作组织，主要包括农业合作社、农业经营组合和销售组合等，每个组织均有清晰的自身职能定位，并带有半官方色彩，多数处在与农民交流的"第一线"，在法国农业发展中起到了不可或缺的作用。法国农业互助合作大规模出现是 20 世纪 50 年代末期到 70 年代中期，农业合作社是法国农业互助合作的主要形式；农业经营组合是由几个家庭农场参加的农业公司式法人组织；销售组合是保证农产品合理价格和维护农民利益的合作组织。

4. 东北欧主要国家

东北欧主要国家的设施园艺类型主要是荷兰类型的玻璃连栋温室，其中东欧地区的匈牙利温室面积 0.23 万 hm^2，捷克温室面积 $0.36hm^2$，罗马尼亚温室面积 $0.12hm^2$；北欧地区的温室面积 1.67 万 hm^2。

（四）美洲主要国家设施园艺发展概况

自 20 世纪 90 年代开始，美洲温室种植面积呈先迅速扩大，然后逐渐下降的趋势，从 1991 年的不足 $2900hm^2$ 发展到 2010 年的 5 万 hm^2，再到 2014 年 4.5 万 hm^2，不同国家之间设施园艺发展水平差异较大。北美地区的美国和加拿大主要是高科技、高投入、高产出的规模化和专业化设施园艺，设施类型主要是连栋玻璃温室和塑料温室；南美地区的巴西和智利主要采用简易设施和廉价劳动力生产内销蔬菜和外销花卉。

1. 美国

美国位于 25°N ～ 49°N 的北温带，大部分地区属温带和亚热带，仅佛罗里达半岛南端和夏威夷州属热带；阿拉斯加州位于 60°N ～ 70°N 北极圈内，属寒冷气候区。因美国国土面积大，地形复杂，又受不同气流影响，因此各地气候差别很大。东北部沿海和五大湖地区属温带大陆性气候，因受拉布拉多寒流和北方冷空气的影响，冬季寒冷季节较长，1 月平均温度为 -16℃左右，年平均降水量为 1000mm；东南部属亚热带季风性湿润气候，因受墨西哥湾暖流的影响，温暖湿润，1 月平均温度在 9℃左右，7 月为 24 ～ 27℃，年降水量平均在 1500mm 以上；中部中央平原地区也属温带大陆性气候，冬季寒冷，夏季炎热，气温较高，湿度大，中央平原南部年受大西洋及墨西哥湾的影响降水量高达 1500mm，此地平均气温虽很高，但常受北方寒流侵袭，年无霜期在 160 ～ 200d；干燥的西部高原地区年温差高达 25℃，山势越高气温越低，纬度差异对平均气温影响也很大，哥伦比亚高原较科罗拉多高原，冬季平均气温高出 10℃，夏季则更明显，年平均降水量在 500mm 以下，高原荒漠地带降水量不到 250mm；太平洋沿岸北部地区属温带海洋性气候，冬暖夏凉，雨量充沛，1 月平均气温在 4℃以上，8 月平均气温低于 22℃，年平均降水量 1300 ～ 1500mm，太平洋沿岸的南段属于亚热带地中海式气候，夏季炎热干旱，冬季温和多雨（表 2-11）。

表2-11 美国气候特点

月份	日均最高气温 /℃	日均最低气温 /℃	平均降水总量 /mm	平均降水天数 /d
1	19	9	61	4
2	19	10	64	5
3	19	10	50	5
4	20	12	18	2
5	21	14	4	1
6	22	15	1	1

续表

月份	日均最高气温 /℃	日均最低气温 /℃	平均降水总量 /mm	平均降水天数 /d
7	24	17	0	0
8	25	18	4	1
9	25	17	8	1
10	24	15	9	1
11	21	12	45	3
12	19	9	42	4

美国地大物博，人口密度小，园艺产品供给主要靠适地种植长途运输方式，因此寒冷的北部地区设施园艺面积较少，主要分布在南部的加利福尼亚州、亚利桑那州和东南部的佛罗里达州。同时美国设施园艺发展也密切结合本国国情，从实用主义出发，走出了一条与荷兰、以色列和日本等设施园艺强国不同的发展道路。美国园艺设施类型大多为保温性能较好的双层充气塑料薄膜连栋温室，少部分采用玻璃或聚碳酸酯板温室（图 2-22 ～图 2-24）。温室高度 5.5 ～ 6 m，脊高 7m，夏季高温时，通常在屋顶或侧面喷白灰降温。美国从事设施园艺生产的农场经营规模普遍较大，多数农场面积在 30hm² 以上，如 Eurofresh 农场设施园艺面积达到 111hm²，通过规模优势，取得设施园艺产品综合竞争的优势，从而获得较好的经济效益。

图2-22 美国充气膜温室　　　图2-23 美国塑料板温室　　　图2-24 美国玻璃温室

彩图请扫码

美国设施园艺产业规模不大。据不完全统计，2014 年美国设施园艺总面积为 2.2 万 hm²，其中 7000hm² 的温室用于生产附加值高的花卉，设施蔬菜生产面积约 1.5 万 hm²。

美国设施园艺生产的全程机械化程度很高，无论农场规模大小，从种子处理、基质处理、育苗播种、定植、灌溉施肥、环境调控、采摘、病虫害防控、商品化处理等整个生产过程均普遍实现机械化和自动化，极大地提高了设施园艺生产效率。美国在园艺作物无土栽培技术方面居世界一流，主要应用在沙漠、干旱等非耕地地区，其无土栽培知识及技术普及程度非常高，栽培作物以番茄、黄瓜和生菜等蔬菜为主，少量栽培树莓、玫瑰等作物。美国无土栽培系统通常采用基质培，结合滴灌系统，加上温室良好的环控能力，蔬菜产量较高，番茄年产可达 75kg/m²，黄瓜年产达 100kg/m²。近年来，美国凭借领先的航天探索技术和先进的国际空间站，积极开展太空农业方面的研究，美国国家航空航天局（NASA）运用无土栽培和 LED 技术，已成功在太空种出小麦、玉米、番茄、生菜、绿豆、菜豆和马铃薯等多种作物，并于 2015 年首次实现航天员在太空食用种出来的生菜。

2. 加拿大

加拿大地处41°N～83°N的北美洲北部的温带和寒带地区，西临太平洋，东濒大西洋，南接美国本土，北靠北冰洋达北极圈。大部分地区属大陆性温带气候，部分寒带气候，阳光充沛、四季分明。东部气温稍低，南部气候适中，西部气候温和湿润，北部为寒带苔原气候，北极群岛终年严寒。中西部最高气温达40℃以上，北部最低气温低至 -60℃。3月中旬至6月下旬为春季；6月下旬至9月中旬为夏季；9月中旬至12月下旬为秋季；12月下旬至来年3月中旬为冬季。大多数地区的气候类似中国东北地区。地处太平洋地区的温哥华，属温带海洋性气候，冬季温暖，最冷的1月平均气温3℃，7月平均气温17℃，一年四季如春；地处东南部的多伦多，气候类似北京，不同的是冬季较长且多雪，而夏季又无酷暑；中东部地区的渥太华及魁北克省会魁北克市的气候相当于中国的长春、哈尔滨。

加拿大根据自然环境和气候特点，在西部气候温暖地区，重点发展欧洲型的连栋玻璃温室，五大湖周边地区以发展充气双层塑料薄膜温室为主。据加拿大官方统计，加拿大的温室总数达到3220座，设施园艺总面积约为2550hm^2，其中玻璃温室有870hm^2，占34.1%，塑料薄膜温室有1680hm^2，占65.9%。设施内主要以种植番茄、黄瓜、甜椒和生菜等蔬菜为主，面积超过了1400hm^2，2016年比2014年上升了3%，并且在过去5年中一直呈上升趋势，总产量达到60万t。加拿大少部分温室用于果树栽培，约占设施面积的7%。加拿人设施园艺主要分布在安大略省、哥伦比业省和魁北克省，三省设施园艺面积占全国的90%以上，其中仅安大略省就占总面积的65%。

加拿大设施结构和栽培生产技术体系日趋完善，经过多年的实践，温室单体面积逐步大型化，且透明覆盖材料由双层聚乙烯塑料薄膜代替玻璃覆盖，从而提高保温性，降低生产成本。温室作物栽培大多采用无土栽培，主要以椰糠和岩棉为主的固体基质为介质，营养液通过施肥机进行自动灌溉，多余营养液实现回收和循环利用，降低了水肥的浪费和环境污染。加拿大温室基本实现了环境控制自动化和栽培管理机械化，极大地提高了劳动生产率，温室管理、生产和效益已居世界先进水平，如采用无土栽培技术，可使温室黄瓜、番茄和甜椒产量分别达100kg/m^2、70kg/m^{2}和35kg/m^2。加拿大政府非常重视设施农产品质量安全，在设施生产中尽量避免使用农药和植物生长调节剂，主要通过调控设施内温、光、湿等环境因子，并与生态控制和生态防治相结合达到综合防治病虫害的目的，如利用生物天敌丽蚜小蜂防治虫害。此外，温室瓜果菜生产普遍采用熊蜂授粉，不仅有效促进番茄和甜椒的坐果率，提高产品品质，而且省去了开花期需要大量的人工进行授粉作业。

（五）大洋洲主要国家设施园艺发展概况

大洋洲地区地处南、北回归线之间，属热带和亚热带地区，是世界上设施园艺面积最小的地区，但设施园艺具有一定区域特色，且单位面积产出居世界先进水平。

1. 澳大利亚

澳大利亚地理纬度为11°S～39°S，属热带和亚热带地区。干旱区面积比例大，年降水量成半环状分布，全大陆普遍暖热。全国平均年降水量为470mm，其中年降水量不足

250mm 的地区占 35.9%, 年降水量 250 ～ 500mm 的地区占 32.4%, 降水量超过 1000mm 的地区仅占 6.5%。内陆中西部有十分之三地区最热月的月平均气温在 30℃以上; 塔斯马尼亚岛中部为 16℃; 东南部高山地区最低, 为 10℃左右。1 月平均最高气温除大陆北部受季风影响很少超 38℃外, 全大陆南北皆在 40℃以上, 极端最高气温有超过 50℃的地区 (克隆克里 53℃, 中部的斯丢阿特 55℃); 而且热的时间长, 20°S ～ 23°S 的内陆日平均气温超过 32.2℃的天数达 150d 以上, 其中有的地区连续 37.7℃的高温达 64d 之久。澳大利亚冬季与同纬度非洲、南美洲比较也相当暖热, 7 月平均气温绝大部分在 10℃以上; 15℃等温线横穿大陆中部; 北部在 25℃以上; 东南部山地气温最低, 也为 8 ～ 10℃。极端低温天气, 内陆地区夜晚可见霜, 甚至降到 0℃以下 (如阿利斯泉曾有 -3.8℃的记录), 其余天气即使南部海岸也少见霜。

澳大利亚国土面积大, 人口较少, 自然资源极为丰富。农业是澳大利亚国民经济的四大主导产业之一, 而设施园艺在其现代农业中占据重要地位, 主要集中在新南威尔士州和维多利亚州等东南地区。设施园艺总面积 2283hm^2, 其中用于蔬菜设施栽培面积约为 1600hm^2; 其次是盆栽花卉和鲜切花面积约 591hm^2; 设施果树面积较少, 仅为 92hm^2。

澳大利亚根据其气候特点, 设施类型大多采用不加温的塑料温室, 少量为现代化程度高的玻璃温室。澳大利亚现代化温室作物生产技术水平较高, 主要采用无土栽培, 无土栽培的介质主要为椰糠, 种植的蔬菜作物有番茄、黄瓜和叶菜等; 60% 以上的花卉生产也都采用椰糠基质栽培, 如非洲菊、月季等鲜切花种植。

澳大利亚土地资源丰富, 但多地气候干旱, 导致水资源相对比较缺乏, 所有设施园艺生产基地均采用节水省能的滴灌和微喷灌技术; 同时, 澳大利亚科研人员不断探索在沙漠中利用海水进行温室蔬菜灌溉生产, 通过将海水引到温室外的太阳能凹镜管道里进行脱盐, 产生的淡水用于番茄灌溉, 由于海水具有清洁和杀菌作用, 因此在生产过程中无须对营养液进行消毒处理。澳大利亚从事设施园艺生产的劳动力较少, 因而重视省力化和机械化设备的研发和推广使用, 从整地施肥、播种、喷药、收获等过程基本实现机械化, 生产效率高, 平均每人管理 1hm^2 以上的温室。

2. 新西兰

新西兰位于太平洋西南部, 属温带海洋性气候, 夏季平均气温 20℃, 冬季 12℃。近十年来, 新西兰设施蔬菜和果树发展迅速, 果蔬农产品大多出口到荷兰、澳大利亚、中国等诸多国家。新西兰设施蔬菜生产大多采用无土栽培形式, 一般选用锯木屑、砾石、岩棉和椰糠等基质作为黄瓜和番茄的栽培介质。其果树设施栽培技术水平居世界先列, 尤其以猕猴桃 "伞" 形棚架栽培形式, 产量较高, 亩产可达 3000kg 以上。设施花卉种植面积较小, 但专业化程度非常高, 每个农场一般只种 1 ～ 2 个花卉品种, 利用玻璃温室或塑料大棚进行 "反季节" 生产玫瑰、康乃馨等花卉用于出口, 经济效益较好。

新西兰人口较少, 农业生产用工成本高, 设施园艺生产过程基本实现了机械化, 不仅设施作物单产水平比较高, 而且劳动生产效率也非常高, 从播种到田间管理, 再到采后处理, 机械化处理涵盖了生产中的各个环节。新西兰注重设施花卉新品种培育与开发; 同时, 也十分重视新品种的引进, 每年都有温室大花蕙兰、彩色马蹄莲等新品种推出, 深受全球市场欢迎。近年来，由于能源危机再现，加上减少温室气体排放需要，一些新能源在设施作物生产中得到应用，如充分利用丰富的地热资源来供暖或发电，用于温室园艺作物生产加温。

（六）非洲主要国家设施园艺发展概况

目前，非洲设施园艺处于快速发展阶段，但温室建造设计和栽培管理技术水平整体较低，主要表现为设施类型结构单一、档次较低，对温度、光照、水分等环境因子的控制能力较弱。据不完全统计，截至 2016 年，非洲设施园艺面积约为 20 万 hm^2，占世界总面积的 4.35%，主要分布在北非的埃及和阿尔及利亚。非洲 80% 以上的地区位于热带，终年高温，一年可分为雨季和旱季，加上国民经济发展水平普遍较低，因而在发展设施园艺过程中不需要考虑保温，只需要实现降温和防虫栽培。其设施类型基本都以简易的塑料大棚和防虫网室为主，少数国家采用具有一定温控能力的温室进行出口鲜切花和盆栽花卉生产。

非洲国家因其独特的地理位置和气候条件，在具体发展设施园艺过程中，结合自身优势和国民消费习惯，逐渐形成具有一定区域特色的设施园艺产业及模式，部分国家除了种植供给国内消费的作物外，还栽培用于出口创汇的作物，经济效益较好。肯尼亚、埃塞俄比亚等东非国家生产的鲜切花和玫瑰销往世界各地；南非是非洲大陆经济最为发达的国家，设施园艺发展水平相对较高，也是拥有现代化温室为数不多的非洲国家之一，主要用于种植蔬菜和鲜切花；北非的埃及、阿尔及利亚、摩洛哥等北部靠地中海沿岸诸国，利用温暖的气候条件，发展简易设施来进行番茄、辣椒、洋葱等作物生产，产品输往欧洲各国。近年来，世界组织和一些发达国家加大对西非设施园艺的援助和投入，帮助西非各国发展设施园艺，尼日利亚、塞内加尔、科特迪瓦等国蔬菜和水果产量持续增长，番茄、四季豆、甜瓜、芒果等产品远销欧洲和海湾国家。

二、国外设施园艺的发展趋势

（一）设施结构向大型化和轻简化方向发展

设施结构大型化具有降低设施建造成本、提高土地利用率、增强室内环境稳定性、便于机械化作业和产业化生产等优点，目前发达国家的园艺设施正朝大型化和规模化方向发展。例如，美国加利福尼亚州在沙漠地区建成的温室单体面积均在 $1hm^2$ 以上，主要用于番茄无土栽培，产量可达 $75kg/m^2$；荷兰单体温室面积大多在 4～5hm^2，最大能达数十公顷。生产用温室的典型布局是平行三段式，温室北侧一般为办公管理及设备用房区，中间为操作车间区，南侧为作物生产区。温室每个区域之间都通过自动感应门隔断，进入与温室相连的办公区需要对身体进行严格的消毒，然后才能从办公区进入生产温室内。温室结构大多采用文洛型，果菜类蔬菜作物栽培方式多为立体吊线栽培，为了提高果菜类蔬菜长季节高产优质栽培效果，温室结构高度由原来的 4～5m 增加到目前的 6.5～7.5m。

在设施结构创新方面，发达国家非常注重设施结构轻简化。以荷兰为代表的欧盟，在满足温室荷载的基础上，普遍采用轻质高强度的新型材料，通过减少温室支撑结构和构件材料而减小遮光面积。例如，温室天沟由传统的单层铁制材质改变为中空铝合金天沟，使得保温效果更好，加上其平面尺寸小，有效增加了温室内采光。目前，中空铝合金天沟技术已广泛应用在各类连栋温室的建造上。

（二）设施环境调控向自动化和智能化方向发展

随着现代信息技术的发展，许多国家研制出集环境实时监测、基于温室环境变化模型和作物生长发育模型的计算机控制、环境控制装备于一体的环境自动控制系统，实现了温室内温度、光照、水分、营养和CO_2浓度等环境的自动控制。美国、英国和法国等国家研发出可对温室内温度、空气湿度、土壤水分和营养、光照、温室气体等参数自动采集，并可自动调控加热降温装备、灌溉系统和补光系统等的温室环境自动调控系统，使温室内的环境因子满足植物生长发育的需要，实现了设施园艺作物生产过程的精确控制。西班牙研发出基于传感器监控系统和物联网远程控制技术的温室水培作物自动化生产系统。以色列通过传感器测定温室内的温度、湿度和CO_2浓度等环境因子，利用计算机水肥分析系统分析营养，研发出现代化的水肥一体化滴灌和喷灌系统，实现了灌溉系统的自动控制，该系统减少了灌溉过程中水分的渗漏和蒸发，显著节省了水肥。

随着智能化技术的发展，温室环境控制将逐渐由自动控制系统向智能化系统转变，但这一转变必须以自动化系统为前提，而且必须有充实的大脑，即各种因素导致的环境变化模型和作物生长发育模型。没有环境调控自动化系统，不可能建成智能化系统；没有控制大脑中的众多环境模型和作物生长发育模型，也不可能建成智能化系统。日本、荷兰、法国等设施园艺发达国家充分利用人工智能专家系统，通过总结、收集植物生长信息构建数学模型，研发出适合不同作物生长的温室专家控制系统技术，能够以光照、温度、湿度和CO_2浓度作为调控因子，当某一环境因子发生改变时，其余因子自动做出修正或调整。该技术能进一步精细化调控设施内环境，创造作物最佳生长环境，实现了温室的初步智能化管理与生产。

（三）设施园艺生产向注重品质为主的多样化方向发展

人们在生活水平不高、园艺产品数量不足的年代，开展园艺作物育种和栽培主要追求产量，而忽视品质，结果导致功能、营养丰富的优质园艺产品越来越少。然而，到了人们生活水平普遍提高、园艺产品数量极大丰富的今天，市场上出现功能、营养丰富的多样化优质产品供不应求的现象，而普通园艺产品供大于求。因此适应当今和未来市场需求开展园艺作物育种和栽培已势在必行。目前，一些设施园艺发达国家已根据消费者对园艺产品需求的多样化和优质化，从育种和生产两个方向进行调整，从过去的只注重产量而向多样化或功能化方向转变。

从育种方面看，不断选育出适合设施栽培的功能型园艺作物新品种，并开发出一些具有保健疗效和其他特殊功能的产品。例如，以色列将野生番茄和普通番茄杂交，培育出含有大量抗氧化活性物质和维生素 C 等的黑色樱桃番茄新品种；英国专家选育出一种可以长成网球大的超级草莓，其大小为普通草莓的 6 倍，食用口感跟吃苹果一样；荷兰种苗公司开发出一些富含钙质和维生素且热量低的"减肥蔬菜"，高氨基酸含量的"营养蔬菜"，具有观赏价值的"花卉蔬菜"等新品种。

从栽培方面看，一些发达国家普遍将现代农业技术应用于作物生产之中，不惜成本地构建、提升农产品外观品质和营养品质的栽培技术体系，以获得较高附加值。例如，日本利用无土栽培技术种植'桃太郎'番茄，通过限根、加大营养液浓度和钾含量、多次少灌营养液等栽培方式，生产出"高糖度番茄"，其口感酸甜可口，可溶性固形物含量达到 8%～10%，价格是普通番茄的数倍，最高每个达 850 日元（约人民币 50 元），经济效益显著；此外，采用水培技术在室内进行番茄种植，不仅植株生长时间要比传统种植缩短 1/4～1/3，而且番茄红素含量比普通番茄高出 1.5 倍多，深受 30～50 岁女性消费者的欢迎；富士通通过选用专用品种和调控光谱等方式，在植物工厂内生产出低钾含量的生菜和番茄，为肾功能患者提供食材。

（四）设施园艺经营向低碳节能和环境友好方向发展

随着经济社会的发展，能源价格不断上涨，加之环保要求越来越严，减少碳排放已成为全世界主要国家共识。因此设施园艺低碳节能和环境友好生产技术越来越受到高度重视，设施园艺需要走出一条资源节约和环境友好并重的可持续发展道路。

设施园艺低碳节能在生产方面已进行了许多技术探索。一是清洁能源开发利用取得了新进展，荷兰、德国等欧洲国家广泛采用地源热泵技术，夏季通过把地层低温冷水源抽到地上，用于温室降温，经过热交换的热量回流到地下，冬季再把高温热水源抽上来，只需要稍微加温就可以用于温室增温，可节约 1/3～2/3 的能耗；二是日本和欧美等国探讨了光伏发电与设施园艺相结合，研发出光伏农业技术，在确保温室作物采光的前提下，充分利用太阳能进行光伏发电，产生的电能主要用于作物补光，同时解决夏季降温、冬季供暖的用电需求；三是工业多余能量回收和综合利用不断开发，欧美国家将工业锅炉群工作时排放的高温烟气进行收集转换、储存，用于冬季温室作物加温；四是探索了温室能源高效利用技术，日本、荷兰、美国等国家大力发展新型节能 LED 代替普通光源技术，已研制出适合不同设施作物生长的单色 LED 及其组合光源，光能利用率达 75%～90%，节能效果极为显著，已广泛应用于温室补光、育苗、组培、植物工厂以及太空农业等领域。

设施园艺环境友好生产技术的研发也取得许多新突破。近年来，一些国家在探索温室能源高效利用、生态环境保护等方面开展了大量的研究工作。自 2000 年开始，欧盟国家所有温室无土栽培的营养液供应必须采用闭路循环系统，通过对营养液的回收、消毒、补充等处理，实现环境废液零排放；以色列通过运用水肥一体化、循环用水、微滴灌精准施肥等技术措施，可使设施园艺作物节水 30%～40%、省肥 35%～40%，同时农产品单产显著提升。在温室病虫害防治方面，采用生物防治、生态防治和物理防治相结合的综合防治措施，显著减少了化学药剂的使用。例如，荷兰 Koppert 公司通过释放斑潜蝇天敌潜蝇姬小蜂、蚜虫天敌食蚜瘿蚊、粉虱天敌角蚜小蜂和丽蚜小蜂等，有效地控制了温室害虫的发生，使蔬菜商品化率达到 80%～90%；为了提高温室番茄、甜椒等蔬菜作物的质量，一些国家禁止使用化学生长激素用于作物授粉，而是普遍采用熊蜂授粉方式，可使作物产量提高 15%～20%，品质更优；以色列和日本广泛采用太阳能技术代替溴甲烷等剧毒化学药剂进行土壤消毒，在翻耕的土壤上通过铺一层地膜，经过夏季高温处理，可杀死地表 30cm 土壤层中 90%～100% 的细菌、真菌以及线形蠕虫等，降低了化学农药的使用量。这些技术措施均有效地缓解了设施园艺作物生产过程对环境的污染和破坏。

（五）现代温室园艺作物无土栽培将得到进一步发展

无土栽培改变了传统设施栽培方式，是现代温室和植物工厂作物生产的核心组成部分。20 世纪中期以来，无土栽培技术在全世界不断发展，特别是近些年来得到快速发展，目前，无土栽培技术已在全球 100 多个国家和地区推广应用。美国是进行无土栽培商业化生产最早的国家之一，其无土栽培系统较多，如番茄、黄瓜等蔬菜主要采用基质袋式栽培，花卉和果树选择基质容器栽培，这些栽培配备相应的滴灌设备。近年来，美国重点研究太空作物无土栽培技术，已成功种植出番茄、生菜等作物；以色列广泛利用其本国丰富的沙、活火山岩石及蛭石等作为基质，结合先进的水肥滴灌技术，进行出口花卉、蔬菜的无土栽培；日本无土栽培形式多样，栽培介质主要以砾培、岩棉培和水培（深液流和营养液膜）为主，前两者约占 1/3，后者约占 2/3，在营养液配方研究方面处于世界前列；荷兰是无土栽培技术最发达的国家，60% 以上的温室用于花卉无土栽培，剩下 40% 用于蔬菜作物生产，番茄年产量达 $75～90kg/m^2$，黄瓜最高年产量可达 $120kg/m^2$。无土栽培之所以能够获得较高的产量和品质，关键在于栽培介质。荷兰、丹麦、法国、希腊、美国等国家广泛采用岩棉进行作物无土栽培。但由于岩棉废弃污染环境，且处理成本较高，近年来，澳大利亚、加拿大、以色列、英国等国研制出替代岩棉的无土栽培生态型椰糠基质，形成与其相配套的设施蔬菜低碳栽培技术体系，并实现了商品化、产业化生产。

（六）设施园艺生产管理将向物联网化方向发展

基于计算机、传感器和互联网等技术的设施园艺生产管理快速发展，物联网技术不断成熟，逐渐应用于现代设施园艺作物的生产中。有些国家以物联网技术为核心，集传感器、计算机网络和移动网络等技术，设计出温室物联网控制系统，实现了温室内温度、光照、水分、营养和 CO_2 浓度及设施装备的自动控制。美国、英国和法国等国家研制出基于物联网技术的机器与机器（M2M）和人机界面的低投入传感器、执行器网络平台，实现了基于物联网的温室内温度、空气湿度、土壤水分和营养、光照、温室气体等参数的自动采集和自动调控。随着大数据和云技术的发展，可实现利用传感器对温室内环境因子自动采集和校验，并通过互联网将数据传输至手机端 APP，进而实现采用手机远程、实时观看温室数据和对温室环境进行调控。机器人移苗机可自动剔除坏苗，识别优质种苗，并准确移栽到预定位置；机器人可根据光反射和折射原理，准确检测植物需水量，控制灌溉等。因此，农业物联网和大数据技术应用于现代温室生产中，实现设施园艺作物生产过程的自动化，从而降低劳动成本、提高资源利用率和农产品产量，有利于推进精确农业的发展，是未来农业的发展方向。

（七）设施园艺新材料、新装备、新技术将快速应用

随着设施结构与装备材料不断更新换代，设施整体水平不断提升，已从简易设施发展到塑料大棚、再逐渐发展为现代化温室和植物工厂。在设施覆盖材料方面，20 世纪大多使用塑料薄膜和玻璃作为透明覆盖材料，现已研发出多元的聚碳酸酯、聚乳酸等塑料材料及漫反射玻璃等新型覆盖材料，不仅提高了透光率，而且改变了光谱特性，既减少了热量损失又降低了内部水滴的凝结，如荷兰漫反射玻璃温室种植番茄、黄瓜和玫瑰等作物比普通玻璃温室增产 10%。荷兰瓦赫宁根大学研制出一种可应用于温室加热降温的太阳能集热器，集热器可储存多余太阳能转换成电能，从而进行冬季供暖与夏季降温，节省额外能源开支；意大利利用相变材料吸放热的特点，将相变材料应用于温室集热器中，优化了集热器系统；英国学者研发出双层塑料薄膜中填充泡沫的新型覆盖材料，模拟结果表明该材料保温性能优良，降低了能耗。

此外，一些设施园艺发达国家还将最新的先进技术应用于设施园艺生产中，如将自动化技术应用于园艺作物的播种、耕耘、施肥、灌溉、病虫害防治、收获以及农产品加工、储藏、保鲜等园艺作物生产全过程，实现了温室环境的自动化控制，满足了作物生长的需要，完全摆脱了外界不良环境对作物生产的影响，保证了作物周年生产和均衡上市，已经形成了温室制造、产品生产、物流营销等一体化的设施园艺产业体系。荷兰 Flier Systems 公司开发了种苗分级系统、TTA 公司设计了盆栽花卉种苗移植机、Visser Horti Systems 公司研制了物流化种苗输送系统等，解决了基质装盆、种苗移植、疏盆、分级、成品包装、运输等环节对劳动力需求量大的问题。近年来，日本的人工光源型植物工厂得到了快速的发展，栽培技术和理念达到世界领先水平，并研发了一套生菜播种、定植、移栽、施肥、灌溉、收获、分级包装于一体的自动化控制装备。美国、以色列、韩国、英国等发达国家研发了苗盘覆土消毒、育苗移栽、蔬菜嫁接、施肥、病虫害防治、采摘、分级包装等机器人装备，用于设施园艺作物生产。温室园艺机器人的使用，不仅降低了劳动力，提高了劳动生产效率，改善了劳动环境，而且保证了设施生产的一致性和均一性。

（八）植物工厂生产的精准化和智能化程度将不断提升

植物工厂是一种通过设施内高精度环境控制，实现农作物周年连续生产的高效种植系统，是由计算机对植物生育过程中的温度、湿度、光照、CO_2 浓度以及营养液等环境要素进行自动控制，不受或很少受自然条件制约的全新生产方式。因植物工厂综合运用了无土栽培技术、生物技术、计算机技术和信息技术等手段，被认为是设施农业发展的更高级形式，具有土地利用率高、省时省力、机械化程度高和生产周期短等优点。

近年来，植物工厂得到了快速的发展，设施装备和环境控制系统不断完善，尤其是人工光源的植物工厂受到全球的广泛关注。LED 单色光组合在植物工厂中的应用，具有能耗低、产热少、寿命长及无污染等优异性能，与高压钠灯相比，LED 光源可以减少 50% 的能

耗。特别是通过对 LED 光源调控园艺植物生长发育和品质的系统研究，为植物工厂光源的开发和环境调控提供了重要的理论依据。在弱光和日照时数少的季节，以红光为主的 LED 补光可增强草莓的光合速率、缩短开花时间、增加花朵数量；番茄第一穗花开花后，对下部叶片用红光为主的 LED 光源进行夜间补光，不仅可增加产量，而且可增加可溶性糖和维生素 C 的含量；对水培生菜下部叶片向上补光，可减缓下部叶片的衰老，提高作物产量；此外，当红蓝光的照射时间均为 14h 时，红光比蓝光延迟 4h 或 7h 打开可显著增加生菜的叶面积和产量。美国利用计算流体力学（computational fluid dynamics，CFD）模型研发的植物工厂空气循环流动系统，可极大地提高界层的均一性，有效降低生菜顶部灼伤的概率。物联网技术的应用和普及，使植物工厂实现了作物播种、育苗、定植、灌溉、施肥、病虫害防治和采收等全程自动化控制。植物工厂内的温度、空气湿度、光照、CO_2 浓度和营养液等因子，可通过传感器感知信息，将信息数据传输至计算机控制系统，由控制系统分析后发出指令，最后实施对植物工厂内各系统的自动化控制。

（九）设施作物专用品种选育及其配套技术研发将更受重视

设施园艺作物专用品种的选育是保证设施园艺作物高产优质的前提。设施园艺发达的国家非常重视设施栽培专用品种的选育，各国根据不同地区实际情况，有针对性的选育适合的设施专用品种。例如，以色列在温室作物专用品种研发方面，针对塑料薄膜连栋温室和充足的天然光热资源、干旱的自然环境，通过遗传改良和驯化，培育适合温室生产的花卉和高档蔬菜品种。

在设施园艺作物品种选育过程中，除了采用传统的杂交育种技术之外，花药小孢子培养、组织培养、分子标记、QTL 定位、转基因、原生质体杂交等细胞和分子育种技术也得到大量应用。采用这些技术已在番茄、黄瓜、花卉等园艺作物上创制了一大批优良的专用新品种。欧美发达国家凭借其技术创新能力，在设施园艺作物种子市场上占有垄断地位。近年来，高通量测序技术和生物信息学分析已经成为生命科学领域的常用研究方法，其应用成本不断降低，逐渐应用到设施作物育种中。随着番茄、黄瓜、茄子、辣椒、甜瓜等基因组测序完成，分子育种技术将成为改变园艺作物产量、营养品质和外观品质的重要手段。日本研究发现 *LhMYB12-Lat* 控制亚洲百合萼片花青素点状积累，其表达量越高花青素积累越多。番茄 *Self-pruning*（*SP*）基因控制着营养生长向生殖生长的转换，*SP* 突变体植株矮小，生活周期缩短，将'Micro-Tom'（*SP* 基因突变体）与'Moneymaker'杂交，后代自交筛选到植株矮小，适合于植物工厂栽培的番茄植株。CRISPR/Cas9 技术作为最新的基因编辑技术，具有操作简单、成本低廉和突变效率高等优点，已经成功地应用于番茄和黄瓜等园艺作物的基因编辑，并培育出优良的抗逆品种。

此外，设施园艺发达国家在注重培育设施专用优良作物品种的同时，也特别重视温室新品种生产的配套技术研发与应用，更好地挖掘设施专用新品种的基因潜力越来越受到重视。针对不同作物品种特性，研制出适合不同品种的综合环境管理指标，已成为总的发展趋势，也就是说，不是笼统地说某个作物适合什么样的环境，而是要明确某个作物的哪个品种适合什么样的综合环境。只有这样，才能充分发挥培育出的专用新品种的遗传特性。

三、国外设施园艺产业面临的问题

（一）玻璃连栋温室建造成本高和能耗大

温室的生产能力强，单位面积产量高。目前荷兰文洛型玻璃连栋温室是世界上最先进的温室系统，但荷兰温室的建造成本高，每平方米建造成本高达 2000～4000 元人民币，每年每亩折旧费用达 6～13 万元人民币；而且温室生产的能耗也很大，在冬季最低气温 -30～-5℃地区，每年每亩耗标准煤达 30～80t。如果采用天然气加温，在荷兰此项支出每亩温室需要近 5 万元人民币，而在北京此项支出每亩温室需要 5.5 万元人民币。因此这类温室生产不仅加温能耗成本高，而且也增加 CO_2 排放量，污染环境。

（二）设施园艺生产的劳动力成本高

设施园艺生产的机械化率普遍较低，主要采用人工作业生产，国外设施园艺生产虽较我国设施园艺生产的机械化作业水平高，但总体机械化率仍然较低。希腊、意大利、西班牙等国大部分家庭农场的经营规模在 1～3hm²，每个劳动力管理规模约 1500～2500m²，每亩每年需要劳务费大约在 5 万元人民币；在荷兰每个劳动力管理规模大约 2500m²，每亩每年需要劳务费 7.12 万元人民币。可见，在国外每亩温室生产的劳动力成本很高。要提高温室生产效益，大幅度降低人工成本十分重要。

（三）营养液和水肥一体化的肥料排放污染需要解决

国外许多国家设施园艺作物生产采用无土栽培或是以水肥一体化方式追施肥料。特别是荷兰地下水位高，而且温室生产主要采取无土栽培，大量使用营养液，尽管荷兰政府强化温室封闭式管理，强调营养液的回收利用和零排放，但个别地区仍存在开放式管理；其他一些国家采用的无土栽培或水肥一体化追肥方式多为开放式，营养液排放到外界空间。这些废液的排放会导致土地和地下水污染，需要解决。

四、国外设施园艺发展的经验和启示

国外设施园艺包括三种发展模式，第一种是高投入高产出的发展模式，如荷兰和一些西北欧国家的设施园艺发展模式；第二种是投入和产出适中的发展模式，如以色列、日本、意大利、法国等国家的设施园艺发展模式；第三种是投入和产出不高的发展模式，如西班牙的设施园艺发展模式。总结国外设施园艺的发展经验，无论是哪种发展模式，设施园艺的健康发展都需要政府政策导向配套、科技支撑、产业配套、农户合作、市场拉动等扮演重要角色和作用。

（一）政府积极的政策导向

政府的政策导向对设施园艺健康和可持续发展十分重要。发达国家政府主要通过财政支持和行政的公共服务支持等手段，降低生产者设施建造的投入造价和提高生产效益，来实现政府发展设施园艺的意图。

首先，政府的支持是有导向性的。许多国家政府均积极支持发展适合当地气候资源的设施结构类型。许多国家都知道荷兰温室园艺是世界上最先进的温室园艺生产系统，但许多国家都没有大规模鼓励照搬。例如，以色列有以色列的温室，日本有日本的温室，法国有法国的温室，希腊有希腊的温室，西班牙有西班牙的温室，意大利有意大利的温室等。积极支持因地制宜地学习、借鉴发达国家先进技术和经验，反对片面追求高大上。

其次，政府的财政支持力度是较大的。政府主要是通过提供资金补贴、低息贷款等降低生产者建造设施的投入造价。在设施园艺发展的不同阶段，财政支持的方式不同。在前期的设施园艺规模化发展阶段，主要对温室或大棚建设进行补贴，以降低设施农业进入的门槛，补贴资金通常达到设施建造成本的40%～50%，日本甚至高达60%～70%。除了直接补贴，政府也提供政策性低息贷款降低融资成本。而在后期的设施园艺提升发展阶段，为了引导行业层面的技术升级，主要对特定的技术方向进行差别化补贴。荷兰自20世纪90年代以后，政府不再简单补贴设施建设面积，而是改为对节能型温室、照明系统升级、有机生产等进行补贴，引导设施农业经营主体从粗放型经营向绿色集约型经营转变；日本和以色列则通过专项补贴，促进环境友好、可循环利用的薄膜等覆盖材料的应用。意大利政府出台了一系列的惠农政策。一是农业财政补贴政策，有农民收入补贴，主要是按土地面积进行补贴，种植低于$3hm^2$的小农户，根据农场规模可获得每年500～1000欧元的补贴；农村发展补贴，如促进旅游农业补贴、促进农村环境保护补贴（鼓励轮种、提倡休耕）、促进农村基础设施建设补贴、鼓励青年人（40岁以下）经营农业的补贴等；农业技术服务和新品种补贴，免费提供技术信息和培训服务，向农民免费提供良种和树苗等。二是农业税收优惠政策，主要对农民个人所得税（含增值税）给予优惠，农业生产用电方面给予税收优惠政策，农户、农场购买农机时有减税政策。三是农业优惠保险政策，主要保险冰雹、风灾、洪涝、病虫害等带来的灾害，保险公司对灾害的补贴高达80%，农民承担20%，而且对于设施农业和养殖业的保险，国家设有农业救灾专项资金用于支持农业保险，发生灾害时，国家补贴50%，农民承担50%。法国粮农渔业部政府拨款52亿欧元，其中规划11%用于食品的安全和健康质量；13%用于支持农业政策；5%用于森林；31%用于农业、农业食品、林业、渔业和水产养殖的竞争力和可持续性；8%用于高等教育和农业研究；31%用于农业技术教育。

最后，政府提供的行业公共服务是多方面。政府在市场开拓、设施农业技术供需衔接与推广以及标准制定等多方面提供支持。20世纪60年代初，荷兰政府积极参与欧共体的共同农业政策，开拓了广阔的欧洲市场，为荷兰设施农业发展注入了强大动力。现今，向德国出口的农产品占到荷兰出口总量的四分之一，有些种类甚至高达80%。为了促进温室设计的规范化管理和设施农业行业的健康发展，荷兰农业管理当局委托农业环境工程研究所（后并入瓦赫宁根大学），分别于1978年、1985年和1997年制定了温室结构设计标准、施工安全标准和荷载标准。为促进设施农业技术的供需衔接与推广，荷兰政府和行业组织首先汇集农业生产经营的需求，然后让研究机构按需提供解决方案，农技推广部门则结合区域特点对农户开展针对性种植指导培训，形成了"政府－科研院所－推广部门"协同作战、齐抓共管的局面。

（二）科技的支撑作用

国外设施园艺的发展离不开科学技术的支撑，特别是设施园艺产业的发展始终离不开科技进步，关键共性技术、材料和工艺方面的研发创新，为设施园艺发展提供了原动力和竞争力。

荷兰以瓦赫宁根大学和所属研究机构为核心，聚集了大量国际顶尖的跨国公司和科研院所，约有 15 000 名农产品及食物领域的科学家，形成了强大的研发力量。荷兰政府和企业投入大量的资金用于节能技术、新能源技术创新研究，努力提高覆盖材料的透光率、增加太阳光入射量；同时，加大机器人技术、自动传输系统和收获分级系统的研发与应用。

以色列政府每年的农业科研经费投入占到农业总产值的 3%，农业研究组织是该国最重要的政府研究机构，约有 200 名农业科学家、340 名工程师和技术人员。此外，以色列有 3500 多家高科技公司，主要从事包括材料、化工、电子、基因、细胞、生物工程方面的研究。以色列设施园艺走的是科技密集型道路，把现代科技渗透到温室、施肥、种子培育、栽培管理、节水灌溉设备等设施园艺的每一个生产环节之中。以色列研发的农膜已不仅仅作为覆盖材料，同时具有调光、调温、防虫功能。在农业灌溉领域，以色列开发了一系列适应不同环境的灌溉解决方案以及多种感应器等配套装备，为发展设施园艺提供了有力支持。

日本除大学承担部分农业相关研究外，农业研究机构主要包括农业食品产业技术综合研究机构、农林水产省的农业试验场和各县农业综合试验场。日本精准化、标准化的农业生产，与其科学技术的发展进步密不可分。在设施园艺领域，日本的地膜覆盖栽培、温室环境计算机综合调控、工厂化育苗、机器人嫁接和植物工厂等技术均处于世界领先水平。

法国国家农业研究院，成立于 1946 年，隶属于法国国家教育研究与技术部和法国农业与渔业部，是法国国家从事农业科学和技术研究的公共机构。其以应用基础理论研究为主，重点开展六个学科方向的研究：环境、森林与农业，植物与植物产品，牲畜与畜牧产品，人类营养与食品卫生，社会经济与决策，农业发展与展望。法国国家农业研究院设有17 个研究学部，在全国各地区建立了 21 个科研中心，并设有 277 个研究单位及 11 个农业科技服务部。法国科技研究机构的经费主要来自政府拨款，2018 年投入 52.3 亿欧元用于农业相关事业，任务是将整个知识领域的研究发展与进步、科学知识的传播以及培训。设施园艺产业的发展得益于科技的不断创新与应用。设施结构新技术强化了温室结构，使其结构轻型、大型化、节能化（利用地源热泵和余热回收）、透光率高、适于作物生长、荷载满足当地气候要求（法国划分了四个雪荷载区、三个风荷载区）。设施装备新技术注重了温室管理的数字化、智能化，在详尽研究作物生理与环境互作关系的基础上，建成从苗期到成熟阶段不同生育时期作物生育与环境关系的量化指标体系和控制模型，实现对设施内温度、湿度、光照、水分、营养、CO_2 浓度等综合环境因子的自动监测与调控；目前还正在研究温室作物高效生产管理模型和基于 Web 的温室数据采集与控制系统软硬件。近年来，温室节能与新能源应用研究受到普遍重视，随着《京都议定书》的执行，法国正在重点研究大幅度提高覆盖材料透光率技术、阻止长波向外辐射减少热损耗技术、热能的多用途利用和余热回收技术、地源热泵技术、节能光源 LED 的应用技术。随着温室环境友好、资源高效利用技术得到广泛关注，法国也在研发温室精确施肥、雨水收集、水资源和营养液的循环利用以及对土壤、大气的保护等相关技术，无土栽培营养液封闭循环技术，生物防治和物理防治相结合的病虫害综合防控技术。法国的温室管理机器人研究已经进入中试阶段，如番茄采摘机器人、葡萄采摘机器人、黄瓜收获机器人、西瓜收获机器人、甘蓝采摘机器人、蘑菇采摘机器人以及喷药、嫁接、搬运机器人等。此外，生产工艺新技术已在法国得到广泛应用，HACCP 认证技术确保了园艺作物的生产、加工、制造、准备和食用等过程中的安全；生物农药研发与应用技术、熊蜂授粉技术的广泛应用，为园艺产品绿色生产提供了技术支撑；产品采后包装预冷技术、农产品检测技术和农产品质量标准的应用，为园艺产品采后质量保持提供了保证。

意大利最高科学研究机构——国家研究委员会，下设专业研究所和研究中心。研究所负责长远项目研究；研究中心负责具体项目和短期项目研究，一般设在大学或公、私企业内。农业部下属的研究机构主要解决全国农业生产的实际问题和应用科学技术问题；大学的研究机构一般设在综合性大学农学系（院）内，主要解决农业领域的基础性问题；地方和公、私企业的科研机构主要研究本地区生产中的有关科研项目以及与产品有关的研究项目。意大利农业与经济研究院下设 12 个研究中心和 100 个试验推广站，分布在全国不同的地方，主要业务包括：促进农业领域的研究与创新；农业可持续发展和农业水资源的利用、保护；农产品加工工艺研究；利用生物技术推进农业发展；为农林渔业部、各大区和自治省在农业方面提供咨询；与各大区配合，推动农业研究成果转化；为农业企业提供技术支持等。近年来，科技成果推动了意大利设施园艺的健康发展，主要包括：①设施结构新技术，推动了意大利设施园艺向着大型化、轻简化、便于机械化、资源高效化方向发展。②设施装备新技术，推动了设施园艺向着机械化和自动化方向发展。例如，基于现代信息技术的农机远程控制系统，可通过传感器采集和传送气候及土壤信息，实现无人化机械作业；设施园艺数据库和农业小气候数据库，可实现设施园艺灾害性天气的预测；基于红外成像检测技术的果实分拣机，可将果实按大小、颜色、含糖量、重量、有无病虫害等要求直接分级。③生产工艺新技术，推动了设施园艺生产的绿色精准化和标准化。例如，基于远程监测系统的精准的灌水施肥施药技术，可实现精准浇灌、施药、施肥；利用仿形技术测定植物的形状参数，可使施药机械自动计算需药量进行施药，节省用药；意大利目前研制出的高温泡沫（60℃）灭草、机械除草、高压水枪冲刷草三种类型除草机，可降低除草剂用量。④产后储加新技术，确保了产品采后冷链贮运保鲜，降低了产品损失和营养消耗。

（三）产业配套服务体系完备

荷兰和以色列等设施农业发达国家，不仅在设施农产品生产方面具有国际竞争力，育种育苗、机械装备、市场流通、物流配送、产中服务等配套产业也具有明显优势，并且有些还处于全球领先地位。

荷兰的设施园艺以花卉（包括观赏植物）和蔬菜为主，产业配套服务体系完备。在产业物资供应方面，不仅有温室公司，而且有泥炭土公司、种子公司、种苗公司、农药公司、肥料公司、工具公司、熊蜂公司等提供物资供应服务；在技术服务方面，有政府所属的科研和技术推广体系；在采后服务方面，有国家投资和农民集资兴办的拍卖公司，可为农民包装、运输、贮藏、加工温室园艺产品，还可提供技术、信息、金融等服务。许多家庭温室农场均是通过委托种苗公司育苗和定植，委托熊蜂公司释放熊蜂，委托肥料公司配制营养液，委托销售公司进行销售等，自家只做定植后的管理和采收。荷兰的种苗公司，根据用户的品种、规格、苗龄、质量和数量要求进行育苗，签订合同，以销定产，育苗场每个片区都标上苗主姓名、品种名称、取苗时间等。

以色列的育种育苗、灌溉设备等配套产业非常发达。经防老化处理的塑料输水管使用寿命可达 20 年，各种滴头和过滤器都是经过多年研制和开发的专利产品。以色列有专门的研究服务机构，对蔬菜、水果外形、口感、营养成分等进行系统研究和区分，指导农民区分标准售卖。

（四）农户合作组织的作用

发达国家设施园艺产业快速发展还归因于完善的农户合作。良好的农户合作，一方面，提高了组织化程度，有利于强化普通农户的市场连接，改善小农户对接大市场的不利局面，提升农户参与分享设施园艺产业链、价值链收益的能力，夯实设施园艺发展的长期内生动力基础；另一方面，也为满足分散农户的生产服务需求提供了便利，使得设施园艺社会化服务供需配套更加有效。

日本农产品进入市场以农协为主。农协的协同组合原则是一人一票制、不按出资额分红、按利用额度分红、加入和退出自由等。组合目的不以营利为核心，而是增加社员之间的共同利益。日本农协的职能范围广泛，除了向成员供应生产、生活资料和销售农产品外，还包括为其成员提供信贷、保险等服务。为了改善农协成员的生活，农协还专门设立了指导事业，指导内容包括营农指导、生活指导和管理指导等。农协的活动渗透到农民生活的方方面面，职能是全方位的，具有浓重的社会组织色彩。日本的农协对政府存在很大的依赖性，具有作为国家实施农业政策的一个辅助机构的性质。从农协的资金来源上来说，政府的资金支持是一个很重要的部分，《农业协同组合法》明确规定，政府在每年的年度预算中，应当给予农协以中央事业经费补助。

荷兰农业合作社遍及农业生产领域的各个环节，是一种由农民自愿组织起来互助共利的特殊经济组织，其设立遵从独立性、自愿性、民主性、紧密性、非资本获利性和公平性等 6 项基本原则。合作社日常管理机构建有完整的服务体系、推广体系、检测体系、信贷体系、市场体系和信息系统，对社员实行全程化服务。从合作社的经营范围和服务内容看，主要有三大类：一是供应合作社。农民通过这类合作社订购种子、肥料、饲料等，全国有100 多个这类合作社，占有饲料供应的 55% 和肥料供应的 60%。二是销售与加工合作社。

主要为农户提供农产品的加工和销售服务。这类合作社的市场占有率一般在 50% 以上，有的达到 100%。三是服务合作社。这类合作社各自提供不同的服务，如互助保险公司、联合农机合作社、农产品仓储、救济服务、农业管理辅导及信贷服务等。合作社的运行特点，一是专业化的生产服务，二是一体化的加工销售配送服务，三是社会化的金融服务，四是市场化的外部运营。

以色列的合作组织有三种类型，分别是基布兹、莫沙夫、莫沙瓦，这三类组织合作程度和连接紧密度逐一递减，但都属于农民自己的合作组织，农民负责种植和养殖管理，社区公共产品、农产品购销、农技服务等由合作组织承担。

法国农业合作社是农业生产与农产品流通的中坚力量。它按市场规律经营，其作用主要表现为：负责收购农副产品；在信息、科技、培训等方面积极为农户提供服务；提高农户组织化程度，保护农民利益；为农户贷款、融资提供方便。

（五）完备的市场销售体系

建立完备的市场体系是设施园艺产业发展的关键，没有很好的市场体系，设施园艺产业发展将受到很多制约。因此，发达国家无不高度重视市场体系的建设。

荷兰全国建有 11 家蔬菜拍卖市场，年交易额占到设施蔬菜产量的 68%。20 世纪 60 年代建成的阿斯米尔花卉拍卖市场是世界最大的切花拍卖公司，2010 年交易量达 40 亿欧元，成交量约占温室总种植量的 80%。便捷的鹿特丹和阿姆斯特丹机场为荷兰园艺的集聚发展做出了重要贡献。荷兰占有约 55% 的切花世界市场份额，发达的荷兰物流供应链能够将当天的切花运送到纽约。除了设施蔬菜和花卉产品外，荷兰也是世界最大的种子出口国，每年出口种子约 15 亿欧元。欧洲市场每年 65% 新植物品种源自荷兰，荷兰育种商的种植品种专利占比超过 40%，欧洲以外 80% 的温室都是荷兰制造的。交易市场、物流设施、育种育苗、温室设施的互补配套，为荷兰设施农业做大做强提供了有力的配套支持。

法国政府于 1953 年 9 月制定了《为了国家公益建设有组织的批发市场网络》的批发市场法。现有 23 家批发市场被指定为国家公益市场，并设置了信息中心。法国的农产品流通网络由 9 个大规模公益性批发市场和其他中小规模的农产品批发市场组成。法国传统上一个城市建一个批发市场，比如现在的巴黎汉吉斯国际批发市场是 1969 年建设并投入运营的，占地达 280hm²，建筑面积达 50hm²，是一个以法国为中心，并把周边西欧诸国纳入商圈运销活动范围的食品流通据点，规模极大，流通范围涵盖了德国、西班牙、意大利、荷兰等国。该市场年交易农产品数量达 200 万 t，年交易金额达 61 亿欧元，是目前世界上面积最大的批发市场。法国鼓励发展产、加、销一体化，并将产前、产后相关企业建在农村，一方面，可就地转移农业劳动力，扩大农业经营规模；另一方面，这些产前、产后企业通过农业的中间消费直接促进农业生产，组织与培养农民，实现农业生产标准化和商品化。目前，水果、蔬菜、花卉等设施园艺作物都实行这种纵向的一体化生产，从而降低了公司及农场的经营成本，也促进了流通领域的稳定发展。法国重视农产品的标准化生产，目前执行三种农产品标准，即法国国内市场标准、欧共体市场标准和其他国际市场标准。法国政府通过一系列文件立法，规定产品的规格要求，并设立了专门处理违背标准化行为的

"反诈骗处"。

日本 1923 年制定了《中央批发市场法》，1971 年改为《批发市场法》，该法规定：人口在 20 万人以上的城市可设中央批发市场，人口在 20 万人以下的地方可设地方批发市场。日本蔬菜水果批发市场采用拍卖方式和商议定价两种方式，生产者的产品通过三种途径进入市场，一是由上市业者（农协）以委托形式从生产者那里购买蔬菜水果，再以委托销售形式进入批发市场；二是有产地商人从生产者手中收购，在通过委托销售形式进入批发市场；三是生产者直接委托批发业者进行批发销售（图 2-25）。

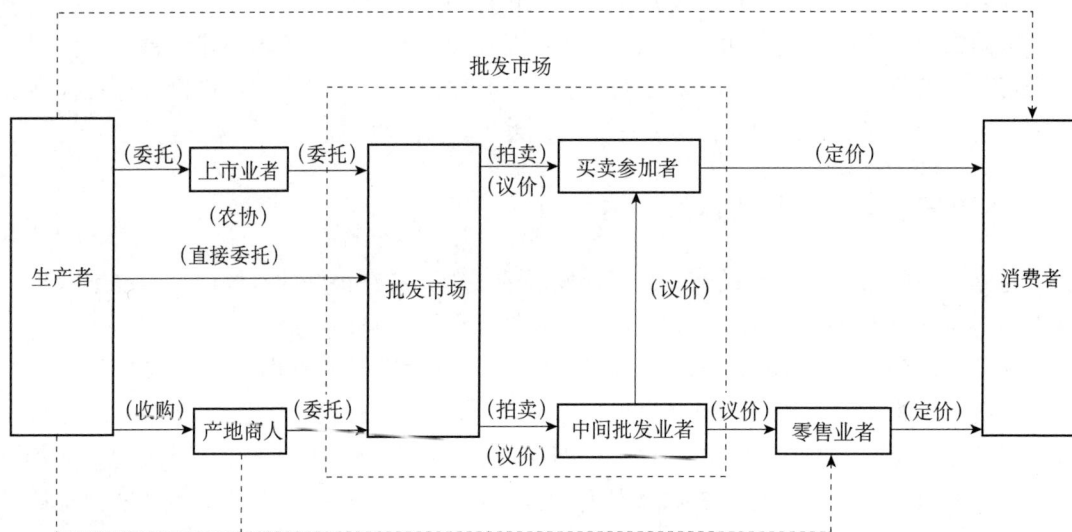

图2-25　日本蔬菜水果的流通渠道

注：根据实际调查而成

（六）注重资源高效利用

国外许多国家设施园艺产业发展十分注重资源高效利用。首先是注重当地气候资源的高效利用。例如，荷兰依据本国全年光照弱、阴雨天多、温度夏天不热冬天不冷等气候特点，选用大型连栋玻璃温室；西班牙依据地中海沿岸的克里特地区冬季气候温和、风雨少、无降雪的气候特点，选用低成本钢构架加钢丝的简易塑料薄膜连栋温室；以色列依据本国冬季气候温暖、风雨少、无降雪、光照充足的气候特点，选用钢骨架塑料薄膜连栋温室；日本依据本国四季温度变化大、风雪雨灾害多等气候特点，选用钢骨架塑料薄膜单栋温室和塑料大棚为主，以连栋温室为辅。此外，法国、意大利、希腊、韩国等也都依据各自本国的气候特点，选用适宜的温室和大棚设施。其次是注重当地土地资源的高效利用。例如，荷兰由于许多国土海拔高度较低，平均海拔高度在 4m 左右，有 1/4 左右国土海拔高度在海平面以下，因此荷兰设施园艺多采用无土栽培模式；以色列多数国土为沙漠土地，干旱少雨缺水，因此许多地区设施园艺采用节水栽培和无土栽培模式；西班牙、意大利、日本、韩国等国耕地土壤较好，设施园艺主要采用土壤栽培模式，只在个别地区和特种需求下才采用无土栽培模式。再次是注重劳动力资源高效利用。例如，许多国家设施园艺主要采用家庭农场适度规模经营方式，经营规模一般在 1 ~ 2hm²，主要是一家人经营，忙时雇佣几个人，这样生产效率最高，避免大公司管理人员过多，生产人员管理不到位等问题。最后是注重土地资源高效利用。例如，许多国家园艺设施建设均充分利用了土地，尽力减少空地；同时，采用专用品种，作物栽培管理和环境控制实现了规范化、标准化和精准化，从而大幅度提高了土地产出率。

（七）注重人才培养和队伍建设

许多国家高度重视提高农业从业人员的素质，政府每年投入大量资金用于农业知识和技能培训。例如，法国重视设施园艺人才培养与科技创新，尤其高度重视不同层次的学习需求及从业后的再教育，近年来法国农业部的财政预算每年有三分之一用在教育上，除了高等教育外，对于基层农民的教育也特别重视。法国农业必须"持证上岗"，可通过多渠道获得从事农业活动的相关证书，2017 年全国有 806 个农业教育机构、371 个学徒培训点和495 个成人教育培训点；包括中学生、大学生、学徒、实习生和成教实习生这五类学生在内的学农学生超过 46 万人。意大利也特别重视农业教育，全国有 64 所农业技术学校，学制 5 ~ 6 年，头两年是普通教育，后 3 ~ 4 年是专业教育；修完课程会颁发技术熟练证书，有了这种学历可以到企业当技术员或管理人员，或继续升入农业大学学习，50% 以上的学生是自己家里有农场而来上学的。意大利有 76 所农业专科学校，包括几所园艺、花卉栽培、葡萄栽培的专科学校，学制五年。意大利的农业高等院校有国立和私立两种，学制为3 年，要求获得 180 个学分；研究生课程学制为 2 年，要求获得 120 个学分；博士研究生课程学制为 3 年。意大利农业院校主要培养应用型人才，所设课程涉及面广，应用性的课程占很大比重。

第三章　我国设施园艺发展的现状与趋势

我国设施园艺作物栽培历史悠久。最早可追溯到 2200 多年前的秦朝（公元前 221～前 207 年），《古文奇字》中记载的"密令冬种瓜于骊山坑谷中温处，瓜实成"可作为我国设施园艺作物栽培的最早佐证。以后经历漫长的历史发展过程，到了明朝在北京可进行土温室黄瓜促成栽培（王世懋《学圃杂疏》中记载），清朝时期北京农民创造了"北京式土温室"，民国时期又相继出现了鞍山式温室。

尽管我国有着悠久的设施园艺发展史，但真正快速发展还是新中国成立之后，20 世纪中叶，我国大陆随着生产关系的改变，生产力得到解放，设施园艺生产得到快速发展。20 世纪 50 年代初，风障、阳畦、土温室蔬菜栽培在我国北方大中城市近郊迅速发展；50 年代末至 60 年代末，塑料薄膜拱棚和单屋面温室蔬菜生产开始发展；70 年代开始引进和建设连栋温室；80 年代开始建设管架大棚和节能日光温室；90 年代以后节能日光温室和遮阳避雨棚园艺作物生产快速发展，不仅解决了我国园艺产品周年供应问题，而且促进了农民脱贫致富，为社会提供了大量就业岗位，并在平衡农产品贸易中发挥重要作用。设施园艺已成为我国农业产业中的朝阳产业。

一、我国设施园艺发展概况

我国设施园艺发展历经原始发展阶段、初级发展阶段、缓慢发展阶段、快速发展阶段，现在正在进入现代化发展阶段。新中国成立以来，从缓慢发展到快速发展，又开启了现代化发展。目前，随着农业产业结构的调整，我国设施园艺发展迅猛，呈现出生产面积快速增加、作物种类逐步增多、设施类型日趋多样、管理水平逐渐提高的好势头。自 2008 年农业部发布了我国第一个《关于促进设施农业发展的意见》后，作为现代农业重要标志的设施园艺产业，在政策推动、需求带动、投资拉动下获得了长足的发展。

截至 2016 年，全国（不含港澳台）设施园艺总面积为 476 万 hm^2，其中塑料大中棚占 44.0%，小拱棚占 28.3%，日光温室占 26.5%，连栋温室占 0.7%，加温温室占 0.4%（图 3-1）。按作物种类划分，设施蔬菜占比最大，约占 78%，面积为 370 万 hm^2，年产量 2.6 亿 t，人年均近 190kg，占蔬菜总量的 1/3；设施果树 13.7 万 hm^2，年产量 517 万 t，其中日光温室约占 55%；设施花卉 11.6 万 hm^2，其中温室 2.5 万 hm^2（日光温室 1.1 万 hm^2），大（中、小）棚 4.7 万 hm^2，遮阳棚 4.4 万 hm^2；设施食用菌 19.4 万 hm^2（日光温室 1.6 万 hm^2），年产量 2645.88 万 t，占食用菌总量的 73.6%；设施西甜瓜 61.7 万 hm^2，年产量 5396 万 t，占西甜瓜总量的 57.6%（图 3-2）。

从 1999 年开始，我国设施园艺生产一直保持世界第一的地位，占世界总面积的 85% 以上，尤其是设施蔬菜占世界总面积的 90% 以上，人均占有设施园艺面积为 $34m^2$。截至 2016 年，我国设施园艺产值超过 1.46 万亿元，部分省份设施园艺收入已超过当地农民纯收入一半以上。与露地种植相比，设施园艺通过对生产环境调控从而大幅度提高单产，产值比露地生产提高 3～5 倍。日光温室全国平均产投比为 2.62，以北方中部地区最高，为 3.17，北方西部地区最低，为 2.05；塑料大棚全国平均产投比为 2.63，南方地区最高，为 3.63，北方中部和东部地区相差较小。设施园艺的迅速发展，创造了近 7000 万个就业岗位，为园艺产品的均衡稳定供给、农民的持续增收、农业现代化水平的持续提升作出了巨大贡献。

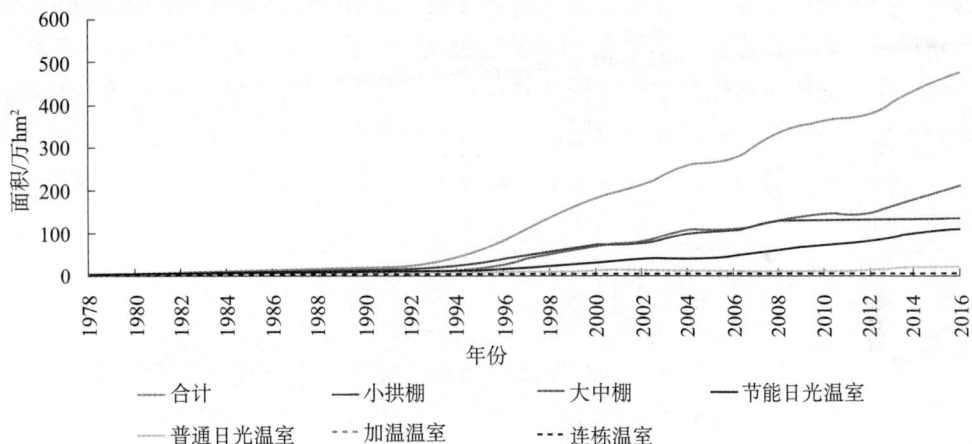

彩图请扫码

图3-1 我国不同类型设施园艺面积变化

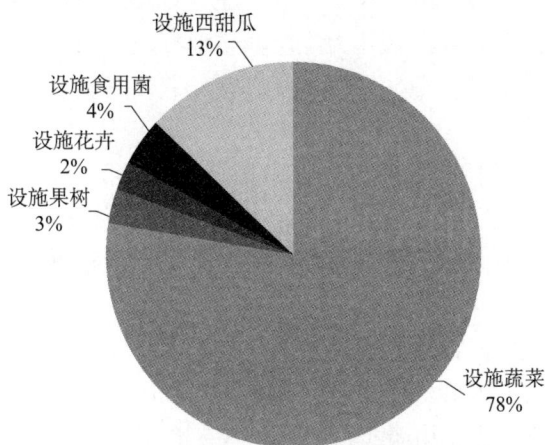

图3-2 不同设施园艺作物种类面积占比

二、我国设施园艺取得的主要成就

（一）设施装备及环境控制水平不断提高

随着我国设施园艺的产业化发展，设施装备水平逐年提高。现代化连栋温室、节能日光温室的设计和建造水平不断提升，温室的各项性能显著改善。在日光温室结构设施与建造方面，创建了节能日光温室优化设计的理论和方法，设计和建造出了高光效节能日光温室；温室光热环境模拟、保温覆盖材料传热特性与保温性能测试、温室太阳能利用、温室环境综合调控与生产管理配套装备、温室工程标准化等方面也取得了众多成果。针对温室、大棚等特殊耕作环境，我国研制出多种作业功能的小型整地起垄覆膜机、小型移栽机等小型耕作机械；并开发出适合我国不同区域设施园艺作物生产的温室降温保温材料、温室骨架复合材料、加温保温设施、遮阳设施、灌溉设施、肥水一体化施肥机、机械卷帘机等新材料、新设备。研发的温室采摘运输、穴盘播种机、果蔬清洗分级机等一系列装备系统，提高了设施园艺的机械化生产水平。开发的温室环境数据采集控制系统、肥水一体化自动灌溉控制系统等系列设施园艺环境控制系统，可更精确和高效地实现对温室环境参数的自动控制。在栽培环境监测与控制方面，基于云技术、无线传感器的物联网技术研究也取得了显著进展。

（二）设施园艺生产领域不断拓展

目前全国各省（市、自治区）均在发展设施园艺生产，从我国南端的海南三沙市永兴岛到最北端的素有北极之称的黑龙江漠河市北极村，从东端的抚远市到最西端的新疆乌恰县都在大力发展设施园艺。设施园艺种植种类不断扩展，已从单一蔬菜拓展到花卉、瓜果、食用菌、中草药等多种经济作物领域，栽培茬口覆盖一年四季。设施蔬菜以果菜类、叶菜类、葱蒜类、食用菌、芽苗菜、野菜及特菜等为主，设施果树以草莓、葡萄、桃、杏、大樱桃、蓝莓等为主，设施花卉以鲜切花为主。非耕地有效利用取得了显著进展，西部地区利用充足的光能资源和非耕地资源，采用秸秆和沙作栽培基质进行设施蔬菜的生产，实现了非耕地的有效利用。同时，设施园艺功能也从单一的农产品生产向观光、采摘、示范、生态、文化传承等为标志的休闲农业生产方向拓展。随着我国供给侧结构性改革的深化，为了解决休闲农业资源的先天不足及人口和环境带来的巨大压力，满足城镇化发展需求，我国东部沿海发达地区、北京、上海等特大城市已把重点转到发展休闲农业，有效缓解了经济快速增长与环境资源保护的矛盾。设施园艺是休闲农业的主要载体和技术支撑，休闲农业的发展需要温室、大棚等设施和现代农业生产技术作为依托，设施园艺作物的创意性栽培又为休闲农业增添观赏性和经济效益。近年来，我国在休闲设施园艺关键技术方面进行了积极的探索，在设施园艺作物墙式栽培（立体栽培）、空中栽培、树式栽培、工厂化栽培、景观设计栽培等关键技术和配套设备研究方面取得了一些重要进展，满足了人们对休闲农业园艺产品新、奇、特和观光的要求。

（三）设施园艺标准化发展取得长足进步

据统计，截至 2016 年底，我国共发布与设施园艺相关的标准 218 项，其中国家标准 37 项、行业标准 108 项（农业行业标准 95 项、机械行业标准 9 项、其他 4 项）、地方标准 73 项，主要包括温室设计建造、主要作物（蔬菜、花卉、食用菌等）栽培技术、温室资材、设施装备、节水灌溉等。另外，目前已发布中国温室工程相关现行标准 45 项，其中国家标准 6 项、农业行业标准 29 项、机械行业标准 9 项、物资行业标准 1 项。

设施园艺专业的标准体系在通用标准层面按照设计、施工安装验收、评价测试方法、工程管理四大类对现有标准进行归类、补充，避免标准混淆、归属不清等问题；在专用标准层面，参照国外标准，按照日光温室、塑料大棚、连栋温室等大类，对现有标准进行合并，从而便于标准的贯彻、执行；在标准内容层面，吸纳国外设计、建设理论，提出适宜中国国情的设施园艺工程建设内容。设施园艺标准体系中含技术标准 36 项，其中综合标准 1 项、基础标准 2 项、通用标准 28 项、专用标准 5 项。已编标准 2 项，待编标准 34 项。

（四）设施园艺低碳节能环保和资源高效利用生产效果显著

随着人们对农产品安全和生态环境保护的日益关注，设施环境友好、资源高效利用技术得到广泛重视，设施园艺作物的无污染生产成为必然。我国园艺设施结构设计、建造以合理利用当地气候资源为原则，各地都研发出了适于当地气候环境的节能日光温室；针对合理采光、保温和蓄热的需要，研发出了多种新型节能日光温室结构和新型高透光、防老化、防雾、高保温的新型复合温室覆盖膜、新型保温材料、高效降温设备和相变蓄热墙体等，较第一代节能日光温室综合节能率提高 11.6% ~ 38.5%。紧紧围绕温室工程建设节本增效的目标，我国园艺设计、建造本着合理利用建设地区的气候资源、积极开发利用可再生能源的原则，运用温室建设区域优化布局与标准化配套、太阳能高效利用、新型保温材料开发和节能降耗等仿真技术手段，建立了温室标准化设计的技术平台；将浅层地源热泵技术应用于连栋温室和日光温室，提出了地热在温室中应用的有效措施；研究开发的钢渣混凝土墙体、相变蓄热墙体以及蜂窝状墙体，热工性能均优于普通混凝土和黏土机砖；结合我国气候特点，以华南、华东、华北和西北气候为基础，分别研究了不同气候条件下日光温室节能技术。与传统加温温室相比，我国独创的节能日光温室每 $667m^2$ 平均节约标准煤 25t；与荷兰连栋温室相比，我国独创的节能日光温室每 $667m^2$ 平均节约标准煤 50t。在大幅度节约能源的同时，减少了 CO_2 及有害气体和烟尘的排放，降低了环境污染。

（五）土壤障碍防控取得新进展

设施园艺作物栽培由于不科学施肥和作物连作所导致的土壤理化性质劣变、病原菌种群数量激增及植物分泌的化感物质积聚等土壤障碍，已成为制约我国设施园艺持续发展的关键因素，也是我国设施园艺科技工作者多年来一直想要解决的热点研究问题。历经近 30 年，我国设施园艺科技工作者系统揭示土壤障碍高发成因与规律，明确了过量偏施氮肥会导致土壤酸化，土壤酸化会导致土壤微生物多样性降低、病原微生物积累，探明了土传病虫生物、自毒物质、土壤盐渍化等土壤障碍因子的消长动态，揭示了根际微生物多样性在克服土壤障碍中的关键作用，为土壤障碍防控提供了突破口；研发出土壤障碍因子的物质与生化消除方法和根际调控技术，有效地减少了土壤中病菌数和自毒物质残留量；建立了基于植物源化合物的蔬菜根系抗性诱导技术，选育出根结线虫免疫嫁接砧木，解决了土壤障碍因子污染下蔬菜优质高效生产难的问题；形成了除障因、增抗性、减盐渍"三位一体"防控技术体系，为土壤障碍防控提供系统解决方案。

（六）化肥和农药残留控制技术取得显著进步

我国设施园艺施肥和施药量一直较大，影响了蔬菜的质量。近年来，研究提出以作物目标产量营养需求量和土壤营养状况为核心估算施肥量进行施肥，总体施肥量和施肥方式趋于科学合理。据调查，目前灌溉和追肥方式多以滴灌和随水施肥为主，分别占 75.9% 和 96.6%；北方东部发达地区年平均化肥和农家肥施用量分别高于 $100kg/667m^2$ 和 $16m^3/667m^2$ 的比例高达 65.5% 和 72.4%；与东部相比，北方西部欠发达地区年平均化肥和农家肥施用量最高范围在 $81 \sim 100kg/667m^2$ 和 $6 \sim 10m^3/667m^2$ 的比例均为 41.4%。施药方面也取得较大进步，农药残留控制技术不断提高。设施蔬菜每次施药量在 $20 \sim 40kg/667m^2$（药水混合）范围的用户比例最多，占 41.7%；采收季农户在农药安全间隔期之外采收蔬菜的比例占 90% 以上。通过选育抗病、抗虫品种，推广应用了防虫网、性诱剂、黏虫板、硫黄熏蒸、生物农药和有色薄膜等环境友好型病虫害防治技术；病虫害生态防治技术、病虫害早期预测技术、利用生物农药及天敌昆虫防治病虫害技术等都取得较好效果。通过病虫害综合防控技术，减少了农药的用量，有效控制了环境和产品的污染。

（七）无土栽培面积不断扩大

我国园艺作物无土栽培主要包括水培和基质培两大类，其中基质培占 95% 以上。由中国农业科学院蔬菜花卉研究所研发的有机生态型无土栽培是我国无土栽培的主要形式，占全国无土栽培总面积 75% 以上。目前中国无土栽培技术主要用于设施园艺中番茄、黄瓜、甜椒、甜瓜、生菜等蔬菜作物及花卉植物，在园艺植物育苗上也有一定的应用。近几年我国对无土栽培的模式、基质配方和肥料配方、灌溉模式及产品品质等方面都做了深入研究。由于无土栽培在防止肥料导致的环境污染、节约水资源、提高作物产量方面的潜在优势，也越来越受到各地政府的重视。近年来，我国设施园艺无土栽培面积不断扩大，已成为设施作物生产的重要栽培方式。

（八）设施园艺物联网技术快速发展

我国农业物联网的研究虽起步晚，但发展快。自 2009 年我国将物联网产业发展提高到国家战略高度以来，物联网技术已广泛应用于农业尤其是设施园艺生产中。2011 年，农业部启动了农业物联网应用示范工程；2013 年，上海、天津等地相继被列为区域试点，截至目前，全国先后启动实施了多个地区的区域试验工程；2015 年，在农业部发布的《节本增效农业物联网应用模式推介汇编 2015》中，设施农业类物联网应用模式占到全部农业应用模式的近 50%。北京市开展了物联网在设施农业方面的应用示范，开发了墒情监测系统，实现了设施农业环境监测和水资源精细化管理，同时，构建了设施农业企业种植最低规模和最低运营年限理论模型；新疆生产建设兵团应用精准生产物联网技术，实现了节水、节肥、减药；江苏省则利用基于物联网的智能农业管理平台，实现了实时监测设施农业生产环境，并进行精准化生产管理；中国农业大学在内蒙古开展了日光温室群物联网试点工作；国家农业信息化工程技术研究中心根据我国设施特点研发了"温室娃娃"监测设备和相应的小范围墒情监测系统。同时，相关物联网企业在设施农业物联网产品的研发中也占有较大比重，其围绕设施环境智能监测、灌溉施肥控制、作物生产管理等方面开发了各类硬件设施设备和应用软件系统，促进了设施农业物联网技术的快速发展。

三、我国设施园艺发展的特点

（一）低成本节能简易设施为主

我国设施园艺发展的总体理念是低成本和节能，重点发展简易设施。2016 年全国设施园艺生产面积 476.5 万 hm²，其中塑料大棚占 44.0%，小拱棚占 28.3%，日光温室占 26.5%，加温温室占 0.4%，连栋温室占 0.7%。小拱棚造价很低；塑料大棚一般每平方米建造费用仅有 30 ～ 60 元；节能日光温室每平方米建造费用为 100 ～ 400 元；现代节能日光温室每平方米建造费用也仅有 500 ～ 600 元；而加温温室每平方米建造费用要 800 元以上；连栋温室每平方米建造费用要 1500 ～ 4000 元。节能日光温室科学合理的采光、保温和蓄热结构，极大地提高了温室内的光照和温度，改善了温室环境，节省了大量能源。据测算，与加温温室相比，每公顷节能日光温室平均每年可节省能耗 375t 标准煤；与连栋温室相比，每公顷节能日光温室平均每年可节省能耗 750t 标准煤。节能日光温室是我国的一个创造，可实现最低气温 -28℃以上地区不加温全季节生产喜温果菜，开创了温室太阳能高效利用的先例。多层保温覆盖塑料大棚，可使大棚内最低温度提高 5℃以上，可实现最低气温 -2℃以上地区不加温生产喜温果菜。但无论是节能日光温室还是多层保温覆盖塑料大棚都还需要进一步规范，同时需要增加环境调控自动化系统。

（二）低投入土壤栽培模式为主

我国设施园艺发展区域的土壤条件一般尚可利用，因此多数设施园艺采用低投入的土壤栽培模式。据调查，我国设施园艺无土栽培和营养基质栽培面积极少，低成本土壤栽培模式占设施园艺总面积的 99.9% 以上。土壤栽培水肥投入主要是有机肥和化肥、膜下滴灌系统（有些膜下大水沟灌），总体投入较低，较无土栽培肥水管理费用要低几倍；同时土壤栽培因其土壤缓冲能力强，管理较为便利，而无土栽培要求管理技术较高，也会增加一定费用。但土壤栽培常因肥水施用不科学而导致土壤障碍，特别是有些作物连作之后会使土壤障碍加重，而无土栽培很少出现这种状况；同时土壤栽培的肥水供应状况远不如无土栽培，因此难以获得极高的产量。

（三）中低产田利用为主

我国设施园艺主要利用中低产田或非耕地，利用基本农田发展设施园艺的较少。因此，设施园艺的发展，大幅度提高了中低产田或非耕地的利用率和效益。这对于我国改造中低产田、提高中低产田效益、促进那里农民脱贫致富等均具有重要意义。一般设施园艺可生产出大田作物 20 倍以上产值的产品。

（四）家庭小规模经营为主

我国设施园艺目前主要有集体经营、工商资本投资企业经营、农民家庭经营、集体流转土地个人承包经营、工商资本流转土地企业和个人承包混合经营五种。其中集体经营、工商资本投资企业经营、集体流转土地个人承包经营、工商资本流转土地企业和个人承包混合经营类型占比较小，农民家庭经营占比很大。集体经营、工商资本投资企业经营、集体流转土地个人承包经营、工商资本流转土地企业和个人承包混合经营通常面积较大，少者几十亩，多者上万亩。农民家庭经营主要以农民夫妻承包经营为主，这类经营的规模一般都很小，通常每户 1～3 亩，少部分农户经营 5 亩以上。农民家庭经营难以与大市场衔接，于是农民合作社发展迅速，目前蔬菜专业合作社超过 6 万个。此外，家庭农场开始涌现，这是一个以农业规模化、集约化、商品化生产为主体，以农业收入为家庭主要收入来源的新型农业经营主体，规模可达几十亩至数百亩。农民家庭经营模式的优点是可以充分发挥劳动者的积极性，但因经营规模小而难以长久维持家庭生活；家庭农场规模较大时，同样可以充分发挥劳动者积极性，也可以有较好的收入，可使生产者达到小康生化水平。

（五）果菜类蔬菜生产为主

目前设施园艺的总面积中，设施蔬菜占 77.7%，设施西甜瓜占 12.9%，设施食用菌占 4.0%，设施果树占 3.0%，设施花卉占 2.4%，可见我国设施蔬菜占比最大，其次是设施西甜瓜，设施食用菌、设施果树和设施花卉面积之和占比不到 10%。而在设施蔬菜的总面积中，设施番茄、黄瓜、茄子、辣椒、菜豆、西葫芦、豇豆等七种果菜类蔬菜占 61.6%；日光温室中，番茄、黄瓜、茄子、辣椒、菜豆、西葫芦、豇豆等七种果菜类蔬菜占 90% 以上；可见我国设施园艺种植种类以果菜类蔬菜为主。

（六）设施分布的区域特色明显

经过了生态、市场和社会经济的长期综合选择发展，我国设施园艺产业主要集中在环渤海湾及黄淮海地区，约占全国总面积的 60%；其次是长江中下游地区，约占全国的 20%；最后是西北地区，约占全国的 10%。设施园艺面积较大的地区集中分布在山东、江苏、河北、辽宁、浙江、宁夏、内蒙古、陕西等省、自治区。从设施类型分布上看，38° N 以北的北方寒区，以发展高效节能日光温室为主；32°N～38°N地区以节能日光温室和多重保温覆盖塑料大、中、小棚为主；32°N以南的南方地区以多重保温覆盖塑料大棚和夏季遮阳避雨棚等简易设施为主；现代连栋温室主要在能耗小或能源便宜的经济发达地区或大中城市郊区作为休闲农业或特种需求有少量发展。

（七）现代农业园区发展设施园艺较为普遍

近年来高新农业园区快速发展，试图变革传统农业生产方式，将资源依赖型农业向科技依存型转变。目前各类现代农业园区都把设施园艺发展作为核心内容。据不完全统计，我国已建立各类现代农业园区超过5000个，遍及31个省、市、自治区。其中国家级农业科技园、国家现代农业示范区和国家农业综合开发示范区等园区800余个，省级各类农业园区1500余个，市、县级的农业科技示范园3000余个。

四、我国设施园艺发展中存在的问题

我国虽然是设施园艺生产大国，但设施园艺产业发展中还存在许多问题，这些问题导致的结果是：设施生产环境差，受自然灾害影响大，劳动强度大，土地产出率低（设施蔬菜平均7kg/m²，温室蔬菜10kg/m²），劳动生产率低（每人平均经营1000m²），肥、药、水、土地等资源利用率低，产品质量不高，生产效益波动大等。

（一）设施园艺统筹规划不到位

我国设施园艺是在园艺产品供应不足和政府广泛鼓励农民积极性的情况下发展起来的，因此设施园艺分布广泛，集中度不是很高。尽管近些年来各地不断强调设施园艺优势区建设，原农业部也颁布了《全国蔬菜产业发展规划（2011—2020年）》《全国设施蔬菜重点区域发展规划（2015—2020年）》，同时也强化了重点设施园艺区域发展的支持力度。但目前设施园艺在总体布局上仍存在许多问题，主要是：①设施园艺发展仍较分散。当前农业产业转型主要转成设施园艺，精准扶贫项目也主要针对设施园艺，设施园艺作为农业产业发展重点，到处发展，导致许多地区设施园艺形不成产业规模，也难形成产业效益。②大城市周边地区设施园艺，特别是设施蔬菜发展萎缩。随着工业化和城镇化建设步伐加快，我国大多城市近郊地区的蔬菜生产基地迅速消失，中心城区市场所销售的蔬菜大量依靠外调和农区供应，加剧了灾害性事件发生后蔬菜价格波动和供菜困难的风险。③设施园艺产品缺乏合理市场定位和布局。目前存在着不同地区设施园艺种植种类和茬口趋同、北方设施园艺与南方露地园艺种植种类和茬口趋同、本地区内设施与露地园艺种植种类和茬口趋同等问题，导致产品市场呈现竞争态势，菜贱伤农现象时有发生。④设施园艺生产模式与技术缺乏适宜的规范标准。目前设施发展五花八门，同一设施类型存在众多的设施结构。根据不同地区环境特点选用不同设施结构是正确的，但问题是不同地区选用的不同结构并没有达到最适当地环境的目标，特别是同一设施类型在同一地区存在多种设施结构，没有统一标准。例如，节能日光温室在不同地区有不同的结构是对的，但许多结构并没有完全适合当地的气候环境，尤其是同一地区建有许多结构类型日光温室，导致同一地区节能日光温室性能多样，无法制定统一的节能日光温室园艺作物栽培技术规范，已有的技术规范也不适合实际生产。以上种种问题，主要原因是缺乏全面详尽的设施园艺发展规划指导，结果造成生产成本高、产量不稳定、质量难控制、价格波动大等问题，也导致区域性、季节性产品过剩。

（二）设施和环境调控及生产机械化水平低

目前我国设施园艺仍以简易设施为主，占设施园艺总面积的90%以上。设施的简陋，难以实现设施环境自动调控和生产的机械化管理，因此我国设施园艺的机械化和自动化水平很低。这种设施园艺也必然伴随着设施内空间小、性能差、抵御自然灾害能力弱、劳动环境不良、劳动强度大、劳动生产率低等现象的产生。

我国节能日光温室和塑料大棚均缺乏适宜的环境调控设备，对设施内温度、湿度、光照、CO_2浓度等的调控能力较低，因此常会出现每年在不同地区风、雪、暴雨等自然灾害，导致设施倒塌后作物绝收、作物受冻后绝收、作物受涝害后绝收、作物受冷后减产、长期光照不足减产等发生。

目前我国适于小型设施生产的机械设备严重不足，设施园艺的机械化程度较低，一些产区主要依靠人力，劳动生产率低下。从表3-1的机耕、机播、机收、机械灌溉施肥、机械环控及整体机械化水平看，我国设施园艺平均机械化率为32.5%，其中设施土壤机耕率为69.8%，设施机播率为11.7%。省际之间还有很大差异，设施园艺机械化水平最高的地区是新疆生产建设兵团（下简称新疆兵团）44.17%，其次是江苏39.92%、天津38.97%，最低的地区是黑龙江20.87%。我国设施园艺机械化仍处于发展的初级阶段。

表3-1　2012年我国各地区设施园艺机械化水平（李中华等，2014）

地区	机耕水平/%	机播水平/%	机收水平/%	机械灌溉施肥水平/%	机械环控水平/%	整体机械化水平/%
北京	88.00	3.61	0.97	90.39	19.83	33.50
天津	81.26	4.41	3.99	75.37	45.00	38.97
河北	82.88	7.25	7.53	45.78	29.08	32.84
山西	54.47	7.66	1.19	37.49	25.47	24.05
内蒙古	62.00	16.54	3.59	50.68	48.28	35.98
辽宁	68.92	14.62	4.61	59.75	31.09	32.93
吉林	49.24	12.03	0.64	42.70	24.42	23.98
黑龙江	26.00	10.10	3.00	41.08	29.80	20.87
上海	100.00	1.95	0.00	100.00	3.70	31.50
江苏	77.10	20.19	10.52	63.30	40.11	39.92
浙江	78.37	5.94	3.97	51.32	7.69	25.10
安徽	67.76	6.11	4.99	53.39	39.24	32.88

地区	机耕水平 /%	机播水平 /%	机收水平 /%	机械灌溉施肥水平 /%	机械环控水平 /%	整体机械化水平 /%
福建	64.07	1.81	11.24	50.99	7.26	22.70
江西	69.00	6.10	4.10	60.00	0.44	21.97
山东	69.07	13.02	9.03	69.08	30.91	34.40
河南	75.00	9.80	6.70	61.50	33.40	34.47
湖北	63.81	9.26	3.68	45.27	18.30	25.37
湖南	63.80	5.50	4.00	32.50	15.00	22.41
广东	77.77	12.68	12.17	41.84	22.91	31.58
广西	53.98	4.49	3.39	58.15	21.75	24.71
海南	55.05	9.98	23.30	37.81	11.65	24.94
重庆	68.00	12.97	2.99	38.01	29.99	29.59
四川	64.67	6.73	5.19	69.75	5.36	23.90
贵州	66.01	0.76	0.00	82.76	40.62	33.82
云南	61.90	6.86	3.99	60.62	30.10	29.64
陕西	60.25	25.44	2.59	48.79	38.34	34.04
甘肃	47.48	4.11	0.97	32.78	26.62	21.78
青海	78.31	13.86	8.61	32.11	1.27	23.75
宁夏	86.98	1.79	0.77	59.40	49.13	38.59
新疆	49.34	3.68	2.86	43.55	28.23	24.00
新疆兵团	54.32	25.09	1.18	92.04	62.96	44.17
全国	69.80	11.67	6.50	57.21	30.47	32.45

我国设施园艺机械化程度低的原因有许多，主要是：①与大宗粮食作物相比，园艺作物种类繁多、品种多样、生产周期短、种植制度差异大、茬口多、生产管理复杂、多次收获等，机械化操作困难；②种植规模偏小，土地流转难度大，设施园艺生产仍以分散经营为主，田块散，空间小，机械可进入性差，机械化作业困难。③设施园艺生产适用机械不足，特别是移栽、中耕管理、采后商品化处理等环节的机械作业尚是空白。④机械功能的单一化和生产作业的多样化，要求生产者购置多种机械，经济压力较大，机械利用率低，有碍推进机械化。

（三）产品质量安全隐患问题较大

我国设施园艺生产总体水平不高，特别是设施设备简陋和环境调控能力不到位导致的环境较差，农民技术水平不高导致的生产管理粗放，单纯追求产量而驱使的大水、大肥、大药施用等，造成了设施园艺产品质量存在着较大的安全隐患。

首先，过量施肥导致了设施园艺存在较大产品质量安全隐患。目前我国设施园艺生产中普遍存在化肥施用超量问题，由此不仅导致肥料利用率和生产效益不断降低，而且导致土壤逐渐酸化和次生盐渍化、有机质含量降低、硝态氮和速效磷富集、重金属积累、地下水硝酸盐超标等土壤障碍和土壤污染层出不穷，严重影响了产品的质量。据调查，我国设施园艺作物栽培中为提高产量而常采用大肥、大水，以设施蔬菜为例，主要设施蔬菜产区的有机肥养分平均用量为每亩 65.9kg，超出适宜用量 20kg 左右；化肥养分平均用量为每亩（$N+P_2O_5+K_2O$）90.3kg，是全国农作物平均化肥养分用量的 4.2 倍；化肥 + 有机肥平均肥料养分总用量为每亩 158.0kg，其中 N、P_2O_5 和 K_2O 施用总量分别为 56.7kg、48.4kg 和 52.9kg，分别超出各自推荐施用量的 1.2、5.3 和 0.9 倍。按合理施肥条件下有机肥 / 有机物料替代化肥 40% ～ 50% 的比例估算，设施蔬菜化肥养分减施潜力在 40% 以上。肥料的大量施用，导致了营养利用率大幅度下降，许多地区大量元素养分平均利用率不足 20%，造成了养分的严重浪费。全国农产品成本收益资料汇编（2015 年）数据显示，2014 年我国大中城市蔬菜生产每亩投入的化肥为 264.51 元，占蔬菜生产每亩投入物质与服务费用中直接费用的 18.4%。肥料的过量施用，不仅导致了大量浪费，增加了生产成本，而且会直接导致园艺产品硝酸盐和亚硝酸盐含量超标，而亚硝酸盐和硝酸盐是致癌物质亚硝胺的前体，如果产品中硝酸盐大量积累会影响人体健康。此外，设施园艺生产中大量施用的畜禽粪便，如不进行无害化处理和严控质量标准，会产生寄生虫卵、有害微生物、抗生素以及镉、砷、锌、铜等重金属元素超标，导致菜田土壤污染加剧，产品安全隐患增大。

其次，过量施用化学农药导致了设施园艺存在较大产品质量安全隐患。我国设施园艺作物栽培缺乏技术规范，设施内的环境调控全凭经验和人工操作，特别是冬春季节设施内常出现低温寡照环境，导致病虫害大量发生，必须进行有效防治。尽管我国的病虫害防治方针是以防为主、综合防治，但生产上绝大部分生产者主要采用化学农药进行防治，常发生过量用药和用错药现象，因此就会导致发生产品质量安全隐患。全国农产品成本收益资料汇编（2015 年）数据显示，2014 年我国大中城市蔬菜生产每亩投入农药成本 106.78 元，占蔬菜生产每亩投入物质与服务费用中直接费用的 7.6%。近年来因质量安全问题，出口园艺产品遭退货也时有发生，据海关信息网资料显示：2013 年我国对美国蔬菜出口遭扣留和拒绝进口的达 239 批次，比 2012 年增加 36 批次。其中，因产品含有化学杀虫剂而遭美国食品药品监督管理局（FDA）扣留的批次达 71 批，占被扣留总批次的 29.71%，相比 2008 年的 7.08% 有所上升。因此可见，园艺产品质量问题必须高度重视，并采取有效措施加以解决，否则难以适应全球化市场形势下的园艺产业的国际化竞争。

最后，设施园艺产品流通过程中防腐保鲜剂使用过量导致的产品质量安全隐患问题较大。以设施蔬菜为例，我国设施蔬菜产品流通过程中采用专用冷藏车运输的比例较小，多数采用简易车辆运输，这就增加了蔬菜在运输过程中的大量损耗和变质。为了降低这些损耗和变质，个别经销商采用违禁药剂保鲜，比如近年来报道的大白菜用甲醛、大葱用硫酸铜防腐等，这些药剂给蔬菜产品安全带来很大隐患。

（四）科技队伍和科技创新对产业的支撑能力不足

尽管近 20 多年来我国设施园艺科技队伍和科技创新能力不断提升，但仍难满足设施园艺产业发展的需求。

　　首先，我国设施园艺科技队伍对产业的支撑能力不足。我国设施园艺学科和专业的发展历史较短，园艺学学科的重要组成部分——设施园艺学硕士和博士授权点，设施园艺学本科的重要专业——设施农业科学与工程专业的发展均仅有十几年的历史，目前这一领域的人才培养还十分有限。现在全国 45 个园艺学硕士学位授权点和 23 个园艺学博士学位授权点中，只有 6 个博士授权点招收设施园艺方向博士生，只有 10 个硕士授权点招收设施园艺方向硕士生，每年招收设施园艺学硕士生百余人，招收设施园艺学博士生不足 30 人；全国 41 所高校设有设施农业科学与工程本科专业，每年招收学生 1500 人左右（表 3-2）。尽管与设施园艺相关的学科专业如园艺专业的人才不断参加到这一产业中来，但仍难以满足设施园艺产业发展需求。

表3-2　全国设有设施园艺学方向博士和硕士学位授权点及设施农业科学与工程本科专业情况

序号	单位	博士点	硕士点	设施园艺方向	设施农业科学与工程本科
1	沈阳农业大学	√	√	设施园艺学博硕	√
2	河北农业大学	√	√	设施园艺与观赏园艺博硕	√
3	南京农业大学	√	√	设施园艺学博硕	√
4	福建农林大学	√	√	设施农业科学与工程博硕	√
5	华中农业大学	√	√	设施园艺学博硕	√
6	西北农林科技大学	√	√	设施园艺学博硕	√
7	华南农业大学	√	√	设施园艺学硕士	√
8	甘肃农业大学	√	√	设施园艺学硕士	
9	中国农业大学	√	√		√
10	山西农业大学	√	√		√
11	东北农业大学	√	√		√
12	安徽农业大学	√	√		√
13	山东农业大学	√	√		√
14	河南农业大学	√	√		√
15	四川农业大学	√	√		√
16	新疆农业大学	√	√		√
17	石河子大学	√	√		√
18	吉林农业大学		√	设施园艺学硕士	√
19	云南农业大学		√	设施栽培与环境硕士	√
20	内蒙古农业大学		√		√
21	海南大学		√		√
22	塔里木大学		√		√
23	天津农学院		√		√
24	河北科技师范学院		√		√
25	青岛农业大学		√		
26	河北工程大学				√

续表

序号	单位	博士点	硕士点	设施园艺方向	设施农业科学与工程本科
27	菏泽学院				√
28	西藏农牧学院				√
29	安徽科技学院				√
30	潍坊科技学院				√
31	西藏大学				√
32	金陵科技学院				√
33	沈阳工学院				√
34	滨州学院				√
35	百色学院				√
36	安顺学院				√
37	红河学院				√
38	榆林科技学院				√
39	银川能源学院				√
40	潍坊学院				√
41	文山学院				√
42	山东农业工程学院				√

其次,我国设施园艺科技创新平台对产业的支撑能力不足。近些年来,尽管国家和各省、市、自治区一直推进设施园艺产业的发展,也高度重视设施园艺科技创新平台的建设工作。科技部、发改委、教育部、农业农村部等部门先后与地方政府联合在 18 个单位建立了 22 个设施园艺科技创新平台,设施园艺产业重点发展的 11 个省、市、自治区在 11 个单位建立了 15 个省级设施园艺科技创新平台(表 3-3),但这些科技创新平台只有部分能得到建设资金资助,多数未能得到资助,因此这些科技创新平台的科技创新能力有限。尤其是目前设施园艺领域的国家级科技创新平台还很少,许多设施园艺产业大省还没有省部级以上科技创新平台,科技创新能力还远远难以支撑设施园艺产业的发展。

最后,我国设施园艺科技创新成果对产业的支撑能力不足。一是设施与环境调控研究成果难以满足产业需求,主要是低成本、节能高效、规范化的设施结构和环境自动控制系统严重不足,基于物联网的环境自动控制系统和智能化系统更是缺乏。二是设施园艺机械装备研究成果难以满足产业需求,与不同种类设施园艺作物农艺融合的农业机械严重不足,许多生产环节没有相应的作业机械。三是设施园艺专用品种选育成果难以满足产业需求,设施园艺自主知识产权的专用品种少。有关研究表明,2012 年我国蔬菜种子年用量为 $4 \times 10^4 \sim 5 \times 10^4$ t,洋种子消费量(含进口种子和外资公司在国内繁育销售部分)为 1×10^4 t 左右,占蔬菜种子市场总量的 20% ~ 25%,部分高端蔬菜洋种子甚至占到 40% ~ 50% 的市场份额。由于洋种子主要控制高端蔬菜种子市场,所以外资企业以 20% 左右的市场份额占据着 50% 左右的厂商环节利润。从寿光种子市场的国外品种占有率看,长茄占 90% 以上,番茄占 60% 以上,辣椒占 60% 以上,彩椒近 100%,大葱、胡萝卜、苦瓜、菠菜品种的市场占有率也呈快速上升势头。国内只有密刺黄瓜、芸豆、苦瓜等品种占有优势。四是设施园艺栽培技术难以满足产业需求，设施园艺生产技术多为零散性的经验或试验成果，成套的适于不同设施类型的作物生产操作技术规范较少，特别是量化的技术指标更少例如，土壤栽培中肥水施用量过大，土壤障碍大量发生，病虫害大量发生，缺少安全绿色的防控技术体系；无土栽培中缺乏低成本高效益的基质和营养液供应系统，因此目前我国无土栽培面积仅有 1000 余公顷，只占设施栽培面积的 0.1%。

表3-3　全国省部级以上设施园艺研究平台状况

序号	单位	国家发改委	科技部	教育部	农业农村部	中国机械工业联合会	省市区
1	沈阳农业大学	√		√	√		√
2	同济大学		√				
3	三亚市南繁科学技术研究院	√					
4	西北农林科技大学				√		√
5	中国农业大学				√		√
6	农业部规划设计研究院				√		
7	中国农科院农业环境与可持续发展研究所				√		
8	浙江大学				√		
9	上海孙桥现代农业联合发展有限公司				√		
10	江苏省农业科学院				√		
11	山东农业大学				√		
12	中国农业科学院德州盐碱土改良实验站				√		
13	上海交通大学				√		
14	山东省农业科学院				√		√
15	广东省农科院农业经济与农村发展研究所				√		
16	华中农业大学				√		
17	北京农学院				√		
18	北京市农林科学院				√		
19	江苏大学					√	
20	上海农业科学院						√
21	华南农业大学						√
22	东北农业大学						√
23	南京农业大学						√
24	内蒙古农业大学						√
25	宁夏大学						√
26	山西农业大学						√

（五）规模化和组织化程度低

我国设施园艺规模经营的家庭农场和企业很少，主要以一家一户的家庭小规模分散经营为主，大约占设施园艺总规模的 95% 以上，通常农户家庭经营的规模平均每户为 1000 ~ 3000m²。这种小规模的家庭设施园艺，生产者的年龄均偏大，受教育程度不高，生产又过于分散，因此提升生产者技术水平和开展质量监管的难度均较大。据调查，大城市郊区菜农的平均年龄在 60 岁左右，远离大城市的农区菜农年龄以 55 岁居多，且多数是妇女（张真和和马兆红，2017）。2012 年国家大宗蔬菜产业技术体系分布于全国各省区实验站的调查显示，菜农平均年龄为 46 岁，40 岁以上农户占被调查样本的 73.7%；初中及以下学历占菜农总人数的 70%；种植规模 10 亩以下的占被调查样本的 71%（邓秀新等，2016）。小规模家庭设施园艺的产业化水平也很低，多为农户自选品种、自主育苗，凭经验生产，种植水平差异很大。而且，小规模经营经受灾害风险的能力也很弱，因此总体经济效益较低。

我国设施园艺的组织化程度很低，尽管近年来发展了一些企业＋农户和设施园艺生产合作社，但目前占比还很小。设施园艺生产合作社存在着规模小、实力弱、技术服务水平低等问题，合作社小的仅有几十个成员，大的也不过有 200 ~ 300 个成员。特别是合作社未能按照规范建设，没有真正进行统一规划、统一农资采购、统一种苗培育、统一病虫防治、统一产品等级标准、统一品牌销售，多数合作社是村里有权势人利用政府的优惠政策注册的，合作社俨然像是一个企业，没有利益联结机制，销售服务主力军仍是经纪人、个体营销户，缺乏现代经营销售服务组织。因此我国合作社的发展仍然缓慢，这与国外的专业合作社还有很大距离。国外合作社是所有入社社员共同出资注册的，统一为社员采购农资产品和销售农产品；社员的蔬菜采收后，自己都严格按规定等级标准商品化处理后，交由合作社统一销售，合作社将产品卖掉后凭电子结算单与社员进行结算，在此之前合作社无须向社员支付产品收购资金；年底合作社还会按照股份进行利润分红，利益联结机制非常紧密。企业＋农户的经营方式目前也不够规范，特别是具有一定规模和效益的现代设施园艺生产企业数量不多，部分企业以占有土地、套取补贴等为经营目的，没有真正地发挥龙头企业应有的作用。

（六）产业的比较效益不高

我国设施园艺产业的整体盈利不高，主要是种植环节利润不高和市场波动剧烈。从种植环节利润分析看，蔬菜从产地到消费者餐桌要经历田间种植、长途运输、一级批发市场、二级批发市场、终端零售等多个流通环节，这些环节均需利润分配。根据有关学者对黄瓜生产的上述环节利润分配调研，发现农民在生产环节投入的成本占总成本的 88.2%，而获得的利润仅占总利润 7.6%，绝大部分利润被批发环节拿走。从市场价格的分析看，近年来园艺产品价格频繁大幅波动，暴露出市场巨大的不确定性和风险性，如此不仅导致从业农民收入出现不同程度的下滑，还造成了严重的社会风险和问题。有研究分析了 14 个蔬菜种类的超效率得分、规模效益、投入冗余等生产技术因子，发现大部分地区既未实现规模效益，还存在着蔬菜生产要素投入及配置不合理的问题。北京市设施园艺产业调研表明，北京市种植结构以蔬菜为主，花卉、食用菌等作物种植面积较小，总体生产效益较低，甚至部分从业者处于亏损状态。据调查，近20年来，我国设施园艺产品总体价格不断下降，如北方日光温室冬春茬果菜类蔬菜的平均价格已经从20世纪90年代的每千克5元左右下降到现在的3元左右，价格下降了40%；但生产成本却不断上涨，其中劳动力成本已经从90年代的每天20～30元上涨到现在的80～140元，上涨了4～5倍；设施建造成本较90年代增加了2倍左右；保温材料成本增加了50%以上；肥料和农药的价格也上涨了1倍以上；单位面积总体成本增加了1倍以上。另外，设施园艺作物单位面积产量虽有所提高，但提高的幅度不大，如日光温室主要果菜大面积年亩产仅提高了30%～50%。因此，设施园艺的总体比较效益是下降的。

（七）设施园艺生产基地土壤和环境不断恶化

随着设施园艺生产年限不断延长，连年大水、大肥施用和连作的积累而导致土壤障碍大量发生，主要表现是：土壤酸化、次生盐渍化和有害物质积累等。由此导致土壤理化性质劣变，团粒结构遭破坏，有机质含量降低；土壤微生物种群减少，有益微生物大量降低，有害微生物大量积累，加重土传病害的发生；土壤酶系统受到干扰，有机物代谢酶减弱，土壤供肥能力下降。进而出现作物营养失调，发生钙、镁、硫、硼、钼等中微量元素缺素症；发生严重的果实脐腐、顶腐、缩果和茎裂、花而不实等生理病害；青枯、枯萎等土传病害也越来越重；作物残体分解和根系分泌物积累的酚类、萜类等代谢物越来越多，会产生自毒作用，阻碍作物正常生长发育。因此目前土壤障碍已成为制约我国设施园艺可持续发展的瓶颈。

此外，随着设施园艺生产年限的不断延长，病虫生物大量积累，农药残留量越来越大，病虫生物变异大量发生，从而导致大量病虫产生耐药性，新兴病害不断增加，原有病害寄主范围不断扩大。例如，过去主要是瓜类大量发生白粉病，但现在番茄也大量发生白粉病；番茄黄化曲叶病毒病、退绿病毒病等新兴病害不断增加。为克服这一问题，生产上往往会大量施用农药，致使设施园艺生产中超量使用农药问题日益突出，这样会导致大量农药进入外界土壤或渗入水体环境中，对土壤、空气、地下水源造成严重污染，严重地制约了设施园艺产业的发展。

（八）设施园艺产品采后损失较大

我国设施园艺产品采后保鲜能力较弱，加工能力不足，导致产品品质下降，损失严重。我国设施园艺产品从田间到餐桌的整个流通过程过于繁琐，依次需要经过中间商或经纪人的田间（地头）收购、产地批发、长途运输、销地批发、销地零售等多个环节。这一过程不仅会因为各环节层层加价而导致流通成本提高，而且还会因为多程序加长流通时间而导致产品变质或损失，因此出现产地销售价低而零售价格却居高不下。据调查，我国蔬菜流通损耗率高达20%～30%，而目前美国、澳大利亚等国家由于普遍采用现代冷链物流，蔬菜损耗率在5%以下（陈永生等，2014）。根据园艺作物产业可持续发展战略研究课题组的跟踪调查，从海口到北京，每千克青椒成本价格将上涨1.32元；从长阳到广州，每千克萝卜成本价格将上涨约 0.78 元。零售环节在园艺产品流通各个环节中的加价幅度最大。根据中国蔬菜流通协会在北京的调查，农贸市场经营户每天的销售额在 700～1000 元，其中包含零售商工资、摊位费、市内运费、商品损耗及削价处理等费用共计 350 元左右，加价幅度一般都超过 40%（李崇光和包玉泽，2010）。此外，根据联合国粮农组织数据库数据测算，我国蔬菜产品消费中加工蔬菜消费约占 10%，水果加工率在 5%～10%，远远低于发达国家水平。

（九）产业服务体系不能满足产业发展需求

尽管多年来我国各级政府对设施园艺的发展高度重视，不同时期也对设施园艺产业发展给予了一定的政策支持和资金投入，使设施园艺得以快速发展。但是，许多地区尚未建立起完整的产业服务体系。

第一是科技服务体系不能满足设施园艺产业发展需求。20 世纪 90 年代开始，各地对原有的公益性农业科技推广体系进行改革。此次改革虽然打破了原有的公益性推广体系，但多数地区基层新的公益性和非公益性的农业技术服务组织均未能很好地建立起来，导致基层农业科技推广更加弱化，技术推广人员减少，综合素质和专业知识技能降低，现已不能满足设施园艺产业发展的需求。

第二是生产服务体系不能满足设施园艺产业发展需求。设施园艺产业发展需要大量的生产服务，如需要大量的生产资料服务，包括设施建造和生产用资材、设施设备、种苗、农药、肥料等。这些生产资料的供应、监管、使用指导等服务体系不完善，导致许多生产资料质次价高，还时常出现假冒伪劣产品，也有的生产资料因使用不科学而造成生产受到损失等。

第三是金融服务体系不能满足设施园艺产业发展的需求。设施园艺是个高投入的产业，尽管我国立足发展低成本设施园艺，但其设施建造一次性投入仍然较大，每年的生产投入也是普通大田作物投入的 20 倍以上，因此需要很好的金融服务体系支持。然而我国金融支持设施园艺的力度不够，从事设施园艺产业难以获得金融机构贷款；尽管有些地区已经将设施设备纳入到农机补贴目录，但多数省份还没有这些补贴，特别是生产的全部资金仍需要生产者自己筹集。因此，上述问题严重地制约了设施园艺产业向规模化和现代化方向发展。

第四是市场服务体系不能满足设施园艺产业发展的需求。我国至今尚未建立起园艺产品市场的基本框架，产品采后市场销售环节太多，从产地→产地批发市场→运输→销售地批发市场→销售者→消费者。这漫长的园艺产品采后销售链条，常常导致产品质量下降和腐烂等损失，从而提高了产品营销成本，增加了产品价格。同时市场体系的不完善，也导致了市场信息的不完整和不准确，因此难以为园艺产业从业者提供可靠的参考信息。

第五是安全预警服务体系不能满足设施园艺产业发展的需求。一是产地安全预警服务体系不健全，虽然各地气象组织为设施园艺产地提供了一些气象服务信息和安全预警信息，但这些信息提供的还不够，尤其是许多产地没有风灾、雪灾等的应急机制，也没有火灾监测系统与应急机制。二是产供销安全预警服务体系不到位，缺乏比较完整准确的预警信息，导致生产和市场不断低波动，存在较大风险。三是生产和市场风险损失缺乏补偿机制，设施园艺产业投资大，一旦出现灾害性风险，损失也很大。然而目前我国尚缺乏设施园艺产业风险基金，一些地区仅有的少量设施园艺产业保险也很不规范，难以满足设施园艺产业发展需求。

（十）从业人员老龄化发展速度加快

设施园艺是一个资金、技术和劳动力密集型产业，设施园艺产业不仅对劳动力需求量大，而且对劳动力素质要求高。近年来随着我国工业化和城镇化的快速发展，农村人口、特别是高素质人口减少及农业从业人口老龄化的速度显著加快。据国家统计局《2015 年农民工监测调查报告》，2015 年全国农民工总量为 27 747 万人，较 2011 年增加了 9.77%。据估算，从 2008 年到 2050 年，我国农业劳动力比重将下降 37%，农业劳动力将减小 2.79 亿，最后仅保留 0.31 亿。与此同时，我国农业人口老龄化现象不断加剧，2015 年我国农业领域 45 岁以上从业者占比为 62.3%，较 2010 年增加了 27.3%；而 16 ～ 34 岁的从业者则较 2010 年下降了 24.1%，年均降幅达 5.5%。据《中国农村家庭发展报告（2017）》统计，我国农村老年人口已达到 15.2%，老龄化呈进一步加剧趋势。另外，《中国人口和就业统计年鉴（2016）》表明，农业劳动者中未上过学的占 7.4%，小学 38.4%，初中 47.3%，高中 5.3%，中职 0.7%，高职 0.1%，大专 0.6%，本科 0.1%，研究生 0.1%。总体上我国农业人口学历较低，尤其是高学历年轻人对农业热情不高，与欧美等农业发达的国家反差巨大。

目前我国设施园艺产业的机械化和自动化程度整体较低，许多生产环节仍需依靠人工操作，也就是说设施园艺产业是一个重体力劳动密集型产业，需要有充足的高素质并掌握设施园艺生产技术的青壮年劳动力。然而我国当下从事设施园艺作物生产的恰恰以中老年劳动力为主，青壮年劳动力严重不足，而且文化素质和技术功底也不高。即便是这样的劳动力，每年雇佣的成本还以 17% 的速度上涨，截至 2015 年，我国蔬菜生产劳动力成本已达到生产总成本的一半以上。由此可见，劳动力将成为未来影响我国设施园艺产业发展的重要问题。

（十一）集约化生产水平低下

设施园艺产业是一个高度集约化的农业产业，但我国是以低成本、小规模经营的设施园艺产业，集约化生产水平还不高，与设施园艺发达国家还有较大差距，因此我国设施园艺产业的国际市场竞争力仍不是很强。我国集约化水平低主要表现在劳动生产率低、单位面积产出率低、资源利用率低等三个方面。

从劳动生产效率看，我国设施园艺生产作业主要依赖人工，机械化率仅为 32.5%。平均每人仅可管理 1 ～ 2 亩日光温室或 3 ～ 4 亩塑料大棚，农忙时还需要雇佣更多的工人，生产效率较低。与此相比，荷兰、美国、以色列等设施园艺发达国家，已实现了设施环境调控自动化，育苗、耕作、移栽、嫁接、施肥、病虫害防治等生产过程充分利用机械设备，大幅降低了工人劳动强度，显著提高了劳动生产效率。

从单位面积产出率看，我国设施园艺整体生产水平不高，设施园艺单位产出仍然较低。

以设施番茄栽培为例，荷兰番茄年产量可达 $80kg/m^2$；以色列番茄产量为 $48kg/m^2$；我国节能日光温室番茄最高年产量仅为 $40kg/m^2$，平均年产量仅为 $20kg/m^2$。

从资源利用效率看，我国设施园艺生产过程中的养分利用率仅为 10% ～ 20%，这不仅会造成资源浪费，还会引起面源污染。蔬菜生产耗水量大，是农业用水大户，多年来，传统的蔬菜生产主要采用明水沟灌和大水漫灌的方式，造成水资源的大量浪费。我国设施园艺单位面积水资源的利用率仅为以色列的 1/6 ～ 1/5，土地综合利用率只有其 40% ～ 60%。并且设施蔬菜的生产全部靠开采地下水来进行，设施蔬菜成为加速地下水超采的主导因素。从农药利用率看，农药中的粉剂只有 10% 附着在农作物上，液剂也仅有 20% 能附着在农作物上，导致农药的使用效率很低且污染严重。从温室利用率看，大型温室设施的年利用率不高，我国冬季北方地区光照充足，但由于环境调控能力有限，导致很多温室会有 100 多天不能满足果菜生长的理想温度要求；同样，因夏季高温调控压力大，大部分温室又常常处于休闲状态，从而导致我国温室的年利用率远远低于荷兰等发达国家；节能日光温室也由于夏季炎热，常出现 50 多天休闲。

五、我国设施园艺发展趋势分析

（一）设施园艺产业的总规模将进一步得到发展

目前我国园艺产品总体上是供大于求，园艺产业发展的总体方向是稳定规模、提高质量、提高效益，但设施园艺产业仍有较大的发展空间，未来其规模还会有进一步发展。预计 2025 年设施园艺面积将会由 2016 年的 476 万 hm^2 增加到 600 万 hm^2，其中设施蔬菜面积约占 2/4，将由 2016 年的 370 万 hm^2 增加到 400 万 hm^2。

首先是园艺产品质量需求仍是必然要求。目前我国园艺产品供大于求，主要是一般产品供大于求，优质产品目前仍然是供不应求。园艺作物在自然条件下受各种不良环境的影响，许多种类都难以生产出优质产品，而设施园艺可以生产出优质的园艺产品，因此设施园艺产业规模会进一步扩大。

其次是设施园艺产品将继续保持良好价格优势。尽管园艺产品总体处于供大于求的状态，但园艺产品市场淡季的价格仍然处于较高水平，而设施园艺正好可以在园艺产品市场淡季进行生产，因此设施园艺可以获得较好的经济效益。另外，近年来不断拓展的设施园艺观光、休闲、教育、保健等功能，将会成为保持设施园艺产品价格优势、促进产业发展的新增长点。以蔬菜为例，2014 年全国 36 种蔬菜产品年均批发价为 3.97 元 /kg，处于近 5 年同期最低位，2015 年恢复性增长到 4.39 元 /kg，2016 年攀升到历史新高位 4.93 元 /kg；从设施蔬菜的主要上市时期看，效益更显稳定，2012 ～ 2015 年 12 月至翌年 4 月蔬菜的月均价位高且波动小，其中月均价最高的 2 月未低于 5.5 元 /kg，2016 年达到 7 元 /kg，创历史新高。即便是在 2014 年整个蔬菜产业产值和纯收入严重缩水的情况下，设施蔬菜效益也基本没有受到影响（张真和和马兆红，2017）。总体来说，有效益才有发展，规模才会扩大，所以在深入推进农业"供给侧结构性改革"的背景下，设施蔬菜发展仍被看好。

最后是我国人均耕地面积将有必要发展设施园艺产业。我国农业人口众多，人均耕地面积很少，这不利于农作物的规模化生产，农户难以通过农作物生产来维持生活，因此需要扩大经营规模。这当然首先需要较少的农业从业人口，但在人口众多的我国难以减少太多，因此，需要一部分生产效益好的产业实行高投入高产出的集约化生产，实现用较少的耕地获得更大的效益，设施园艺正是这样的产业。目前我国设施园艺占用耕地不到全国耕地的 4%，却生产出全国种植业总产值 25% 的农产品，因此我国农业产业状况需要设施园艺进一步发展，以节省一部分耕地给种植农作物的农户，实现这部分农户的适度规模经营。

（二）设施园艺现代化水平将得到快速提升

推进设施园艺现代化是新时代的总趋势。现代设施园艺主要是自动化、标准化、机械化和智能化。目前我国设施园艺机械化水平较低，整体机械化率为 32.5%，其中土壤机耕率为 69.8%，设施园艺作物机播率为 11.7%。从不同地区看，西南地区设施园艺机械化率为 26%，华东区域为 36%（李中华等，2014）。随着我国设施新材料、新设备、新机械的研制和应用，设施环境调控技术水平不断完善，设施温、光、水、肥等环境调控正逐步向机械化、自动化、智能化方向发展。首先，以土壤耕作、育苗、运输、消毒等为代表的设施机械将得到快速发展，如土壤耕耘、土壤消毒、苗盘覆土消毒、自动化播种、种苗移栽、蔬菜嫁接、精准施肥、喷药喷粉、蔬菜收获等机械设备将进一步加快研制与应用，为提高劳动生产率、改善劳动强度和劳动环境、保证作业一致性和均一性等发挥重要作用。其次，以植物生理生态监测系统和温室环境自动调控系统为核心的设施环境监控系统与专家管理系统和物联网系统相结合，可实现精确感知、高效传输、自动监控的作用；同时，结合自动卷帘机、自动通风窗开闭、温湿度调节、灌溉施肥等设备的开启和关闭，以及冬季保温、夏季降温等新型覆盖材料的应用，设施环境调控能力将显著提高，为设施园艺作物生长创造良好的环境条件。

（三）设施园艺将成为多学科现代技术的集聚体

设施园艺要求高投入、高产出，当前先进的工业技术已不断投入到设施园艺中并取得了显著的成效。国外发达国家已将自动化技术应用到园艺作物的育苗、耕作、施肥、病虫害防治及农产品的收获、分装、储藏、保鲜等过程，节约了大量劳动力。目前，荷兰、日本、美国、以色列、韩国开发出的耕作、移栽、嫁接、施肥、喷药、采摘、移栽、消毒等配套机器人装备，应用于设施园艺生产过程中，不仅大幅节约了劳动力，降低了从业人员劳动强度，提高了劳动效率，改善了设施生产劳动环境，而且保证了生产过程中产品的均一性。荷兰开发的温室屋面自动清洗装置，用于清洗温室玻璃灰尘，大幅度提高了温室的透光率。在园艺产品采收及后加工过程中，发达国家也广泛使用自动化机器，包装、产品转运、产品快速分级等过程基本实现了机械化、自动化。

设施园艺是多种高新技术集成的平台，包括计算机控制、物联网、无土栽培、生物技术、物理化学技术、新材料及新能源利用等，是多个学科交叉的集成体。现代化计算机控制技术和传感器技术已使设施园艺向工厂化、数字化、智能化方向发展，基于数字化的模型能够对温室进行准确的管理。目前发达国家设施园艺的育苗、定植、栽培、施肥、灌溉等过程的智能化操作管理已得到初步发展，正在完善基于作物生长发育模型的温室内温度、湿度、CO_2浓度等环境自动化调控系统，并积极探索物联网施用技术，逐步推进设施园艺管理的网络化。

（四）节能环保、安全生产将成为设施园艺发展的主流

随着人们对生态环境保护和食品安全的日益关注，设施园艺生产过程中的能源高效利用和生态环境保护已成为研究的热点。在资源利用方面，将以设施结构优化设计和资源高效利用为核心，建立节地、节水、节肥、节药、节能型设施园艺生产技术体系，全面提高水、肥、土、药、能等资源的利用率。

一直以来，设施园艺产业的高产出是以高投入和高耗能为前提的，大量耗能、耗水和施用农药、化肥是常见的。这样做的结果，不仅提高了设施园艺的生产成本，而且严重地污染了环境，这是未来发展中所难以容忍的，因此必须改变这种生产方式。目前我国设施蔬菜病虫多采用药剂防控，年施药次数在30次以上。特别是由于我国设施蔬菜生产为半开放系统，病虫可随意进入设施内，在设施内温暖潮湿环境条件下病虫会暴发，危害会较露地重，因此设施较露地施药次数多，如此会形成农药面源污染、蔬菜产品农残超标。因此，未来将采用物理防病虫、生态环境控病虫、生物防病虫、低毒高效药剂治病虫相结合的病虫害综合防治技术，还要采用有机肥和化肥配施的科学施肥技术及膜下节水滴灌技术，在省药、省肥、省水的同时，可有效控制有害化学物质向外界环境排放。嫁接换根、营养液闭路循环、有机肥增施、昆虫授粉、天敌防治病虫害等适于设施安全生产的系列环境友好型技术，将为实现设施园艺作物绿色生产提供技术支撑。许多无土栽培基质不易分解，因此基质用后会产生大量污染物质，如岩棉在自然界不易降解，用后的岩棉会造成严重环境污染，加拿大、荷兰等国家已研制出可替代岩棉的易降解的新型基质（van der Lans et al.，2011；Ghehsareh et al.，2011），以减轻对环境污染的压力。此外，我国每年约有 5×10^5 t 农膜残留在土壤中，残膜率达到 40%（蒋高明，2007）。据报道，在部分长期使用地膜的土地中，地膜残留量一般在每 $667m^2$ 4kg 以上，最高的达 11kg（张超坤，2001），因此农膜污染处理也是重要方面。

（五）设施园艺产业集群将成为未来发展重点

设施园艺产业集群是现代农业发展到一定阶段，社会经济达到一定实力后的必然结果，是科技与资金超高度聚集的现代农业形态。设施园艺产业集群的形成，涉及设施园艺区划、设施结构设计、建造施工、工程管理、环境控制、节能节水管控、栽培模式与技术、病虫害安全防控、生产装备应用管理、产后处理等10项技术领域，同时，还涉及建设实施主体、投资结构、管理方式、成本管控、产品选择和市场营销等诸多现代农业产业经管问题。设施园艺集群化发展，也是一个国家或地区提升资源利用率、土地产出率和劳动生产效率的必然要求。

20世纪90年代开始，西班牙设施园艺迅速发展，到2012年已发展到7.2万 hm^2，

仅 Almeria 地区就已建成 3.5 万 hm^2 的温室群，集聚了超过 1.35 万个涉及现代农业 20 多个门类的小规模农场，提供了超过 4 万个农业就业机会（王栅和张天柱，2017）。荷兰 Westerland 地区的设施集群规模在 7000hm^2 以上。以色列 Arava 农业区有超过 3500hm^2 的设施集群，提供了以色列全国 60% 的新鲜蔬菜，Ahituv 一个设施集群规模即达到 560hm^2，依靠先进的农业技术，以色列被誉为"欧洲冬季的厨房"。从发达国家的经验看，设施集群化以后，在水、肥、药资源综合利用，热电联产副产物二氧化碳利用，品质监测监控和现代农业服务业等诸多环节形成了新的增长点。我国未来一段时期将是设施园艺集群化发展的重要时期，将会形成以环渤海及黄淮海地区为核心的暖温带节能温室园艺产业集群，以西北半干旱地区为核心的温带温室设施园艺产业集群，以长江流域地区为核心的亚热带塑料大棚园艺产业群，以华南地区为核心的避雨降温塑料大棚园艺产业群，以云贵渝川高原地区为核心的避雨大棚园艺产业群。

（六）设施园艺正向规模经营和品牌销售方向发展

目前我国设施园艺产业多以家庭经营为单位的小农模式，这种方式的经营规模小、专业化和规模化不强、生产成本高、单位面积产量低、质量可控性差、抗风险能力弱，在国内市场中无序竞争严重，在国际市场中竞争力不强，小生产与大市场、大流通、经济全球化的矛盾日益突出，产品进入大规模市场的流通体系难，经济效益相对较差。设施园艺生产者如不快速改变这种经营方式，则将难以适应大市场发展要求。因此我国设施园艺产业未来将越来越重视规模化经营。只有走规模化经营道路，进而加快实现产业的机械化、自动化、智能化以及技术服务的专业化、市场化，才能提升中国设施园艺的竞争力。根据我国设施园艺发展现状、特点和资源禀赋，未来设施园艺经营模式将向家庭农场为主体的多样化方向发展，即以设施园艺家庭农场为主体，设施园艺种植大户、生产合作社、企业 + 农户等多种经营形式并存。家庭农场的平均经营规模应在 0.7 ~ 1.0hm^2；种植大户的平均经营规模应在 0.3 ~ 0.4hm^2。此外，还可采用托管方式，就是委托设施园艺经营公司提供农机、植保、农资、灌溉等专业化服务，这样既可提高生产管理设备的利用率，还可充分发挥专业特长，加快先进科技成果的推广应用，提升设施园艺生产科技水平。当前正是设施园艺向规模化经营发展的重要时期，随着土地流转诸多政策的落地，设施园艺规模经营将快速增长。

随着市场对园艺产品质量的更高要求，创建品牌必将成为园艺产品参与市场竞争的必然趋势。今后将围绕设施园艺产业主打产品，实行标准化生产，即整个生产过程必须按照品种、栽培、管理、采收、分级、加工、包装等技术标准进行，要明确产品的质量标准，创建特色品牌产品以满足人们的物质和精神需要。

（七）市场营销将向多样化方向发展

随着现代信息技术与产品流通方式的快速发展，设施园艺产品将由传统的市场批发销售，向传统市场批发销售、网上批发销售、电商平台销售、定点配送销售、自行采摘销售等多样化方向发展。特别是电商平台销售将快速发展，利用电子商务平台构建虚拟市场，具有容纳交易者多的交易集约化和市场规模化的特点。实现电商平台销售，必须强化设施园艺产品采后处理、加工、配送环节的设施设备投入及标准化技术应用，重点包括园艺产品全程冷链物流体系和电子商务系统建设等。产品流通的电商化可大大减少人工成本和人为干预，不仅使交易的边际成本接近零，而且让生产者能直接、迅速、准确地了解市场需求，生产出适销、适量的农产品，避免因产品过剩而导致超额的运输、储藏、加工及损耗成本。

（八）生产技术推广服务体系将逐步完善

近年来，随着我国不断加大对设施农业科技资金投入的力度，一些制约设施农业生产的关键技术和共性技术得到突破，然而基层农技推广服务体系还存在许多突出问题，使一些好的技术停留在科研者手中，未能进入种植户手中。未来一段时期，重点深入基层推广服务体系的改革与建设，提升基层农业技术推广科技者的服务能力和服务水平，将会推动我国设施园艺产业的发展技术水平。设施园艺产业分为产前、产中和产后三个不同阶段，其中产中阶段目前仍然以一家一户的农户种植模式为主，但一家一户的农户种植模式难以与大市场很好地衔接。因此，在产前和产后构建产业协作组织，将小生产和大市场有机地联系起来，有利于提高市场竞争力，促进设施园艺产业的整体发展。

（九）以绿色优质为核心的标准化生产水平将不断提升

随着园艺产业的快速发展，我国园艺产品出现了供大于求和种植收益下降等问题，呈现结构性、季节性、地域性过剩现象，如蔬菜生产总量增加和市场不平衡，导致频繁出现蔬菜滞销、菜价起伏暴跌的现象，使农民收入受损，因此设施园艺栽培的比较效益降低，已成为阻碍设施园艺产业持续发展的瓶颈。另外，随着人民物质生活水平的提升，大中城市居民对无公害、高标准（绿色、有机）园艺产品的消费需求不断增强，园艺产品质量安全问题已成为现今社会广泛关注的热点。特别是农药残留超标、重金属超标、产品大小、色泽、形状、整齐度以及内在营养物质含量等方面成为关注重点，这也凸显了目前园艺产品产能相对过剩，且存在供给结构与消费需求脱节的问题，绿色优质园艺产品严重不足。此外，园艺产品出口已成为我国园艺产业的重要方面，我国已成为园艺产品贸易大国，但我国园艺产品档次不高，如出口的蔬菜品目中，新鲜或冷藏蔬菜、深加工蔬菜占比较少，简单加工处理的干的或可暂时保藏的初级加工产品较多，因此为了确保出口市场竞争力，也必须坚持绿色优质生产。由此可见，设施园艺绿色优质生产必将成为未来产业发展的重点。

为了实现设施园艺绿色优质标准化生产，未来必须突破设施园艺优势品种合理选配、茬口安排、集约化育苗、栽培模式创新、逆境避灾、水肥一体化、可持续土壤改良、病虫害生态防控等为核心的绿色优质栽培技术瓶颈；进一步提升我国设施园艺产品的商品化生产和品质标准，规范农药化肥施用标准，规范和提升设施园艺产业等级，在现行商品标准的基础上可借鉴、引进发达国家的已有园艺产品标准；建立规范化、标准化的栽培管理技术体系。当前要在规范设施结构和环境管理的同时，在设施园艺绿色优质高效生产技术创新的基础上，重点集成设施园艺绿色优质高效栽培技术，建立标准化技术体系，推动我国设施园艺集约化、高效化、标准化绿色生产的快速发展。

（十）设施园艺物联网技术将得到更加广泛应用

物联网技术是推动农业信息化、现代化和智能化发展的重要切入点，是未来我国设施园艺现代化发展的主流方向。尽管目前我国设施农业物联网产业的发展还存在诸多问题，相信通过政府的政策引导和财政投入、行业组织的标准制定和平台搭建、科研部门的技术攻关和试验示范以及企业和农民的市场开拓与应用，我国设施园艺产业物联网化将有十分广阔的发展前景。物联网技术在设施园艺中的广泛应用，将大幅度提升各生产环节的劳动效率，提高各环节管理的精细化水平，减轻劳动强度，减少灾害损失，显著提高生产效益。

（十一）园艺植物工厂将得到适量发展

近年来，随着 LED 光源及植物工厂相关设施设备的成本降低，园艺植物工厂有所发展。尽管目前单纯以产品市场销售为目的的园艺植物工厂还难以获得生产效益，但是未来将会在一些特种需求领域得到发展，或与其他业态结合得到发展。特种需求包括：南极工作站需求、太空试验站需求、南海诸岛开发需求、戈壁沙漠油田开发需求、高山哨所需求等；其他业态包括：餐馆、观光园、超市等。园艺植物工厂是一个高技术密集型产业，具有作物周年生产的计划性强、单位面积产量高、机械化和自动化程度高、劳动强度低、无农药和重金属及病原菌污染、产品安全、资源（土地、水、空间等）利用效率高等特点。它不受外界环境的影响，生产效率可达露地栽培的 40 ～ 108 倍。但园艺植物工厂目前最主要的问题是生产成本高，因此难以大规模发展。随着科技的进步，相信园艺植物工厂生产成本会得到进一步降低，特别是随着未来资源紧缺加剧、新生代劳动力不足、食物需求不断上升等问题的出现，园艺植物工厂将会得到一定程度的发展。

（十二）设施园艺产业将得到进一步拓展

我国传统的设施园艺产业以园艺产品销售为主要盈利模式，产业链条较短，盈利模式相对单一，发展后劲不足。随着设施园艺产业快速发展，未来我国设施园艺产业将从单纯的产品生产向延长产业链和拓展产业面两个方向转变。纵向延长产业链就是从过去单纯重视产中环节向产前、产中、产后各生产环节并重的方向转变，逐步朝着一二三产业融合的方向发展；横向拓宽产业面就是从过去单一园艺食物产品生产向观光、休闲、生态、体验、康养、教育、特需等方向拓展。此外，通过种植高端特色产品及园艺深加工产品增加设施园艺产品的经济附加值，可进一步提升设施园艺产业效益。同时设施园艺产业还可带动农资供给、运输、农业旅游等方面的发展。

第四章 我国未来二十年设施园艺生产技术需求

我国是一个幅员辽阔、人口众多的国家，园艺产品需求量大。尽管目前我国年人均园艺产品占有量较高，但优质产品仍供不应求，据估算优质园艺产品占有率不足10%，急需提升。我国也是一个土地、水、能源等资源相对短缺的国家，全国人均耕地面积0.09hm²，不到世界平均水平的1/3；人均淡水资源占有量仅为世界平均水平的1/4；能源更是进口比重大。我国还是一个中低产田和盐碱地、沙漠、戈壁、荒滩、海岛、矿山废弃地等非耕地资源丰富的国家，科学合理开发这些中低产田和非耕地对解决众多人口的食物安全问题十分重要。此外，随着人口老龄化和城镇化进程的加速，农业生产的青壮年劳动力短缺。因此，未来园艺产业需要向高投入高产出方向发展，设施园艺作为全区域全天候无差别的高投入、高产出园艺产业将具有广阔发展前景。

根据前章对我国设施园艺发展现状与未来发展趋势分析，未来我国设施园艺发展的技术需求主要是现有设施园艺产业的提质增效和提档升级、设施园艺的功能拓展、设施园艺现代化的推进以及设施园艺智能化的探索等四大方面。主要依据是：①我国设施园艺发展仍处于初级阶段，普遍存在设施设备简陋、环境调控能力差、生产技术水平不高且缺乏规范标准、机械化水平低和土地、水、能源等资源利用率不高等问题，总体上有2/3左右设施和生产均无规范、无标准，仅有1/3左右设施和生产有规范和标准，因此需要提质增效。②随着我国的高速发展，航天、航海、极地和海岛开发越来越多，这些不利于园艺作物生产地区的园艺产品特种需求越来越多；此外，随着我国城镇居民住房的改善，家庭园艺发展越来越快；另外，随着我国人民生活水平的不断提高，人们对园艺产品的需求也更加多样化，以设施园艺为核心的观光、休闲、教育、保健功能需求越来越多。因此设施园艺新功能的拓展空间仍然很大。③党的十九大报告提出，到2035年基本实现现代化，而我国现代化设施园艺寥寥无几，设施园艺产业与发达国家相比仍有不小差距，距离现代化的要求还相差甚远，因此推进设施园艺现代化已势在必行。④近年来农业智能化发展已不绝于耳，尽管我国设施园艺产业距离智能化还遥遥无期，但作为未来的发展方向，设施园艺智能化的探索也势在必行。

一、设施园艺产业提质增效技术需求分析

设施园艺的发展必须适应当地自然环境和充分利用当地自然资源，才能获得高效益。我国幅员辽阔，不同地域环境条件相差巨大，对设施结构设计建造的要求也不同，因此中国特色设施园艺是多样的。例如，北方寒区以厚保温蓄热墙体的节能日光温室为主，黄淮海地区以节能日光温室与多层保温覆盖塑料大棚并重，长江流域以多层保温覆盖塑料大棚为主，南方地区以遮阳避雨塑料大棚为主等。我国特色设施园艺注重"低成本、节能"，因此，目前的生产水平还不高，特别是大批 20 世纪 90 年代发展的园艺设施，其生产环境和技术不仅难以满足绿色优质生产的要求，而且生产效益已难以为继，亟需提质增效和提档升级。未来我国设施园艺的发展，必须因地制宜，实现设施园艺的专用品种及优质壮苗高效培育、高效规范生产、绿色优质生产、轻简化生产、资源高效利用生产和设施园艺生产基地环境治理。

（一）专用品种及优质壮苗高效培育的技术需求

优质种苗是设施园艺作物生产的重要基础。首先，要有适宜设施环境生产的优良品种。品种好坏是决定设施园艺作物生产能否获得优质高产的关键因素，由于设施内的光、热、湿等环境有别于露地，因此需要选育适于设施内环境的专用优良品种。目前我国虽然在设施园艺作物专用品种育种方面取得了很大进展，可提供耐低温、高湿、寡照、病害等多种抗性的主要园艺作物专用品种。但总体上看，我国设施园艺作物专用品种水平与设施园艺发达国家还相差较远，许多园艺作物种类的优良专用品种仍主要依赖进口，我国自主选育的专用品种尚不能满足需求。其次，要培育出优质壮苗。育苗好坏也是决定设施园艺作物生产能否获得优质高产的关键因素，培育壮苗可增加园艺作物单位面积产量，提高品质，降低生产成本。然而我国目前设施园艺作物仍以非专业化分散育苗为主，专业化的集约育苗的占比仍不到 50%，甚至专业化的集约育苗也缺乏规范化的壮苗培育技术标准，育苗质量参差不齐，甚至有些幼苗携带病原菌，严重影响了设施园艺作物生产的产量和质量。因此，未来我国设施园艺提质增效的重要任务之一就是扩大专业化集约育苗的规模，提升专业化集约育苗的规范化技术水平。

围绕设施园艺作物专用品种及优质壮苗高效培育，主要的技术需求有：适于设施生产的园艺作物专用种质资源的收集和评价；专用品种和砧木的选育；适于不同季节和设施的优质壮苗培育水肥管理和环境调控的标准化技术体系；低成本培育优质壮苗的标准化基质配制；主要园艺作物高效嫁接的标准化技术体系；低成本高效节能集约化育苗设施装备的标准化设计建造等。集成各项技术，全面提升设施园艺作物壮苗培育的标准化技术水平，建立集约育苗的全产业链现代经营管理模式，促进我国园艺种苗产业的发展。

（二）高效规范生产的技术需求

生产成本较高、生产环境恶化、收益较低等问题，严重制约着设施园艺产业的可持续

发展。要改善这些问题，需要通过开发高效水肥管理技术、农药高效利用技术和土地集约化技术，提高资源利用效率、优化环境控制水平。设施园艺生态环境恶化的主要原因有有机肥质量较低、超剂量频繁施肥施药、灌溉制度不合理、农膜和植物残渣无害化程度较低等，造成了设施园艺生产的资源利用率低，环境污染严重，病害防控措施落后且污染严重等问题。针对这些问题，需要对资源利用及病虫害防控和逆境生物障碍防控进行提档升级。一方面，通过开发有机肥无害化生产技术、无害化农药生产技术、农膜和植物残渣无害化处理技术等从源头掐断污染源；另一方面，通过开发低成本无土栽培技术，消除土壤盐渍化和连作障碍问题，平衡土壤营养结构，减少农业面源污染。

我国设施园艺类型多样，主要包括小拱棚、大中棚、遮阳棚、避雨棚、日光温室，加温温室和连栋温室极少。这些园艺设施类型中同一类型的结构又五花八门，而且不仅不同地区五花八门，同一地区也五花八门。例如，日光温室，有竹木土墙结构的，有钢骨架砖墙结构的；有8米跨度较矮的，也有12米跨度较高的，如此等等。环境调控既有完全人工操作方式，又有机械与人工操作相结合的半自动化方式。另外，我国各类设施园艺栽培茬口和模式多样，如设施蔬菜有冬春茬、春茬、越夏茬、秋茬、秋冬茬等栽培茬口，又有长季节栽培、短季节栽培、大垄双行栽培、大垄单行栽培、高畦栽培、低畦栽培等多种栽培形式。这些设施结构、环境调控和栽培类型和形式，均未能实现规范化和标准化，因此未来设施园艺提质增效过程中，要实现设施园艺生产全程全面规范化和标准化。

未来我国设施园艺作物高效规范生产的技术需求主要包括：适于不同地区的遮阳棚、避雨棚、普通单栋塑料大棚、普通连栋塑料大棚、多层保温覆盖单栋塑料大棚、多层保温覆盖连栋塑料大棚、高效节能日光温室等设施结构设计、建造技术的规范化和标准化；适于不同地区不同茬口的各类设施园艺作物绿色优质高效栽培技术体系的规范化和标准化；设施园艺作物生长发育土壤和气候障碍调控技术体系的规范化；适合不同地区、不同季节的设施园艺产品采后处理、贮运技术体系的规范化和标准化。

（三）绿色优质生产的技术需求

随着我国社会经济的快速发展，人们生活水平快速提高，加之一般园艺产品供大于求，导致人们对园艺产品质量的要求越来越高，但目前绿色优质园艺产品处于供不应求状态，因此大力发展设施园艺绿色优质生产已成为未来的重点。

设施园艺作物生产过程中理应可以通过人工调控环境和阻断病虫生物入内而生产出绿色优质产品，但由于我国目前的设施还较简陋，设施处于半开放状态，设施内环境也不能完全依据作物生长发育需求自动调控，常常出现设施园艺产品因受不良环境和病虫害防控用药等影响而品质和安全性较差的现象。因此，要解决设施园艺产品质量和安全性差的问题，必须解决一系列设施园艺作物绿色优质栽培关键技术。这些技术主要包括：性能优良的设施结构，适于园艺作物生长发育和控病的环境管理标准，提质、控病、防虫的气候环境管理技术系统，以设施园艺作物土壤最佳营养指标和目标产量为核心的科学施肥技术体系，确保绿色生产的农药施用技术体系，静电低量喷雾精确施药技术体系，保水、降湿、提质、节水的土壤水分管理技术体系，园艺作物逆境生育障碍的绿色调控技术体系，设施园艺产品采后处理贮运绿色生产技术体系。

（四）轻简化生产的技术需求

目前我国设施园艺生产的机械化和自动化水平低，导致劳动强度大、劳动生产率低。据调查，我国设施园艺虽节能节本突出，但环境调控自动化和生产机械化很低，设施园艺生产机械化率仅有33%，仅在耕整地、灌水和植保等环节实现了部分机械化作业，而种植、收获等许多环节的机械化作业寥寥无几。设施园艺作物生产的机械化水平低，不仅影响生产效率，而且难以减轻劳动强度，这将对重体力劳动力短缺的设施园艺产业发展带来严峻挑战。因此，加快推进设施园艺作物的农机与农艺融合，提高设施园艺作物生产机械化水平，是当前我国设施园艺产业提质增效的首要任务。

制约我国设施园艺作物生产机械化水平提升的因素主要有：设施园艺作物种类多、差异大，田间管理复杂多样，基础性研究不到位，适于机械化种植的模式少且欠规范；适合机械化生产的种质资源挖掘不够，品种选育不到位，适用品种少；种植区域空间复杂，多样化的简易设施内机械化作业难度大；成本低的农机性能差，性能好的农机成本高；节能设施环境调控差，环境调控好的设施耗能大。总之，不解决上述问题，难以提升园艺的设施化和机械化水平。

针对上述主要问题，设施园艺作物轻简化生产要解决的技术问题主要包括：挖掘适合设施内机械化生产的园艺作物特种性状资源，选育适合设施内机械化生产的主要园艺作物专用优良品种；研发适合设施内机械化生产的栽培模式与技术体系，促进农机在园艺生产中的应用；研制适合设施园艺作物生产的经济适用新型机械，提高园艺生产的机械化率。通过集成专用品种、标准化栽培模式、机械开发与应用等关键技术，建立园艺设施和农机与农艺融合的全产业链示范，可为设施园艺产业提质增效和转型升级提供技术支撑。

（五）资源高效利用生产的技术需求

我国是一个资源相对短缺的国家，资源高效利用始终是我国各行业的头等大事。设施园艺作物生产也要重视资源高效利用。目前我国设施园艺虽然在光能高效利用上有较大突破，节能日光温室开创了冬季最低气温 -28℃以上地区不加温全季节高产优质生产喜温果菜的先例，但我国设施园艺作物生产在土地资源利用、水资源利用、肥料和农药利用等方面仍存在着利用率不高的问题；特别是占我国国土面积27.20% 的 261.16 万 km^2 荒漠化土地的利用率还很低，加之戈壁、滩涂、盐碱地、沙漠、矿山废弃地等非耕地资源尚未得到很好的开发利用。例如，日光温室由于前栋温室遮后栋温室的光照而留有较大间隔，特别是许多利用土做后墙的日光温室，其间隔区的露地难以利用，因此日光温室的土地利用率仅为40% 左右。再如，水资源利用问题，我国设施园艺虽然已经有很大部分采用了膜下软管滴灌技术，但还有很大部分仍然采用大水沟灌的方式，目前总体平均灌水量仍大于适宜灌水量的80% 以上，灌水量多的超过适宜灌水量的 1.5 倍以上，因此节水灌溉的潜力仍然很大。另外，我国设施园艺作物生产的肥料和农药施用过量。从肥料施用来看，有些地方有机肥和化肥均施用过量，许多地方化肥施用过量，少数地方有机肥施用过量。一般设施主要建在中低产田或非耕地上，因此设施建设后的早期为改良土壤可以多施一些有机肥，但是当土壤培肥好后，就应该及时地调整为根据设施园艺作物土壤最佳营养指标和目标产量进行科学施肥，否则不仅浪费资源，而且污染环境。从农药施用来看，主要因设施内环境调控不利，导致病虫害大量发生而不得不用药，且病虫害诊断不准，不能对症下药而导致反复用药难以防控住，进而用药过量，不仅浪费了资源，而且污染了环境。从非耕地资源看，我国西部戈壁、沙漠地区的光热资源丰富，但水资源短缺，只占全国 8%，因此可以采取节水的设施园艺生产方式适量开发利用；沿海滩涂和盐碱地区主要是盐碱浓度高，重点是解决降盐、防腐、收集雨水等设施园艺生产问题。

要解决这些问题，主要需要突破以下技术问题：以合理采光、保温、蓄热为核心的设施节能结构、设计、建造技术，土地高效利用的设施结构优化设计、建造技术，设施园艺作物环境高效调控技术，设施园艺作物高效种植模式与技术，不同地区不同设施及种植茬口设施园艺作物高效节水灌溉技术，以设施园艺作物土壤最佳营养指标和目标产量为核心的节肥施用技术，以自动调控为核心的水肥一体化施用技术，以环境调控为核心的设施园艺作物控病关键技术，以农药高效利用为核心的施药关键技术，戈壁和沙漠地区设施园艺作物高效节水生产技术，戈壁和滩涂地区设施园艺作物高效节水控盐生产技术。

（六）设施园艺生产基地环境治理的技术需求

随着设施园艺连作年限增加，设施园艺生产基地的环境不断恶化已经成为影响设施园艺可持续发展的重要问题，主要包括：酸化、盐渍化和重金属污染的土壤越来越多，病虫的田间积累量越来越大，农膜污染越来越重，作物残枝败叶和收获后秸秆破坏环境越来越普遍，农药残留量越来越高。这些问题不解决，不仅难以实现设施园艺绿色、优质、高效生产，而且严重降低作物产量和生产效益，是我国设施园艺可持续发展中必须解决的重大问题。设施园艺生产基地出现的这些问题，主要由以下因素造成：①施肥不当，主要是过量施肥，特别是过量施用氮肥，以及施用的有机肥中含有大量重金属；②设施内环境管理不当，病虫害连年大量发生，换茬时残枝败叶清理不净，消毒措施不到位；③换茬时地膜清理不彻底，残留的废膜过多积累；④作物残枝败叶和产后秸秆缺乏低成本的处理技术和方法。

针对上述问题，解决设施园艺生产基地环境治理的技术问题主要包括：基于有机物料加石灰增施的设施园艺轻中度障碍土壤修复标准化技术体系，设施园艺重度障碍低成本的无土和营养基质高效栽培标准化技术体系，有机肥绿色生产的标准化技术体系，设施内休闲季太阳能消毒的标准化技术体系，以物理、生物和生态环境调控为主的设施园艺作物病虫害综合绿色防控的标准化技术体系，植物残体肥料化处理的标准化技术体系，残膜的无害化处理技术等。

二、设施园艺产业拓展领域相关技术需求分析

随着我国综合实力的不断增强和人民生活水平的不断提高，对设施园艺的需求也越来越广泛。首先是许多极端空间领域的开发，如海岛、极地、太空、远洋等，需要提供新鲜营养的园艺产品；其次是随着人们生活水平不断提高，越来越期待通过园艺来陶冶情操、

调节身心健康、在赏心悦目中接受教育等；最后是自家生活空间的增大，人们希望在自家进行宜赏、宜食、娱乐健身的园艺栽培。因此设施园艺正在向各方向不断拓展，这是新时代的新需求，设施园艺科技工作者必须满足这种发展的技术需求。

（一）特种需求领域的技术需求

一方面，随着海岛、极地、太空、大型船舶等的开发，需要给人们提供新鲜可口和赏心悦目的园艺产品，这就需要采用设施园艺作物无土栽培或营养基质栽培的方式来满足这种需求。另一方面，城镇居民生活水平的提高，住房越来越宽大，家庭劳逸结合的园艺种植需求越来越大。因此设施园艺产业需要向许多特需领域不断扩展。这些特需领域的设施园艺发展条件各有不同。例如，海岛的设施园艺必须经受台风、暴雨、高温、强光、盐腐蚀等的考验；极地的设施园艺必须经受飓风、暴雪、低温等的考验；太空和大型船舶的设施园艺必须在狭小空间高效生产；家庭设施园艺必须类型多样并具有观赏价值，而且家庭园艺的基质需要进行灭菌处理，避免发酵后产生异味。

解决上述特需设施园艺生产的主要技术问题是：适于海岛的抗风、遮阳、防雨、耐盐设施结构设计、建造技术，耐高温设施园艺作物无土和营养基质绿色高产优质栽培模式与技术；适于极地的抗风雪、耐低温设施结构设计、建造技术，耐低温设施园艺作物无土和营养基质绿色高产优质栽培模式与技术；适于太空和远洋船舶的园艺植物工厂结构设计、建造技术，适于太空和远洋船舶的园艺植物工厂生产模式与关键技术；适于家庭的多样化设施结构设计、建造技术，适于家庭的设施园艺作物栽培器具和基质产品，适于家庭的设施园艺作物栽培模式与技术。

（二）特种功能领域的技术需求

我国设施园艺除了不断向特种需求领域拓展以外，功能性需求也在不断拓展。目前我国设施园艺功能性需求已拓展到康养、教育、观光、休闲等多领域。园艺治疗作为近代提出的新型治疗方式在改善人们身心健康方面具有一定作用。以大健康为背景的设施园艺康养产业正在兴起，特别是园艺疗养、园艺产品强体保健、园艺功能食品治疗等康养保健为核心的设施园艺产业将有很好的发展前途。有研究表明，肥胖、高血脂、高血压等患者通过适度科学的园艺活动锻炼，可促进睡眠、改善食欲，使人心理和身体受益。以农业技术教育和文化普及为核心的设施园艺产业也得到人们的青睐。身临设施园艺生产的历史长廊，体验不同历史时期设施园艺发展的成果和生产过程，品味设施园艺发展的科技和文化内涵，可陶冶情操，增长见识和开阔视野，寓教寓学于乐之中，这将成为大城市少年儿童和离退休老人喜爱的平台。以农业景观、农业生产活动及农村文化习俗为主要内容，以回归自然为特色的观光型设施园艺产业也已成为人们的关注点，这种观光类型可改变北方地区冬季难有自然绿色植物景观的状况，实现周年可观赏园艺植物景观的愿望。兼顾休闲和食用需求的休闲小镇建设也正在兴起，包括具有特色的果菜园、茶园、瓜果园等，供游客游览、观赏、采摘，不仅为游客提供新型的活动空间，释放假期城市人口压力，同时对保护生态环境，增加土地使用效益，以及美化环境和发展经济等也有重要作用。总之，未来利用设施园艺开发康养、教育、观光、休闲等将成为城市居民进行生态消费的主要类型，预计这些功能性需求将会快速增加。

上述功能性需求领域设施园艺的生产特点不同，因此所需的关键技术也会有较大差异。以康养为目的的设施园艺作物生产，最需要关注的是生产出来的园艺产品具有增强人体健康和防控一些慢性疾病的功效；以教育为核心的设施园艺作物生产，最需要关注的是不同发展阶段设施园艺科技进步的系统性；以观光为核心的设施园艺作物生产，最需要关注的是设施结构设计、设施园艺作物栽培的艺术性；以休闲为核心的设施园艺作物生产，最需要关注的是设施园艺产品的绿色优质和环境的舒适性。为实现不同功能性设施园艺高效生产，需要突破如下关键技术：设施园艺作物强体保健功能物质高效积累关键技术，不同历史阶段设施园艺作物绿色高产优质高效生产技术，设施园艺作物现代生产技术，艺术型设施结构设计建造技术，艺术型设施园艺作物生产技术，休闲型设施园艺作物绿色优质高效生产技术，生态餐厅高科技温室设计建造技术，园林景观环境设计与管理技术。

三、设施园艺产业现代化发展技术需求分析

实现设施园艺现代化，既是设施园艺产业本身发展的需要，也是新时代我国社会经济发展的要求。我国设施园艺产业发展水平仍处于初级阶段，要实现以自动化、规范化和机械化为核心的现代化，仍需要艰苦努力。近年来，农业智能化、设施园艺智能化的呼声很高，似乎我们可以跨越自动化和机械化，直接实现智能化。事实上，没有自动化、标准化和机械化，就不可能有设施园艺的智能化。因此，现阶段对于设施园艺产业现代化技术需求的急迫性显而易见，我们必须加倍努力才能不负历史使命。

（一）设施及环境调控现代化发展的技术需求

我国特色园艺设施结构的突出特点是低成本和高效节能，特别是我国独创的节能日光温室具有采光、蓄热、保温性能好和成本低的优势，但目前设施建造施工和环境调控还很落后，缺少规范和标准，距离设施园艺现代化要求更是相差甚远，已成为制约设施园艺可持续健康发展的瓶颈问题。下大力气改进我国低成本高效节能设施结构，使其实现现代化，不仅是提高土地产出率、劳动生产率和资源利用率的需求，也是全国基本实现现代化的必然要求。

我国特色设施园艺主要是节能日光温室、多层保温覆盖塑料大棚、遮阳棚和避雨棚。其中节能日光温室以土墙或砖墙钢骨架、草苦和保温被等保温覆盖物电动揭盖为多，设施建造工艺粗放，缺乏标准；环境调控能力差，缺乏适用的环控技术及装备，不能实现环境自动调控，室内环境凭生产者的生产经验进行管理；设施结构不易于作物机械化生产，特别是设施结构和栽培工艺与装备难以协调。多层保温覆盖塑料大棚的保温材料五花八门，保温覆盖完全靠人工操作。遮阳棚和避雨棚的揭盖也完全靠人工操作。这样不仅加大了人工劳动生产量，增加了劳动强度，降低了劳动生产率，而且也难以调控适宜环境以满足作

物生长发育，从而降低了土地的产出率。

我国特色园艺设施现代化要解决的关键问题是：设施结构低成本、节能、装配式、标准化和环境调控自动化。具体要解决的技术瓶颈问题是：现代低成本节能设施结构优化设计建造技术，现代低成本节能设施环境变化仿真和模型构建，现代低成本节能设施太阳能高效利用基础与技术，基于物联网的现代低成本节能设施智能化环境调控系统。

（二）作物生产现代化发展的技术需求

我国特色设施园艺作物生产的主要环节以人工作业为主，机械化和自动化水平很低，生产管理的全程依赖生产者的经验，导致生产成效变动较大，稳定性较差。这不仅导致土地产出率和劳动生产率难以提高，而且导致青壮年从业者不断减少，严重影响设施园艺产业的可持续发展。因此推进设施园艺作物整个生产环节现代化势在必行。

实现设施园艺生产现代化的核心是解决机械化问题。目前，影响我国设施园艺作物生产现代化的主要问题是生产机械化问题，而制约我国设施园艺生产机械化的因素主要是无机可用和有机难用问题。具体问题主要有：设施园艺作物种类多差异大，田间管理复杂多样，适于机械化种植的模式少且欠规范，基础研究不到位，缺乏适用的机械；机械化生产的种质资源挖掘不够，品种选育不到位，缺乏适用机械化的品种，有机难用；设施空间小且复杂，机械化作业难度大，有机难用和无机适用；成本低的农机性能差，性能好的现代农机成本高，用得起的机械难使用，好用的机械用不起；另外，现有机械和设施不匹配，还存在设施内"路难走、门难进、边难耕、头难掉、效难增"等问题。总之，不解决上述问题，则难以提升园艺的设施化和机械化水平。

实现设施园艺作物生产机械化，除了要提升现代农机制造能力以外，还必须解决设施结构与农机融合、农机与农艺融合、设施结构与农艺融合问题。在设施结构方面，要开发既便于园艺作物生长发育、又便于机械生产作业的低成本高效节能的现代大型化园艺设施，并设有机械进出专用通道，便于机械进出设施及在设施内正常自由转向和作业。在生产农艺方面，要构建适于机械作业的现代节能设施园艺作物生产模式，在确保园艺作物高产优质的同时，便于机械作业，确保作业效率，提高机械作业水平。在现代农机设计、建造方面，要研制出适用于我国特色设施园艺作物生产的现代小型农业机械，满足全程生产机械化的需要。此外，随着我国现代工业和信息化技术的快速发展，基于物联网的销售市场、气象预报站、病虫害监测等领域将不断开发应用。总之，解决设施园艺农机化需要如下具体技术创新：适于机械化栽培的低成本节能现代设施园艺种质资源挖掘与创制、特种性状形成机制与调控、园艺作物优良品种选育；适于机械化栽培的低成本节能现代设施园艺作物群体光合物质高效生产的生理基础、作物生长发育模型、土壤障碍发生与调控机理、高效栽培模式和机械化生产技术、节能高效无土栽培技术、节能高效园艺植物工厂栽培技术；适于低成本节能现代设施园艺作物生产的机械智能化控制基础、全程机械化装备与技术、园艺设施太阳能高效利用、现代节能智能化环境调控系统、工厂化育苗节能高效装备与技术、全程高效冷链贮运机械装备与技术、园艺作物田间生长监测信息处理基础研究等。

四、设施园艺产业智能化探索技术需求分析

随着我国城镇化和信息化的快速发展，人们对农业智能化的期盼越来越强烈。设施园艺智能化；不仅体现在可实现设施环境智能控制，还体现在作物生产和采后商品处理的智能管理，实现设施生产自动作业、生产和经营协同管理与系统决策。通过环境智能控制措施，实现与植物"对话"技术，营造健康的植株生长环境，不仅能够促进作物生长，还能减少病虫害感染，进而减少农药用量、增加产量、提高水肥利用效率、减少农药使用量。然而，由于成本和技术成熟度的原因，设施园艺智能化目前还难以在生产中广泛应用，但农业智能化是农业的发展方向，设施园艺智能化更是设施园艺的发展方向。因此开展设施园艺智能化探索是今后的重要方向。其核心部分主要包括设施环境智能调控和设施园艺作物生产智能管理两个部分。

（一）设施环境智能调控探索的技术需求

设施环境智能调控是设施园艺智能化的最重要组成部分，包括环境和生物信息采集系统、信息决策系统——"大脑"、环境控制系统和终端操作系统，其中最核心的部分是"人脑"，即信息决策系统。信息决策系统主要由设施内外环境变化模型、园艺作物生长发育模型和运算、判断、决策系统组成。由于设施内外环境变化规律的复杂性，不同园艺作物生长发育规律的复杂性和综合环境与园艺作物生长发育耦合变化规律更大的复杂性，要构建一个聪明的"大脑"并不容易。若无聪明的"大脑"，该环境控制系统充其量称为环境自动控制系统，不能称作环境智能控制系统。此外，由于目前我国园艺设施结构的简易性，环境控制终端操作系统还难以达到智能调控所需条件，环境控制终端操作系统的安全性也还难以保证。因此，目前我国设施园艺环境距离智能调控还相差甚远。

我国未来要实现设施环境智能调控，必须首先设计建造出适于环境智能调控的温室设施。玻璃连栋温室和植物工厂设施可以达到环境智能控制所需设施条件，但玻璃连栋温室耗能太大，在我国未能开发出低廉清洁能源的情况下难以发展成智能化设施园艺产业；植物工厂也耗能巨大，但它可以与其他业态结合共同发展。因此，设施环境智能调控系统可在园艺植物工厂环境调控中进行探索。另外，我国独有的节能日光温室需要进行结构的重大创新改进后，才能进行环境智能调控探索。

目前我国设施环境智能调控需要解决的主要技术问题是：适于环境智能调控的低成本节能设施结构设计建造技术，基于仿真与模拟技术的设施内外自然及人工调控下环境变化模型的构建，基于综合环境耦合的园艺作物生长发育嬗变模型的构建，园艺设施内外环境和作物生长发育信息采集技术，适于环境智能控制的设施环境控制系统，适于环境智能控制的设施环境控制终端操作系统，设施环境和作物信息参数运算、判断、决策系统。集成上述各项技术，可构建基于物联网的适于不同作物的设施综合环境智能调控系统。

（二）作物生产智能管理探索的技术需求

设施园艺作物生产智能管理也是设施园艺智能化的重要组成部分。比起设施园艺环境智能调控，设施园艺作物生产智能管理更加复杂。设施园艺作物生产的管理环节包括育苗（基质配制和处理、装盘、播种、催芽、嫁接、育成苗、灌水等）、耕整地、施肥、起垄、定植、吊落蔓、植株调整、施药、灌水、追肥、采收、运输等。这些生产环节首先要实现管理的机械化，然后再实现机械的智能化，即研制出育苗各生产环节的管理机器人和田间生产各环节的管理机器人，再研制出智能管理系统实现智能化管理。近年来，温室智能管理机器人研发越来越成为热点，第一代采收机器人、搬运机器人、种苗嫁接机器人、植保机器人、种苗移栽与整枝机械手等研究成果不断推出。尽管这些研究成果还很初级，未能在生产上大规模应用，但设施园艺作物生产管理机器人将在未来二十年进入快速发展和应用阶段。

（三）园艺植物工厂发展的技术需求

园艺植物工厂是最接近于设施园艺智能化的一种设施园艺类型，近年来随着 LED 光源技术的进步而快速发展，但还不能说园艺植物工厂已经实现了设施园艺的智能化。因为许多园艺植物工厂的控制决策系统还缺乏必要的最优环境变化和作物生长发育模拟模型，只是简单地自动控制系统。因此，园艺植物工厂只能被认为是设施园艺智能化的雏形。园艺植物工厂因其成本高、耗能大，目前还难以形成大的产业并普及推广，但它可与其他业态结合发展。因此满足园艺植物工厂的技术需求，一方面可以为园艺植物工厂特种需求产业提供技术支撑，另一方面可以为设施园艺智能化发展奠定初步的基础。

园艺植物工厂可以利用各种自然空间人工调控环境进行立体生产，理论上讲，它可以做到土地、水、肥、能源等资源利用的最大化，环境污染的最小化。但是由于隔断外界环境成本高、外界环境利用低，外界光热风资源转化效率低、成本高，因此园艺植物工厂的生产成本仍难以大幅度降低，如果不是土地昂贵、能源价格极低的情况下，还是以展示和宣传教育为主。因此，为促进园艺植物工厂的发展，必须千方百计地降低生产成本和能源消耗，否则难以大规模发展。

目前发展园艺植物工厂必须解决以下关键技术问题：低成本、高性能园艺植物工厂设施和设备，适用园艺植物工厂生产的低成本、高性能光源，园艺植物工厂高产优质生产的光质配方和营养配方，园艺植物工厂以光环境为核心的环境智能调控系统，基于合理光质配方的光源科学配置技术，园艺植物工厂高产优质高效的栽培模式与技术，园艺植物工厂低成本新型清洁能源利用技术。

第五章　我国设施园艺的发展道路与战略目标

设施园艺的发展道路和战略目标，应该根据当地的自然资源、自然环境、科学技术水平、经济社会发展状况等综合因素来判断确定。中国是一个人口众多、资源相对短缺、气候环境南北差异大、社会已经发展到小康水平的国家，因此，决定了中国设施园艺必然是多样性的。

一、我国设施园艺发展道路的选择

设施园艺发展，必须适应当地的自然环境，充分利用当地的自然资源，只有这样才能获得设施园艺作物的高产优质高效。因为我国南北各地的自然环境和自然资源各有不同，因此我国设施园艺产业必须走自己的发展道路。针对现阶段我国地少、人多，水资源、耕地资源、能源相对不足的基本国情，发展设施园艺应当从资源要素驱动型向集约高效型转变，坚持"低能耗、低成本、生态安全、高产优质高效"的中国特色发展道路。

（一）适应气候环境的设施园艺发展道路选择

以荷兰为代表的西北欧地区，其气候以海洋性气候为主，冬温夏凉（图 5-1）。1 月平均气温 2 ～ 3℃，绝大部分地区最低温度在 -5℃ 以上，7 月平均气温 18 ～ 19℃，绝大部分地区最高气温在 30℃ 以下；四季光照较弱；降水量均匀，年降水量约为 760mm。荷兰文洛型现代连栋温室正是基于这种气候设计的，这种温室利用玻璃保温性好和透光率高的特点，冬季进行适当补光与少量加温，夏季以自然通风调控环境便可满足园艺作物生长发育要求。因此，荷兰现代温室是适宜其气候类型的生产设施，但即便如此，荷兰 1.2 万 hm^2 温室耗能是全国总耗能的 6%，是全国总耗天然气的 12%。

以西班牙、意大利、希腊为代表的南欧国家和以色列等国，冬季气候温暖，夏季温度较高（图 5-2）。西班牙地中海沿岸夏季平均气温 25℃，冬季平均气温 11℃；阳光充足，春秋多雨；年平均降水量 500 ～ 1500mm。意大利大部分地区属亚热带地中海气候，年平均气温 1 月 2 ～ 10℃，7 月 23 ～ 26℃；年平均降水量 500 ～ 1000mm。希腊南部地区及各岛屿属于地中海型气候，全年气温变化不大，冬季气温在 6 ～ 13℃，夏季则在 23 ～ 33℃；夏季较长，阳光强烈；年平均降水量 400 ～ 1000mm。因此西班牙、意大利和希腊虽然距离荷兰很近，但没有一个国家大规模引进荷兰温室，而是各自设计建造了适合本国特点的塑料薄膜大棚和温室。法国也没有大规模引进荷兰温室，而是研究设计出了法国式的温室。

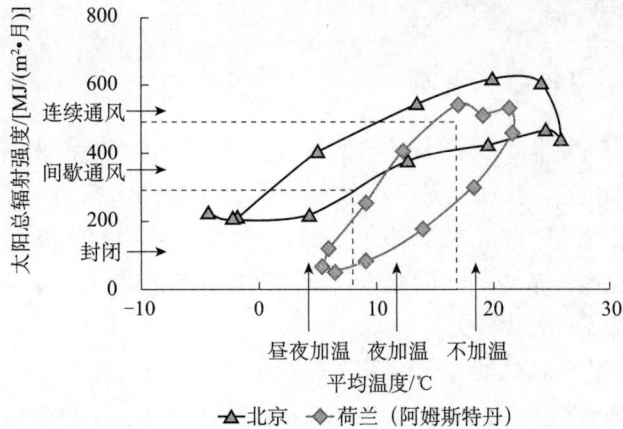

图5-1 北京与荷兰阿姆斯特丹太阳辐射及温度比较（杨其长）

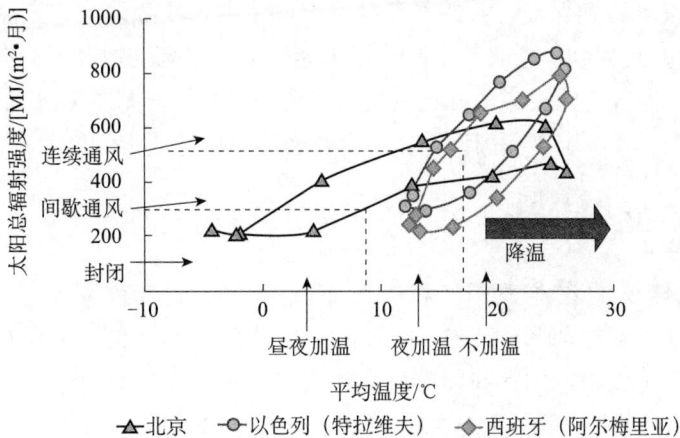

图5-2 北京与西班牙阿尔梅里亚地区、以色列特拉维夫地区太阳辐射及温度比较（杨其长）

我国幅员辽阔，气候类型多样，但与荷兰气候类型相似的地方很少。我国北方大部分地区为大陆性气候，冬季寒冷，夏季较热；南方大部分地区冬季虽温暖，但夏季炎热；多数地区温度年较差在50℃以上。这种温度环境与荷兰差异巨大，如采用荷兰现代温室类型无疑耗能巨大，生产成本剧增，难以获得生产效益，40年的生产实践已经证明了这一点，因此荷兰的温室类型不可能成为我国设施园艺的主要生产类型，我国必须发展适合我国气候类型的设施。事实上，经过40年的研究与实践，我国已经初步筛选出适合我国气候特点的设施类型。我国北方地区大规模发展自20世纪80年代发源于辽宁的节能日光温室，通过合理的采光、蓄势与保温设计，实现了在最低气温-28℃以上地区不加温生产喜温果菜类蔬菜，取得了巨大的经济、社会和生态效益，已成为充分利用光热资源的典范，也是设施园艺发展的一大创举；我国南方地区大规模发展单栋和连栋塑料大棚、遮阳避雨棚，实现了南方夏季高温季节园艺作物的安全生产，也取得了巨大的效益；我国中部地区近些年发展起来的多层保温覆盖塑料大棚，实现了叶菜类蔬菜周年生产或冬季叶菜加春夏秋果菜的周年生产，效果十分显著。当然这些适合我国气候环境的设施类型的装备水平还很低，需要通过提档升级和推进现代化而不断提高。

（二）适应产品市场的设施园艺发展道路选择

我国园艺产品，特别是蔬菜产品的消费量大，人年均消费量一般为欧美国家的 2 倍以上，为日本的 1.5 倍以上。我国又是一个发展中国家，人民消费水平不高，因此园艺产品价格不能很高。如果设施建造成本很高而产品价格较低，就会导致没有生产效益或者亏损，这样就难以维持大规模正常生产。因此，设施园艺应该根据园艺产品市场状况决定其设施建造类型和现代化装备的配套种类。

根据有关资料分析，荷兰是设施园艺发展水平很高的国家，实现了设施园艺的高投入和高产出，其设施番茄年产量为 $60 \sim 80 kg/m^2$，净效益为 $10 \sim 20 kg/m^2$；而我国是设施园艺发展水平相对不高的国家，设施番茄年产量为 $20 \sim 40 kg/m^2$，但净效益也为 $10 \sim 20 kg/m^2$。尽管二者产量相差甚远，但净效益差异不大。如果我国采用过高投入的设施园艺发展之路，其效益就很难得到保证，有的甚至会亏本。特别是在我国园艺产品价格偏低（是荷兰的 1/5，西班牙、意大利、希腊的 1/4），不可能短期内提高的情况下，盲目采用与荷兰等设施园艺发达国家同等的建设成本和运营成本，设施园艺生产基本上毫无效益可言。因此，我国园艺产品市场现状决定了我国设施园艺生产必须选择低成本、低能耗、高产出的道路。

（三）适应我国人口和耕地资源的设施园艺发展道路选择

我国是一个传统的农业大国，农民比重较高。截至 2017 年末，中国内地总人口 139 008 万人，其中城镇常住人口 81 347 万人，乡村常住人口 57 661 万人。虽然乡村常住人口逐年降低，但可以确定的是我国农村常住人口仍然会保持一个较大的数字。然而我国 2015 年全国因建设占用、灾毁、生态退耕、农业结构调整等原因减少耕地面积 33.65 万 hm^2，通过土地整治、农业结构调整等增加耕地面积 29.30 万 hm^2，年内净减少耕地面积 4.35 万 hm^2。截至 2016 年末我国耕地面积仅为 13 495.66 万 hm^2（20.24 亿亩）。因此，我国农村人口的人均耕地约 3.5 亩，是农民人均耕地面积较低的国家。美国经济学家弗农拉坦用实证资料证明了这样的规律，世界上劳均土地在 30 hm^2 以上的国家，基本上走的是机械技术型道路；劳均土地在 $3 \sim 30 hm^2$ 之间的国家，走的是生物技术 - 机械技术交错型道路；而劳均土地不足 $3 hm^2$ 的国家，多数走的是生物技术型道路。各国在土地资源和社会经济条件等方面存在差异，农业现代化的道路和特点各不相同，不能照搬套用。针对中国耕地相对较少、农业技术相对落后、农村劳动力数量庞大但素质低下和农业投入不足等客观现实，中国设施园艺现代化发展路径的选择，既不能走荷兰等设施园艺发达国家高技术，资金、资源高投入的模式，也不具备日本等国家对农业高额补贴的条件。因此，我们可以借鉴西班牙、意大利、希腊和以色列等国设施园艺经济实用技术路线，充分利用当前适合我国北方地区的节能日光温室和适合中部、南方地区的多层保温覆盖单栋或连栋塑料大棚、遮阳避雨棚；并且逐步改造和优化设施结构，增加环境调控与生产的设施装备，推广先进技术和提高劳动者素质，发展适合我国国情和环境特点的现代设施园艺产业，坚持走"低能耗、低成本、生态安全、高产优质高效"的特色发展道路。

（四）适应我国能源资源的设施园艺发展道路选择

以荷兰为代表的玻璃连栋温室生产以高能耗为代价，以番茄为例，即使在比较温和的海洋性气候下，荷兰温室每生产 1kg 番茄耗能高达 18.5 MJ（折合 0.631kg 标准煤，0.475m³ 天然气）。目前，荷兰温室生产主要采用天然气为能源，其天然气能源开支占到了荷兰温室生产成本的 25% ～ 35%（粗略估计约为 1hm² 每年 40 万～ 60 万人民币）；而如果在温度变化剧烈的大陆性气候下，中国北方使用此种类型的玻璃连栋温室，即使是节能控制方案下，其理论生产耗能将是荷兰生产的 3 ～ 6 倍，即每公顷消耗 1136 ～ 1515t 标准煤，按每吨煤 800 元计算，每公顷能耗成本在 90.88 万～ 121.2 万元。目前，我国设施蔬菜产量约 2.6 亿 t，假设采用连栋温室生产，且按荷兰 20 世纪末单位面积温室番茄产量为每年 60kg/m² 计算，尚需要 43 万 hm² 温室进行生产，将消耗 4.886 亿～ 6.515 亿 t 标准煤。而国家统计局数据显示，2017 年我国原煤产量 34.5 亿 t（24.6 亿 t 标准煤），原油产量 1.9 亿 t（2.7 亿 t 标准煤），天然气产量 1474.2 亿 m³（1.96 亿 t 标准煤），水电、核电、风电发电量 17485 亿千瓦时（6.6 亿 t 标准煤），总合计年产 35.86 亿 t 标准煤，设施园艺耗能将达到 13.6% ～ 18.2%。一方面这些能耗我国难以承受，另一方面会导致严重污染，因此，我国设施园艺不能走高能耗的道路，要走高效利用太阳能的发展之路。

二、我国设施园艺的战略目标

我国设施园艺发展的战略目标是实现现代化。由于我国设施园艺产业中无论是设施结构还是设施园艺作物生产均有 2/3 以上尚缺乏规范，因此我国设施园艺产业发展要分三步走，即 2025 年前实现设施园艺产业规范化；2035 年前基本实现设施园艺产业现代化；2050 年前完全实现设施园艺产业现代化，发展智能化。

（一）2025 年前战略目标

2025 年前，以满足人们对园艺产品量和质的需求为导向，通过供给侧结构性改革，全面完成设施园艺提档升级和提质增效，实现设施园艺产业规范化和轻简化。其中，实现适合不同地区的设施结构规范化、主要园艺作物生产模式与技术规范化、采后冷链贮运规范化、主要生产环节机械化；实现节能设施园艺作物生产的绿色高产优质高效，设施主要果菜产量达到 45kg/m²，温室、塑料大棚、遮阳避雨棚等为主体的设施园艺面积达到 500 万 hm²；同时，加大力度研发现代设施园艺作物生产系统，完成第一代现代节能设施园艺作物生产系统及其示范，研制出第二代现代节能设施园艺作物生产系统；积极探索节能设施园艺作物生产智能化系统，初步建成第一代节能设施园艺作物生产智能化示范系统。

（二）2035 年前战略目标

2035 年前，以提高土地产出率、劳动生产率和资源利用率为导向，通过科技创新，基本实现中国特色设施园艺产业现代化。其中，完成第一代现代节能设施园艺作物生产系统的规模化推广；主要产区实现设施园艺环境控制自动化、主要作物生产环节机械化、栽培技术标准化、生产管理物联网化、采后处理规范化，降低肥料和农药等生产投入、降低劳动强度、降低生产成本；实现现代节能设施园艺作物生产的绿色优质高产高效，设施主要果菜产量达到 55kg/m^2，温室、塑料大棚、遮阳避雨棚等为主体的设施园艺面积达到 550 万 hm^2；同时，规模示范第二代现代节能设施园艺作物生产系统，研制出第三代现代节能设施园艺作物生产系统，并进行初步示范；规模示范第一代节能设施园艺作物生产智能化系统，积极探索和示范第二代节能设施园艺作物生产智能化系统。

（三）2050 年前战略目标

2050 年前，以省能、省力、高效为导向，充分利用现代科技创新成果，全面实现中国特色设施园艺产业现代化。其中，规模推广应用第二代和第三代现代节能设施园艺生产系统；推广中国特色设施园艺智能化系统；主要设施园艺产区实现设施园艺环境控制和生产管理的智能化、全部生产环节机械化、部分生产机械智能化；实现中国特色设施园艺作物生产的轻简化、智能化和高效化，设施主要果菜产量达到 60kg/m^2，温室、塑料大棚、遮阳避雨棚等为主体的设施园艺面积达到 600 万 hm^2；同时，规模示范第二代节能设施园艺作物生产智能化系统，探索第三代节能设施园艺作物生产智能化系统。

三、我国设施园艺的重点任务

（一）推进设施园艺产业集群化和多样性

产业集群对于形成产业市场优势和创新优势都极为重要，因此设施园艺未来要健康和可持续发展，必须实行集群化发展。同时，园艺作物的多样性、市场需求的多样性和生产基地气候环境的多样性，必然要求设施园艺产业是多样性的。设施园艺产业集群化和多样性包括园艺作物种植种类集群化和多样性、设施类型集群化和多样性、园艺作物设施类型集群化和多样性。其中推进园艺作物种植种类集群化和多样性主要是指，以集群化生产为核心调整生产基地种植结构，以多样性为核心调整种植区域的种植结构，以产前、产中、产后服务为核心调整产业服务链。推进设施类型集群化和多样性，是指在《全国设施蔬菜重点区域发展规划（2015—2020 年）》中重点建设的 5 个大区、14 个亚区实施设施类型多样性，而在同一区域内的各个区块推进园艺设施类型集群化。

设施类型的多样性。应当坚持发展以低成本节能日光温室、多层保温覆盖单栋和连栋塑料大棚、遮阳避雨棚等为主体的多样类型，少量发展高投入高产出的连栋温室等设施，满足设施园艺产品的周年生产。低成本节能的日光温室、多层保温覆盖单栋和连栋塑料大棚等设施园艺生产在今后相当一段时间内，是解决我国园艺产品供应的主要形式。但由于我国地域辽阔，各地气候类型不同，日光温室与塑料大棚的形式也是多样的，主要应与当地的光热等自然资源相适应。当然，也可根据不同地区的气候特点与经济基础等综合考虑，如在气候比较温室的地区，如云南的一些地方，气候与荷兰相似，也可以发展一些现代化的连栋温室，进行高附加值的设施园艺产品生产；而在北京等经济发达、城乡居民消费水平较高的地方也可以适当发展一些现代化连栋温室生产，主要面向高端消费群体，发展旅游观光、采摘、配送等高端设施园艺生产。

（二）促进设施园艺产业提质增效及提档升级

目前我国设施园艺的设施设备简陋、环境调控自动化和生产管理机械化的水平低、生产小区规模小、服务体系不健全等问题，导致劳动生产率、土地产出率和资源利用率低，现已难以满足消费者对园艺产品质量的需求和生产者对生产效益的追求。因此，以节能日光温室、节能塑料薄膜大中棚、遮阳棚和避雨棚为主体；以降低生产成本和提高土地产出率、劳动生产率及资源利用率为核心；通过工程、环境、生物及信息的科技创新和科技成果转化，实现生产设施规范、蔬菜种类多样、生产手段先进、生产过程规范、产品质量安全、产品供应均衡、资源利用高效；达到设施园艺提质增效和提档升级目标，这是当前我国设施园艺发展的重要任务。具体任务主要包括节能日光温室和塑料薄膜大棚结构优化及标准化、园艺作物栽培模式优化及技术标准化、水肥管理优化及技术标准化、环境调控优化及技术标准化、生物与非生物胁迫障碍防控优化及技术标准化、采收及采后贮运保鲜优化及技术标准化、生产管理轻简化及省力化。这是目前我国要重点研发和大面积推广应用的主要方面。

设施设备提档升级。其包括在有条件的地方改造普通日光温室、第一代节能日光温室、竹木结构塑料大棚等老旧设施类型，通过少量增加投入，显著提高老旧设施采光、保温与蓄热能力，大幅度提高设施性能，提高已有老旧设施的生产能力；在新建设施园艺小区，加快发展新型节能日光温室、钢骨架节能塑料大棚等新型设施类型，按照新型温室的采光、保温与蓄热设计，全面提升设施生产性能；实施蔬菜基地设施提档升级，加强排灌系统建设、土地园田化整理、废弃物处理设施建设，以及交通、电力、通信系统建设等；实施越夏蔬菜生产设施提档升级，推广遮阳和避雨棚等设施的应用，提高蔬菜产品品质；实施环境调控和运输轻简化装备提档升级，提高设施环境调控能力，节省劳力；实施生产过程轻简化装备提档升级，降低劳动强度，提升设施生产劳动效率。

栽培模式与技术提档升级。其包括进一步推进设施园艺种苗生产规范化，加强育苗装备，实现种子处理、幼苗培养、幼苗保障运输、育苗定植前处理标准化管理；推进不同地区不同茬口设施园艺作物栽培模式与技术的标准化和特色化，全面提高设施园艺作物栽培水平，突出特色化生产，实现设施园艺作物的标准化高效生产。

资源利用效率提档升级。其包括针对我国资源不足的现实，集成创新现代设施园艺科学技术，通过健康土壤的保持技术、轻度土壤障碍的修复技术、重度障碍土壤及不可耕种土壤的简易无土栽培或营养基质栽培技术等，实现土地资源高效化利用，缓解由于土壤退化等原因造成耕地面积迅速降低的局面，并最大限度地利用不可耕种土地，最大限度地提高土地资源利用率；通过发展节水灌溉、水肥一体化等技术，最大限度地提高我国有限的水资源高效化利用；通过改善设施结构，最大限度地透过太阳光，并加强保温与蓄热结构与设计，最大限度地利用太阳能，同时开发光能、风能等高效转化利用设施设备，充分提高自然能源的利用效率；开发合理高效的秸秆等农业废弃物还田处理技术与肥料化处理技术，显著提高农业废弃物资源高效化利用。

病虫害防控提档升级。其包括通过应用生态环境控病虫、选用抗性品种、嫁接控病、物理措施防控、农业措施防控，并结合安全农药防治，全面提升设施园艺作物的病虫害防控水平；同时减少农药使用，最大限度地降低设施园艺产品食品安全问题的发生，实现设施园艺产品的安全、高效生产。

（三）强化现代节能设施园艺作物生产系统创新与示范

我国社会经济现代化发展已经全面展开，2035 年全国要基本实现现代化，因此设施园艺产业现代化势在必行。然而，具有我国特色的节能设施园艺产业距离现代化还相差很远，要基本实现我国节能设施园艺产业现代化，无疑必须强化现代节能设施园艺作物生产系统创新与示范。

现代节能设施结构优化设计与建造。我国园艺设施具有低成本、节能等优点，特别是我国独有的节能日光温室的节能性更为突出。但这种节能日光温室难以实现现代化，因此如何将园艺设施的低成本节能与现代化很好地结合起来，是现代节能设施结构优化设计的关键。要实现节能日光温室的现代化，首先要解决节能日光温室装配式建造问题，改变目前的土墙、砖墙，采用低成本保温和蓄热材料做墙体；其次是实现节能日光温室揭盖多层保温覆盖、放风、蓄热、追肥、灌水等环境调控的自动化，并实现温室环境监控的互联网化。

现代设施园艺作物绿色优质高效生产。现代园艺设施必须有现代园艺作物栽培模式与技术配套，现代园艺作物栽培最根本的问题是机械化和标准化绿色生产，因此解决好机械化和标准化绿色生产问题就成了实现园艺作物现代化生产的瓶颈。解决这个问题主要有以下几点：一是要选育出适合机械化的园艺作物品种，当然不同作物要有不同的要求，如番茄最好是果实长在植株同一侧，并能整穗果同期成熟，便于机械采收。二是要有适合机械化的栽培模式，如目前日光温室的垄向主要是南北向，这种垄的长度非常短，不便于机械作业，如果改成东西向垄就便于机械作业，但东西向垄易于减产，如何在改成东西向垄后还能确保产量和品质不下降是关键问题。三是要有适合节能设施园艺作业的机械，目前适合我国节能设施园艺内作业的机械很少，许多生产环节难以机械操作，因此需要有小型大马力动力机械和各种性能好的小型机械设备。四是要有适合机械作业的园艺设施，园艺设施要大型化和便于机械通行作业。五是要有标准化的科学施肥、施药、灌水和环境管理技术，要利用标准化的田间管理防控病虫害的发生，实现绿色优质高效生产。

现代设施园艺产品绿色保鲜贮运生产。设施园艺产品从产地到餐桌的最后一公里也要实现现代化，主要需解决园艺产品采后包装预冷和全程冷链贮运问题。解决这两个问题主要有以下几点：一是要有不同设施园艺作物的产品标准和采收、清洗、包装、品牌标注、预冷等标准。二是要有适宜的低成本设施园艺产品全程冷链贮运设备。三是要有不同设施园艺产品全程冷链贮运环境管理标准和调控系统。

（四）积极拓展设施园艺生产的领域

随着社会的不断发展，对设施园艺有需求的领域越来越多，因此需要不失时机地拓展设施园艺生产的领域。

观光与乡村振兴领域。特色设施园艺生产是众多乡村振兴建设计划的重要内容，目前多数园区是建设大型的连栋温室进行设施园艺生产，虽然在形象上效果较好，但其运行维护成本巨大，使许多大型温室成了中看不中用的摆设。因此，针对乡村振兴计划中的特色观光小镇及其他乡村建设综合体，研究新型节能日光温室和塑料大棚特色结构设计与建造技术、设施园艺作物特色栽培模式与技术、特色生产管理技术集成技术示范等的需求迫切。

特种需求领域。随着国家快速发展，各种极端条件下的设施园艺需求越来越多，如近年来的海岛开发、极地开发、航天开发等，都需要园艺产品。因此通过现代设施园艺生产技术，满足在特殊岗位工作的人们对园艺产品的需求非常必要。拓展设施园艺产业以满足特种工作岗位人们对园艺产品需求，已成为未来的重要任务。

家庭园艺需求领域。城镇化的发展，使人们居住环境得到快速改善，随之家庭园艺发展方兴未艾。因此未来家庭园艺将形成巨大产业，这也成为未来的重要任务。适合家庭园艺生产的设施设备、种植基质和器具、作物品种、营养肥料、栽培模式与技术、水肥供应系统等均需要创新开发。

（五）积极探索节能设施园艺智能化生产系统

设施园艺智能化的实现需要漫长的过程，目前的园艺植物工厂只能说是最接近智能化的生产系统，还不能称为智能化生产系统。设施园艺智能化生产系统就像园艺植物工厂一样，可以分为人工光设施园艺智能化生产系统和自然光设施园艺智能化生产系统。无论哪种光源的设施园艺智能化生产系统，目前均难以大规模产业化发展，其原因一是目前还没有能够实现智能化生产的完整技术，二是目前生产成本高，还难以在短期大规模应用。尽管如此，面对未来发展的总趋势，现在应该开始积极探索节能设施园艺智能化生产系统。

智能化节能园艺设施。要设计建造出适合人工光和自然光的两种节能设施结构，人工光智能化节能设施应具备：低成本、高保温性的人工光设施结构，人工光源的合理布局，基于物联网的节能设施环境自动监测系统，基于人工光节能设施环境变化模型和园艺作物生长发育与综合环境耦合模型的环境智能化调控系统，低成本智能化的人工光节能设施环境调控操作设备。自然光智能化节能设施应具备：低成本高效采光、保温和蓄热的自然光节能设施结构，自然光源与人工补充光源的合理搭配，基于自然光节能设施环境变化模型和以光为核心的园艺作物生长发育与环境耦合模型的环境智能化调控系统，低成本智能化的自然光节能设施环境调控操作设备。

智能化园艺作物生产模式。设施园艺作物智能化生产应具备：适于不同光源的主要园艺植物工厂立体栽培模式，不同园艺作物高产优质生产的光质光量配方和矿质营养配方，主要园艺作物最佳环境管理组合，设施园艺作物生产智能机械装备及其应用技术，设施园艺作物智能化生产管理系统，园艺作物生物与非生物胁迫障碍智能防控技术与方法。

（六）推进生产经营规模化和产业服务网络化

针对设施园艺生产的特性，促进设施园艺生产的经营规模化，主要包括推进以家庭农场为主体经营模式，逐步完善设施蔬菜企业＋个体生产农户的经营模式；推进产业服务网络化，建立并完善政府主导的服务体系（技术服务体系、信息服务体系、减灾防灾服务体系等）以及企业主导的服务体系（设施设备服务体系、生产服务体系、产后服务体系、特殊技术服务体系等），全面提高设施园艺的专业化服务，保障设施园艺的持续发展。

第六章　我国设施园艺的类型选择及其时空布局

设施园艺是现代农业发展的一种重要形式，集聚了土地、劳动力、资金、技术和能源等生产要素，是高投入、高产出的集约型农业。它改变了农业生产的传统方式，摆脱了传统农业受自然环境和自然资源等条件的束缚，改变了园艺作物生产的季节特征和种植方式，显著提高了土地利用率、资源产出率、劳动生产率和产品商品率，对改善农村生态环境，提高农民收入，加快乡村振兴，促进农村经济发展，加速传统农业向现代农业的转变，实现农业的高效、可持续发展具有重要意义。

改革开放以来，我国设施园艺产业得到迅速发展。在20世纪80年代，以塑料拱棚为主的设施园艺生产快速发展，使我国蔬菜周年供应状况得到明显改善；20世纪90年代以来，大力推广的节能日光温室和遮阳棚蔬菜生产技术，攻克了北方冬春季和南方夏秋季"两个淡季"蔬菜生产技术难题，使得全国广大地区实现了蔬菜周年生产与供应。我国设施园艺产业的发展，不仅解决了我国蔬菜周年均衡供应的问题，而且在促进农民增收，克服能源条件不足和高效利用农业资源等方面做出了历史性贡献。

但是，由于全国性设施园艺发展的整体规划缺乏、科学引导不足、发展方向不明确、政策扶持和投资引导重点不突出，导致各地设施园艺产业发展的盲目性和随意性较大，许多地区的园艺设施类型、栽培制度、作物种类、栽培技术与体系等缺乏区域特色，比较优势不明显。一些设施园艺生产园区规划设计不科学、田间布局不合理、水电路不配套、生产效益不高；同时，园艺设施的设计与建造缺乏标准，造成同一地区设施类型和结构五花八门。一些地区盲目照抄、照搬其他地区设施结构类型，未能按照当地的地理位置和环境气候特点进行科学的设施结构设计，出现了日光温室的采光、蓄热和保温设计及建造技术不合理，温室内环境不理想，显著影响了温室内园艺作物的产量、质量和效益的提升。因此，有必要对全国设施园艺类型进行统筹规划，以科学指导并促进我国设施园艺产业的可持续健康发展，助力脱贫攻坚，促进乡村振兴。

设施园艺是一项高投入、高产出，劳动、技术与资金密集型的产业。设施园艺的类型规划受到不同地域条件的影响和限制，包括：自然气候条件，其中最主要的是温度和光照条件，决定了设施园艺的基本结构和生产方式；社会经济条件，制约着设施园艺的规模和现代化程度；社会市场条件，制约着设施园艺的成本和发展潜力；当地的科研水平和从业人员科技素质，直接影响设施园艺的发展水平；此外，还有政策引导和政府支持。因此，设施园艺类型的规划需要全面分析、统筹考虑，高效利用光、热、水、土地和生物质等自然资源，实现我国设施园艺产业的绿色高效发展。

　　本章将从我国设施园艺的类型选择、设施园艺类型时空分布的依据、设施园艺类型的时空布局等三个方面进行分析和探讨。

一、设施园艺的类型选择

（一）类型选择的原则

1. 因地制宜原则

根据当地环境气候条件和经济发展水平，为实现低成本、节能和高效的生产目标，冬季应以充分利用日光和节能保温为主，夏季以遮阳降温为主，多雨季节以避雨、通风、降湿为主。经济欠发达地区发展低成本的竹木、水泥混合结构园艺设施；经济条件好的地区可以发展钢架结构设施及其配套环境与生产设备，适量发展先进高档的现代大型生产设施。各地设施园艺的发展规模和速度，要与人才、技术、资金等要素条件相适宜，避免盲目超前发展。

2. 尊重市场需求原则

坚持以市场为导向，以保障市场供应和满足城乡就业、促进农民增收为核心，分区域合理确定设施类型、种植面积、栽培品种、种植茬口、上市时间和合理运输距离，满足城乡居民对设施园艺产品均衡、优质、多样的市场需求和经济要求。

3. 合理利用资源原则

根据区域气候条件、地貌特征、生产资源、生产方式、种植传统等特点，坚持效益优先和自然资源合理利用的原则，优先选择基础条件好、资源优势强的区域，充分挖掘设施园艺生产的潜能，形成区域产业优势。

4. 注重粮菜统筹原则

在保障粮食安全、不与粮争地的前提下，充分利用中低产田、冬闲田、缓山坡、丘陵地，以及沙化、荒漠化、矿山废弃地等非耕地发展设施园艺生产，科学合理利用土壤肥力、栽培季节、栽培模式和病虫防控等综合功效，发挥稳粮增效的设施园艺生产。

5. 依靠科技支撑原则

广泛应用具有现代科技水平的设施园艺生产新结构、新装备、新材料、新品种、新肥药、新种苗和新模式，着力提高设施的环境调控能力，大力增强设施装备水平、机械化作业水平和生产管理水平，提高农民科技素质，提升设施园艺的科技含量及单产水平，降低用工成本，增强设施园艺产品的市场竞争力。

（二）类型选择的依据

1. 设施园艺发展的指导思想

以确保城乡园艺产品市场安全供应和农民增收为目标，按照发展"高产、优质、高效、生态、安全"现代农业的要求，坚持"低能耗、低成本、生态安全、高产优质高效"的中国特色发展道路，立足现有设施园艺产业的区域优势，以科学高效利用农业自然资源和提高设施园艺整体生产能力为核心，以提升设施园艺生产的区域化、规模化、标准化、机械化、集约化、产业化为重点，积极推进现有设施园艺的升级换代和提质增效。科学规划高效节能日光温室、塑料大中棚、遮阳避雨棚为主体的设施园艺产业布局，为科学制定设施园艺产业扶持政策和确保设施园艺产业可持续发展奠定基础，并逐步推进设施园艺的现代化进程。

2. 园艺设施类型选择的具体要求

（1）重点区域适度扩大规模　按照国家发展改革委、农业部 2011 年发布的《全国蔬菜产业发展规划（2011—2020 年）》，重点在黄淮海、环渤海、长江中下游流域及西北等设施蔬菜重点区域与优势区域发展设施园艺生产。采取新建与改造节能日光温室、塑料大中棚、遮阳避雨棚等不同类型园艺设施并举的方针，促进设施园艺产业的稳定增长与提质增效。

（2）提高劳动生产率　大力完善园艺设施配套装备，包括轻简化的环境调控设备和生产装备两个方面，推行设施标准化，积极推进现代设施环境调控技术的应用，提高生产环节的机械化水平，使设施园艺劳动生产率提高 50% 以上。

（3）提升产品质量　大力推行标准化生产，积极发展特色设施园艺产品，全面推广病虫害绿色防控技术，减少化学农药用量，降低农药残留，全面提高设施园艺产品的质量安全水平和商品档次，使产品检测合格率达到 98% 以上，产品均匀一致、形态美观、新鲜洁净。

（4）均衡市场供应　根据市场需求科学配置日光温室、塑料大中棚、遮阳棚等设施，合理安排种植品种和茬口，构建设施园艺周年生产体系，协调区域间和季节间各品种的淡旺季上市量差，主要蔬菜淡、旺季平均价差稳定在 2 倍以内。

（5）增加农民收入　切实转变发展方式，走集约化发展道路，大力探索设施园艺园区化、产业化的高效经营管理模式。

（6）提高资源利用率　要求高效节能日光温室的太阳能利用率提高 10% 以上，土地利用率提高 20% 以上，水资源利用率提高 30% 以上，农业废弃物得到有效处理和利用。

（三）主要类型选择

1. 从设施结构特点划分

我国设施园艺发展历史悠久，基本涵盖了世界上所有设施类型，从设施结构特点而言，主要为大型连栋温室、日光温室、塑料大中棚和中小拱棚 4 种形式；根据种植作物不同，可分为蔬菜、花卉、水果、食用菌、药材等 5 种。目前设施蔬菜的种植面积达到85% 以上，随着我国居民收入的不断增加，消费水平与品位的不断提升，以花卉、水果、食用菌为主的设施种植比例正在逐年提高，必将丰富设施园艺的发展模式。

我国设施类型多样，为节省能源，应根据设施结构性能来安排适宜茬口和园艺作物种植种类。节能日光温室的温光性能可满足喜温果菜安全越冬生产，多采取一年一大茬的长季节栽培；普通日光温室的温光性能难以满足喜温果菜冬季安全生产，多采取早春和秋冬两茬栽培；夏季凉爽和冬季温暖地区多采取日光温室冬春茬和夏秋茬果菜栽培；塑料大中棚除华南和江南部分地区通过多层内保温覆盖进行果菜长季节栽培外，其他地区多实行春提前和秋延后两茬栽培，华南、西南和江南部分地区采用遮阳网、防虫网、防雨棚等形式进行栽培。

2. 从地理位置的区位划分

根据距离城市的远近，严斌等（2016）将我国设施园艺分为都市型设施园艺、城郊型设施园艺及远郊型设施园艺。城镇化率高、资源少、人口多的大型城市，如北京、上海、天津形成了都市型设施园艺发展模式，以高投入、高补贴为主，是位于城市之中或城市化地区，并与城市无明显地域界线的设施园艺，兼具旅游、休闲、教育、展示等功能。城郊型设施园艺是位于城市周边地区，形成了与城市存在明显地域界线的设施园艺发展模式，该类模式的发展主要是为保障城乡居民的"菜篮子"需要，以社会效益为追求目标。远郊型设施园艺则以经济效益为主，以增产、增收、增效为主要生产目的。

3. 从生产经营的目的划分

根据设施园艺的生产经营目的，可划分为生产型、休闲观光型及科研推广型三种。我国设施园艺最初的发展是以生产为目的，以满足城乡居民的基本蔬菜需求为目标，强调设施生产的经济效益。发展以生产为主体的设施园艺需要综合气候、资源、经济、技术等条件。

随着我国城乡融合及一体化发展，以休闲、教育、培训等为主要目的设施园艺得到快速发展，强调社会效益与生态效益统一。这是人们物质文化生活需求的必然结果，近年来在都市周边地区得到了较为迅速的发展，成为乡村振兴的重要内容。

科研推广型设施园艺是我国设施园艺创新的核心力量，其以技术原始创新为根本，以集成创新为重点，形成以引进消化吸收为主体的开发研究体系，研究开发先进的设施园艺装备，以及先进的物流、管理、栽培等技术，以应用推广为最终目的。我国的设施园艺还处于发展的初期，设施简陋，随着我国经济总量的持续增加，科技投入的持续加大，各地建立以科研推广为主体的设施园艺体系来引导我国不同类型设施园艺的发展，在当前是非常必要的。

二、设施园艺类型时空分布的依据

（一）我国不同区域气候分布特点

1. 我国气候区划的指标体系

气候区划的目的是从系统的角度来深入了解和探讨气候状况的区域分异规律和各地的气候特征，为各地工农业生产、社会经济建设与发展、人类响应与适应未来的气候变化提供参考依据。我国幅员辽阔，地理位置特殊，地形复杂，使得气候类型和自然景观极为多样。我国是一个农业大国，进行全国气候区划时首先要考虑影响农作物生长发育的主要气候因子。只有满足一定的温度条件，才能保障作物正常的生长发育和丰裕的农业产品。在热量条件满足的情况下，水分是决定作物产量的主要因素。热量和水分的不同组合形式在很大程度上决定了农作物以及植被的空间分布，因此，在我国气候区划工作中，热量和水分是首要考虑的主要指标。

我国经过80多年全国气候区划的研究与实践，以中国科学院、中央气象局和中国农业区划委员会等为主体，发展和形成了适合我国自然环境与气候特征的气候区划方法体系，即以日平均气温稳定≥10℃的天数等热量指标划分温度带，以干燥度等干湿指标划分干湿区，再根据最热月平均气温指标划分三级气候区的方法体系。

据此，郑景云等于2013年根据我国658个气象站1981～2010年日气象观测数据，以日平均气温稳定≥10℃的天数、年干燥度、7月平均气温为划分温度带、干湿区、气候区的主要指标，以1月平均气温、年降水量为温度带、干湿区划分的辅助指标，并参考日平均气温稳定≥10℃的积温及极端最低气温的多年平均值等指标，对我国1981～2010年气候状况进行了区划（表6-1，图6-1），将我国划分为12个温度带、24个干湿区、56个气候区。其中12个温度带分别为：寒温带、中温带、暖温带、北亚热带、中亚热带、南亚热带、边缘热带、中热带、赤道热带、高原亚寒带、高原温带和高原亚热带。

2014年刘静针对我国热带区域农业生产活动较少等原因，将边缘热带、中热带和赤道热带统称为热带，不再进行细分。其总结我国气候区划的主要指标有所简化，见表6-2～表6-4。

表6-1 1981~2010年我国气候区划指标体系（郑景云等，2013）

温度带	干湿区	气候区编码	所在位置	站点名称	编号	海拔/m	≥10℃日数/d	年干燥度	1月气温/℃	7月气温/℃	年降水量/mm
寒温带	湿润区	IATa	大兴安岭北部	图里河	50434	732.6	93	1.0	-28.4	16.8	440
中温带	湿润区	IIATc-d	小兴安岭长白山	伊春	50774	240.9	126	0.8	-21.3	20.9	626
	半湿润区	IIBTd	三江平原及其以南山地	宝清	50888	83.0	147	1.4	-16.8	22.2	491
		IIBTc-d	松辽平原	长春	54161	236.8	158	1.3	-14.7	23.2	577
		IIBTb	大兴安岭中部	额尔古纳右旗	50425	581.4	113	1.3	-27.8	19.6	361
	半干旱区	IICTd1	西辽河平原	赤峰	54218	568.0	164	2.2	-10.4	23.7	370
		IICTc1	大兴安岭南部	林西	54115	799.5	142	2.0	-13.5	21.6	369
		IICTb-c1	呼伦贝尔平原	海拉尔	50527	610.2	119	1.7	-24.8	20.4	352
		IICTb-c2	内蒙古高原东部	锡林浩特	54102	1003	131	3.1	-18.8	21.6	264
		IICTd2	鄂尔多斯与东河套	呼和浩特	53463	1063.0	160	1.8	-11.0	23.3	396
		IICTb-c3	黄土高原西部	海源	53806	1854	148	2.4	-6.2	20.3	359
		IICTb-c	阿尔泰山地	青河	51186	1218	124	3.1	-21.5	19.6	189
		IICTc2	塔城盆地	塔城	51133	534.9	158	2.7	-9.7	23.1	291
		IICTb-c4	天山天地与伊犁谷地	乌鲁木齐	51463	935	157	2.8	-12.1	23.8	299
				伊宁	51431	662.5	180	2.4	-7.8	23.3	299
		IICTc-d1	内蒙古高原西部，西河套与河西走廊	银川	53614	1111.4	178	4.6	-7.2	23.9	183
				张掖	52652	1482.7	163	6.1	-9.1	22.3	133
	干旱区	IIDTe-f	巴丹吉林与腾格里沙漠	额济纳旗	52267	940.5	176	34.2	-10.6	27.5	33

续表

温度带	干湿区	气候区编码	所在位置	站点名称	编号	海拔/m	≥10℃日数/d	年干燥度	1月气温/℃	7月气温/℃	年降水量/mm
		IIDTd-e	准噶尔盆地	奇台	51379	793.5	152	4.2	-17	22.7	201
		IIDTc-d2	萨吾尔山、额尔齐斯谷地	福海	51068	501	154	5.6	-18.6	23.4	131
		IICTb-c	天山南麓	阿克苏	51628	1103.8	196	9.8	-7.2	24.1	80
暖温带	湿润区	IIIATd	辽东低山丘陵	庄河	54584	34.8	181	0.9	-7.3	23.2	736
	半湿润区	IIIBTe	燕山山地丘陵与辽东半岛	锦州	54337	65.9	188	1.4	-7.6	24.6	568
		IIIBTf	华北平原与山东半岛	济南	54823	170.3	222	1.5	-0.3	27.5	693
		IIIBTe-f	汾渭平原山地	西安	57036	397.5	219	1.3	0.3	27.1	561
		IIIBTc-d	黄土高原南部	铜川	53947	978.9	181	1.4	-2.8	23.3	568
	半干旱区	IIICT-d	黄土高原东部太行山地	大原	53772	778.3	186	1.8	-5.0	24.0	423
	干旱区	IIIDTe-f	塔里木与东疆盆地	敦煌	52418	1139	179	22.5	-7.9	25.2	40
北亚热带	湿润区	IVATf	大别山与苏北平原	信阳	57297	114.5	227	0.7	2.4	27.3	1106
		IVATg	长江中下游平原	芜湖	58334	14.8	238	0.7	3.4	28.7	1225
		IVATe-f	秦巴山地	安康	57245	290.8	236	0.9	3.7	27.0	824
			黔西北、川西南、滇北高原	黔西	57803	1231.4	223	0.6	3.8	23.1	944
		IVATb-c		越西	56475	1659.5	212	0.6	4.0	21.1	1115
				丽江	56664	2392.4	223	1.0	6.4	18.2	980
中亚热带	湿润区	VATf	江汉平原及江南丘陵	南昌	58606	46.9	250	0.5	5.5	29.5	1613
		VATg	湘鄂西山地	沅陵	57655	151.6	243	0.5	5.1	27.6	1385

代表站点及其海拔高度与主要气候指标值

续表

温度带	干湿区	气候区编码	所在位置	代表站点及其海拔高度与主要气候指标值							
				站点名称	编号	海拔/m	≥10℃日数/d	年干燥度	1月气温/℃	7月气温/℃	年降水量/mm
		VATd-e	贵州高原山地	兴义	57902	1378.5	245	0.6	6.5	22.2	1322
		VATe-f	四川盆地及其东南山地	成都	56294	506.1	256	0.7	5.9	25.6	834
		VATc-d	滇东、中山地及横断山南段山地	会理	55671	1787.3	265	0.7	7.3	20.9	1162
				华平	56664	1244.8	345	1.0	11.8	24.3	1088
南亚热带	湿润区	VIATg1	台湾北部山地平原	台北					16.1	29.6	
		VIATg2	闽粤桂低山平原	广州	59287	41.0	330	0.5	13.9	28.9	1801
		VIATd-e	滇中南山地及金沙江谷地	景东	56856	1162	348	0.7	11.6	23.6	1154
		VIATc-d	滇西南山地	临沧	56951	1502.4	349	0.7	11.7	21.7	1149
边缘热带	湿润区	VIIATg1	台湾南部山地平原	恒春					20.7	28.4	2022
		VIIATg2	琼雷低山丘陵	海口	59758	63.5	363	0.6	18.0	28.8	1697
		VIIATa-f	滇南山地	勐腊	56969	631.9	365	0.6	16.5	25.0	1513
中热带	湿润区	VIIIATg	琼南低地与东、中、西沙诸岛	三亚	59948	6.0	365	0.8	21.7	28.6	1453
赤道热带	湿润区	IXATg	南沙群岛	珊瑚岛	59985	4.0	365		23.5	29.0	1448
高原亚寒带	湿润区	HIA	若尔盖高原	若尔盖	56079	3439.6	26	0.9	-9.6	11.2	643
	半湿润区	HIB	果洛那曲高山谷地	达日	56046	3967.0	14	1.1	-12.0	9.8	558
	半干旱区	HIC1	青南高原	伍道梁	52908	4612.2	1	2.0	-16.2	6.0	302
		HIC2	羌塘高原	申扎	55472	4672.0	15	2.6	-9.4	10.0	325
	干旱区	HID	昆仑高山高原	缺资料							

续表

温度带	干湿区	气候区编码	所在位置	代表站点及其海拔高度与主要气候指标值							
				站点名称	编号	海拔/m	≥10℃日数/d	年干燥度	1月气温/℃	7月气温/℃	年降水量/mm
高原温带	湿润区	HⅡA	横断山脉东、南部	康定	56374	2615.7	115	0.7	-1.9	15.7	858
	半湿润区	HⅡB	横断山脉中北部	昌都	56137	3306.0	135	1.4	-1.6	16.3	489
	半干旱区	HⅡC1	祁连青东高山盆地	西宁	52866	2295.2	140	1.6	-7.3	17.4	398
		HⅡC2	藏南高山谷地	拉萨	55591	3648.9	158	2.0	-0.6	16.2	439
	干旱区	HⅡD1	柴达木盆地与昆仑山北翼	大柴旦	52713	3173.2	95	8.2	-12.6	16.2	93
		HⅡD2	阿里山地高原	狮泉河	55228	4278.6	85	13.4	-12.0	14.4	66
高原亚热带	湿润区	HⅢA	东喜马拉雅南翼至横断山西南缘山地	蔡隅	56434	2327.6	193	0.9	4.7	19.0	792

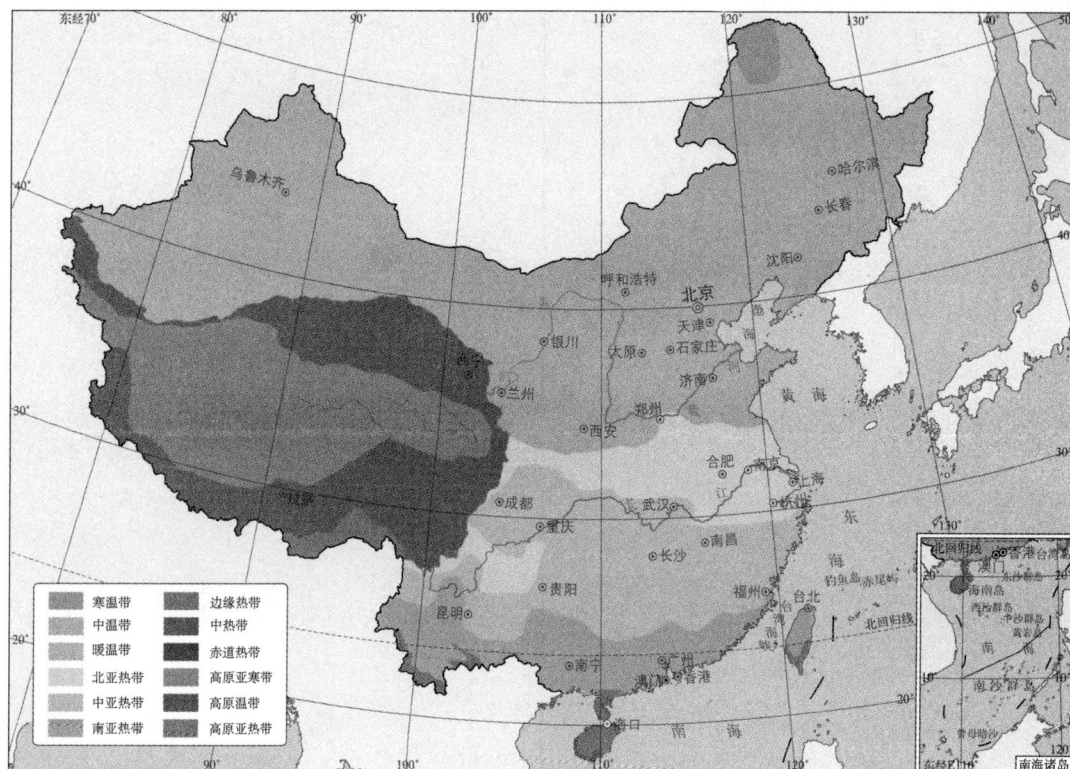

图6-1 1981～2010年中国气候区划图（郑景云等，2013）

表 6-2 我国温度带划分主要指标及标准

温度带	一年中日平均气温稳定≥10℃的天数/d
寒温带	＜100
中温带	100～170
暖温带	170～220
北亚热带	220～240
中亚热带	240～285
南亚热带	285～365
热带	365～366

表6-3 干湿区划分主要指标及标准

干湿状况	年干燥度
湿润	≤1.0
半湿润	1.0～1.5
半干旱	1.5～4.0
干旱	≥4.0

表6-4 气候区划分主要指标及标准

气候区代码	7月平均气温/℃
Ta	≤ 18
Tb	18 ~ 20
Tc	20 ~ 22
Td	22 ~ 24
Te	24 ~ 26
Tf	26 ~ 28
Tg	≥ 28

2. 我国不同区域气候分布特点

（1）寒温带气候区　寒温带气候区主要是指大兴安岭北部，地域面积较小，海拔高度732.6m，日平均气温稳定 ≥ 10℃的天数和积温分别小于 100d 和 1600℃，1月平均气温小于 -30℃，年极端最低气温平均值 < -44℃。年平均降水量 465mm，为湿润区。该气候区冬季寒冷，夏季凉爽人口稀少。

（2）中温带气候区　中温带气候区地域广阔，东西跨度大，从 75°E ~ 125°E，南北跨度 35°N ~ 50°N，包括黑龙江、吉林、内蒙古、宁夏、甘肃、新疆的全部或大部，辽宁、河北、山西和陕西的北部等部分。自东向西依次为湿润区、半湿润区、半干旱区和干旱区。海拔高度从 83m 到 1854m，日平均气温稳定 ≥ 10℃的天数在 100 ~ 170d，1月平均气温在 -30℃至 6 ~ 12℃，年极端最低气温平均值 -44 ~ -25℃。除了东北部湿润外区，全年光照资源丰富，尤其是中西部地区，光照资源好，适宜发展节能日光温室。

（3）暖温带气候区　暖温带气候区的地势起伏变化巨大，海拔从 51 ~ 1158m。日平均气温稳定 ≥ 10℃的天数在 170 ~ 220d，1月平均气温 -12 ~ 6℃至 0℃，日平均气温稳定 ≥ 10℃的积温在 3200 ~ 4800℃，年极端最低气温在 -25 ~ -10℃。该气候区主要分为东西两个部分，东部地区主要是华北平原与山东半岛、汾渭平原、黄土高原东部与太行山、辽东半岛及其低山丘陵等，包括辽宁、河北、北京、天津、山东、山西的全部或大部，陕西中部，河南中部，安徽与江苏的北部等部分，年降水量 430 ~ 810mm，为我国日光温室的优势产区；西部地区主要是塔里木东疆盆地，年降水量 42mm，沙漠干旱，气候恶劣。

（4）北亚热带气候区　北亚热带气候区海拔高度 23 ~ 290m，根据 7 月气温的地带性差异，分为秦巴山地、江淮地区和长江中下游平原 3 个气候区。日平均气温稳定 ≥ 10℃的天数在 220 ~ 240d，1 月平均温度 0 ~ 4℃，日平均气温稳定 ≥ 10℃的积温在 4500 ~ 5300℃，年极端最低气温在 -14 ~ -10℃至 -6 ~ -4℃。年降水量 1200mm 左右，为湿润区。该气候区是我国主要农作物生产区。

（5）中亚热带气候区　　中亚热带气候区主要包括江南丘陵山地、四川盆地和云贵高原及横断山脉南段等。日平均气温稳定≥10℃的天数在240～285d，1月平均气温4～10℃，日平均气温稳定≥10℃的积温在4000～6500℃，年极端最低气温在-6～0℃。年降水量785～1624mm。因本区地势（特别是西段）起伏较大，海拔高度从151～2100m，因此其水平地带往往被垂直分异隔断。河谷、山间盆地和高山之间不但温度差异明显，而且降水条件也有较大不同，河谷地区气候往往干暖，而高山地区则湿凉，从而形成了较多气候区。郑景云等依据7月气温的地带性分异，并结合地貌、下垫面和自然景观等的区域差异，将其分为江南山地、湘鄂西山地、贵州高原山地、四川盆地、川西南滇北山地、滇西山地与滇中高原7个气候区。

（6）南亚热带气候区　　南亚热带气候区主要包括滇中和滇西南山地、闽粤桂低山平原和台湾北部等部分。日平均气温稳定≥10℃的天数在285～365d，1月平均气温10～15℃，日平均气温稳定≥10℃的积温在6000～8000℃，年极端最低气温在0～5℃。

（7）热带气候区　　热带气候区包括云南南部、台湾南部、海南岛，及东、中、西和南沙群岛，海拔高度从4～630m，年降水量从1393～2018mm。日平均气温稳定≥10℃的积温在8000～10 000℃，1月份平均气温16～23.5℃，7月平均气温24～29℃。

（8）青藏高原气候区　　青藏高原气候区分为高原亚寒带、高原温带和高原亚热带，包括西藏和青海全部、新疆的南部、甘肃南部、四川西部和云南西部等部分，其中高原亚寒带和高原温带海拔3000m以上，日平均气温稳定≥10℃的天数小于180d，1月份平均气温-17～0℃，7月份平均气温11～18℃；高原温带海拔3000～4000m，光照资源佳，适宜日光温室发展。

3. 我国气候变化特点

（1）气候类型复杂多样　　我国地域辽阔，南北跨度大，距离海洋的远近差距大，以及地势高低不同，地形类型及山脉走向多样，使得气温、降水量的组合多种多样，同时与水文特征、生物群落、土壤类型等环境因子有密切联系，因此，形成了我国复杂多样的气候类型，具有热带、亚热带和温带等多种热量带。这是形成我国气候类型复杂多样性的主要基础原因。

同时，我国位于世界最大的大陆——亚欧大陆的东部，同时又滨临世界最大的大洋——太平洋，海陆热力差异突出，对我国气候产生了深刻的影响。从东南沿海往西北内陆，气候的大陆性特征逐渐增加，依次出现湿润、半湿润、半干旱、干旱的气候区，这是我国西北地区特别干旱，植被稀疏的根本原因之一。

我国最北的漠河位于53°N以北，属寒温带；最南的南沙群岛位于3°N，属赤道气候。此外，我国高山深谷、丘陵盆地众多，青藏高原4500m以上的地区四季常冬，南海诸岛终年皆夏，云南中部四季如春，其余绝大部分四季分明。

（2）季风气候显著　　我国是世界上季风气候最显著的区域之一。冬季受亚洲高压的控制，盛行寒冷、干燥的偏北风，因此我国大部分地区冬季普遍降水少、气温低，北方更为突出。夏季则受西北太平洋副热带高压的控制，盛行由海上来的潮湿温暖的偏南气流，形成我国夏季高温多雨、冬季寒冷少雨、高温期与多雨期一致的季风气候特征。

（3）大陆性气候明显　　由于陆地的热容量较海洋小，所以当太阳辐射减弱或消失时，大陆又比海洋容易降温，因此，大陆温差比海洋大，这种特性称为大陆性。我国大陆性气候表现在：与同纬度其他地区相比，冬季我国是世界上同纬度最冷的国家，1月平均气温东北地区比同纬度平均要偏低15～20℃，黄淮流域偏低10～15℃，长江以南偏低6～10℃，华南沿海也偏低5℃；夏季则是世界上同纬度平均最热的国家（沙漠除外），7月平均气温东北比同纬度平均偏高4℃，华北偏高2.5℃，长江中下游偏高1.5～2℃。

以上因素构成了我国气候总的分布趋势，而复杂的地形作用则使各地的局地气候都有各自的特征。一方面，地形对低层气流有屏障左作用，阻滞水分和热量的重新分配，改变了水热的分布。另一方面，水热状况随地形海拔的变化，形成气候的垂直变化，使山顶和山麓的气候有显著的不同。我国一系列东西走向的山脉，成为气候的水平分界线。例如，秦岭山脉是我国气候上的重要分界线，冬季，它削弱了北方冷空气的南下，使秦岭北侧和南侧气候有显著差异。又如，南岭也是我国气候的一条重要界线，使冬季南下的冷空气受阻于北坡。

此外，青藏高原对我国气候有着极其深刻的影响，它对大气环流的阻挡作用对我国气候有很大的影响。青藏高原平均海拔4000m，处在高空西风带上，在冬季，由于它的存在，西风气流分为南北两支，北支形成高压脊，南支形成低压槽；两支西风气流绕过高原后在东侧汇合，从而影响我国东部的天气气候。另外，青藏高原还通过冷、热源作用影响东亚大气环流形势，增加了季风的强度，从而对我国东部的气候状况产生影响。

4. 近20年我国气候变化特点

郑景云等对1951～2009年全国气象资料研究表明，我国平均气温上升了1.38℃，平均速率达0.23℃/10年。从季节变化看，冬季气温上升最为显著，春季次之，秋季较春季略小，夏季最小；从区域差异看，北方增暖大于南方。20世纪70年代以来，与1951～1980年的区划比较，中国气候带、区的总体格局并未发生明显变化，但一些重要的气候分界线却出现了一定程度的移动。1981～2010年我国东部的温度带已出现了整体性北移，其中暖温带北界东段最大北移幅度已超过1个纬度；北亚热带北界东段平均北移1个纬度以上，并明显越过淮河一线；中亚热带北界中段从洞庭湖平原移至江汉平原地区南部，最大移动幅度达2个纬度；南亚热带北界西段也北移0.5～2.0个纬度；而在青藏高原，则出现了亚寒带范围缩小、温带范围扩大的趋势。

刘静对1961～2010年全国气象资料研究表明，全国大部分地区的≥10℃积温天数和积温呈现出增大的趋势，这种变化是由≥10℃初日提前和终日延迟以及平均温度强度增强共同造成的；西北部、黄淮流域至华南沿海呈现出变湿润的趋势，尤以新疆北部更显著，其他地区基本呈现为较弱的变干趋势，降水量增多以及平均风速减小是造成新疆北部干旱程度缓解的重要因素；7 月平均气温在我国北方的增大趋势较南方明显。1997 年之后，全国平均≥ 10℃积温天数和积温明显增加，中温带半湿润区、半干旱区、干旱区以及中亚热带湿润区明显收缩，暖温带半干旱区、干旱区以及南亚热带湿润区明显扩大。

文小航等对全国 1961 ～ 2000 年的逐日地面辐射资料和逐日总云量资料分析表明：①我国太阳总辐射和直接辐射在前 30 年呈下降趋势，后 10 年略有回升，而散射辐射变化不明显。②我国北方和青藏高原的直接辐射对总辐射的贡献率大于散射辐射，而南方的情况相反。③ 40 年来，全国总云量呈现缓慢下降趋势。排除了太阳黑子活动和云量的影响后，我国地区总辐射和直接辐射降低的重要原因可能是人类活动产生的大气气溶胶含量的增加。

（二）设施园艺类型布局的适宜气候指标

全国气候区划的指标体系主要考虑露地植物能够生长所需的温度、热量和干湿度三个指标，其中干湿度的计算主要参考太阳辐射量。由于设施园艺有设施的人为调控作用，其设施内的环境条件和作物生长特征与露地明显不同，可以实现反季节生产，因此，我国设施园艺类型布局的指标体系主要考虑温度和光照两个条件，其中温度对设施园艺的适宜发展地区起到了决定性作用；温度与生产成本密切相关，而光照对设施园艺产品的产量和质量起到关键性的影响。此外，进行设施园艺类型布局还要考虑我国复杂多变的地形地貌与区域小气候特征。为此，经综合考虑，我们将以温度与光照等自然资源特征为主，结合各地的人口和销售市场、资源限制因素等多个方面，对我国设施园艺类型的布局进行探讨。

1. 温度指标

我国大多数地区属大陆性季风气候，冬季寒冷，夏季炎热，同时，冬季干燥，夏季多雨，四季气候变化明显。其中，冬季长江以北区域极端最低气温都在 -5℃以下，而夏季除了云贵高原区域，绝大多数地区的极端最高气温都在 35℃以上。以蔬菜、花卉为主的园艺作物种植，其适宜温度范围一般都在 10 ～ 30℃，而我国大部分地区一年内只有几个月的月平均气温在适宜的温度范围内。因此，为保证园艺作物的周年生产与稳定供应，我国园艺作物必须在设施内进行生产。所以，温度是影响我国设施园艺类型选择和发展的首要因素。

在我国三级气候区划中，温度是一级区划——温度带划分的重要指标。2013 年郑景云等开展了我国气候的最新区划研究，以日平均气温稳定≥ 10℃的天数作为划分温度带的主要指标，以日平均气温稳定≥ 10℃的积温为参考指标；同时以最冷月 1 月的平均气温作为划分温度带的辅助指标，以极端最低气温的多年平均值为其参考指标。

由于温室效应，与设施外的大气温度比较，园艺设施中的温度有了显著提高，因此设施栽培与露地栽培有很大的变化，尤其是反季节栽培。为此，综合比较年平均气温、年平均最低气温、最冷月 1 月平均气温和最热月 7 月平均气温（图 6-2 ～图 6-5），参考全国气候区划的温度指标体系（表6-1），采用最冷月1月的平均气温、年平均气温和无霜期等指标可以比较好地反映我国不同地区设施园艺发展和布局情况；因为冬季月份不同地区气候带之间的差异比较明显，而最热月份7月不同地区气候带之间差异不明显（青藏高原除外）；同时其区划界线与全国气候区划的界线有较好的一致性。因此，我国设施园艺类型布局温度指标体系以1月的平均气温、年平均气温和无霜期为主体（表6-5）。

表6-5 我国设施园艺类型大区划分的指标体系与标准

区域	1月平均温度 /℃	年平均气温 /℃	无霜期 /d
东北温带区	−20～−6	1～8	120～155
西北温带干旱及青藏高寒区	−15～−6	5～14	50～260
黄淮海及环渤海温暖区	−10～2	8～15	155～220
长江流域亚热带多雨区	2～10	10～20	200～320
华南热带多雨区	10～24	17～27	240～365

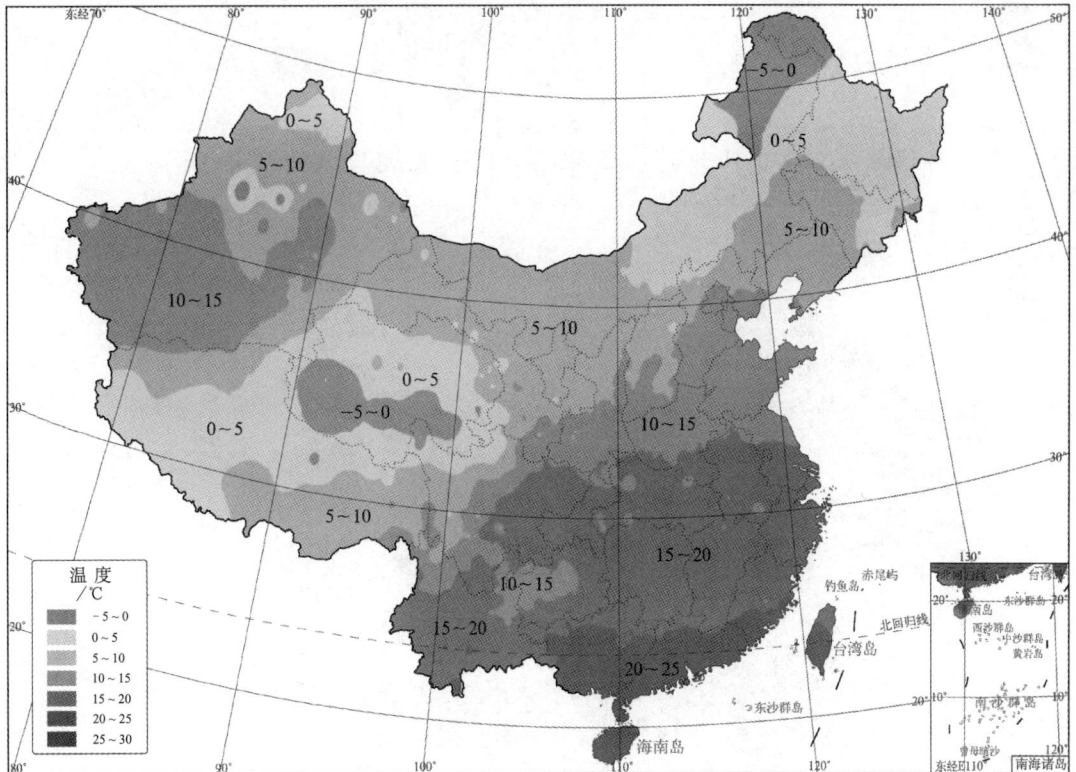

图6-2 1981～2010年我国年平均气温分布图（根据国家气象信息中心数据）

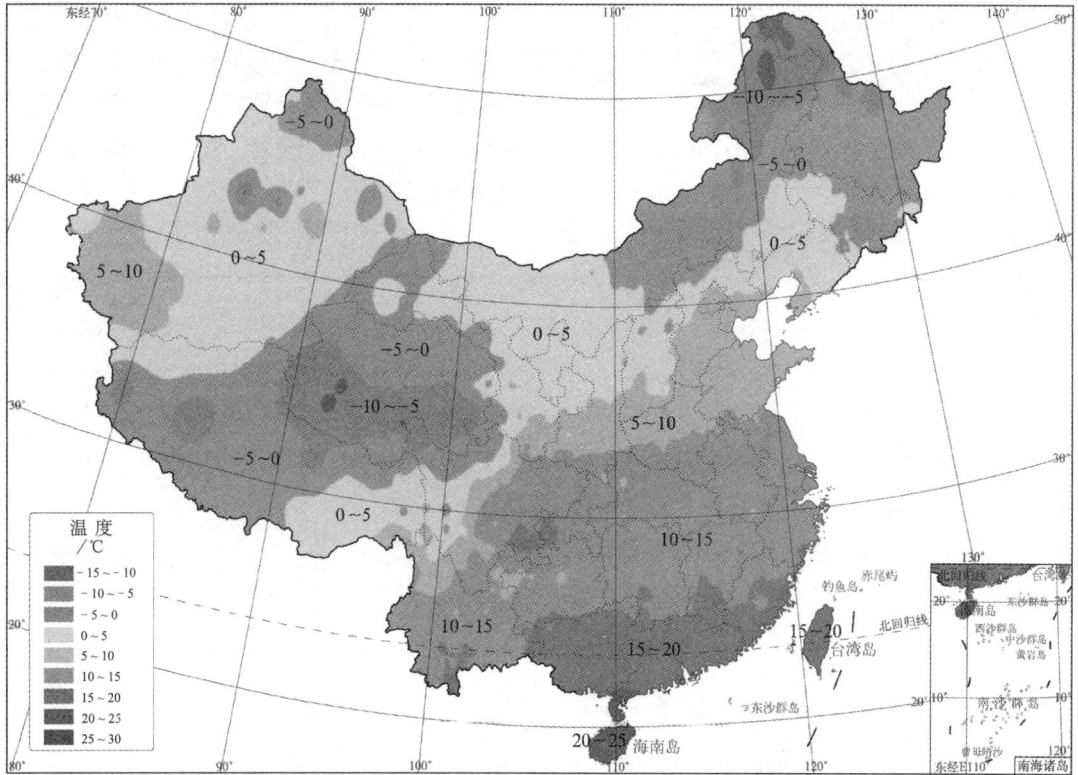

图6-3　1981~2010年我国年平均最低气温分布图（根据国家气象信息中心数据）

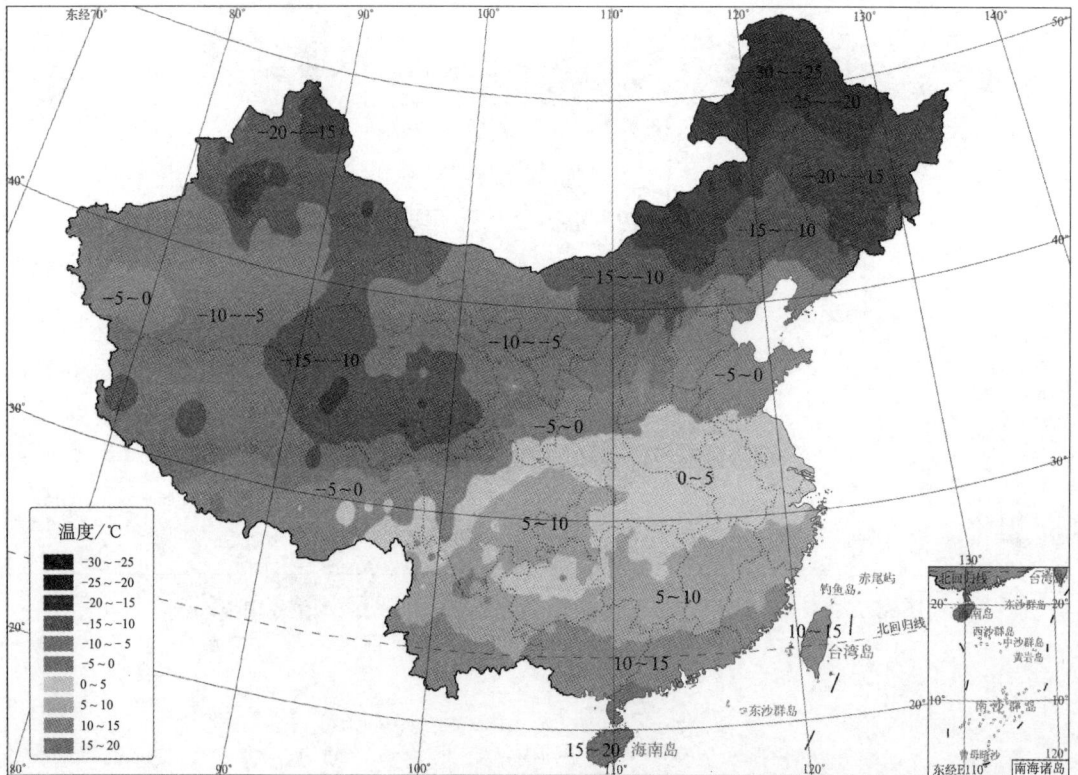

图6-4　1981~2010年我国1月平均气温分布图（根据国家气象信息中心数据）

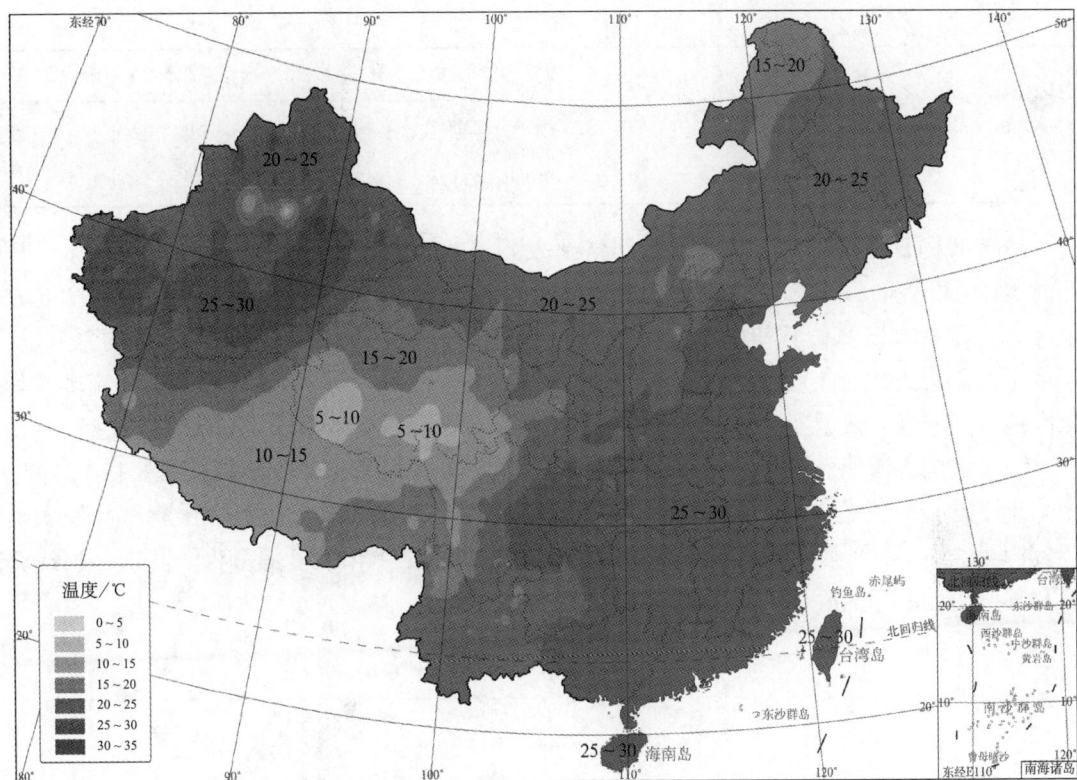

图6-5　1981～2010年我国7月平均气温分布图（根据国家气象信息中心数据）

2. 光照指标

光照是植物光合作用的基础，由于冬季光照时间短、光照强度比较弱，因此，光照对冬季温室内作物生长有显著的影响；又由于我国冬季温室的补光成本太高，实际生产难以应用，因此，光照条件是否充足和良好成为决定日光温室内作物生长好坏的关键因素；同时，光照也是我国园艺设施获取能量的主要途径，在大多数情况下也是唯一途径，尤其是北方的日光温室，在42°N以南地区，太阳能是我国日光温室的唯一热量来源（-30℃左右的极端气温条件下需要人为的应急加热），因此，光照资源的多少对我国日光温室的发展具有决定性的影响。为此，以年日照时数和年太阳总辐射量作为我国设施园艺类型布局的主要指标（表6-6）。

表6-6　全国设施园艺类型大区划分的光照与辐射指标体系与标准

区域	年日照时数 /h	年太阳总辐射 /（MJ/m²）
东北温带区	2500～3000	4800～5800
西北温带干旱及青藏高寒区	2000～3300	4200～8400
黄淮海及环渤海温暖区	2000～2800	3100～6100

区域	年日照时数 /h	年太阳总辐射 / （MJ/m² ）
长江流域亚热带多雨区	1000 ～ 2300	3350 ～ 5020
华南热带多雨区	1400 ～ 4300	2350 ～ 5400

（1）我国日照情况　　从我国日照情况来看（图 6-6，图 6-7），年日照时数和 1 月日照时数最小的是四川盆地，其次是云贵高原，第三是长江流域及其以南地区，而整个北方地区和青藏高原显著高于南方地区。同时，比较我国 1 月平均阴天天数、1 月平均总云量、年度平均阴天天数、年度平均总云量（图 6-8 ～图 6-11），也可以看出，整个长江流域及其以南地区光照弱、云量多，其中四川盆地和云贵高原的阴天天数最多，光照资源最差。

（2）我国太阳能资源　　从我国太阳能资源的分布可以看出（图 6-12，图 6-13），不论是全年平均值、还是 1 月的太阳辐射，我国太阳能资源分布都非常不均匀，青藏高原太阳能资源最大，其次是西北、东北和华北地区；而四川盆地太阳能资源最少，其次是长江流域及其以南地区，然后是黑龙江北部和新疆的阿尔泰地区。

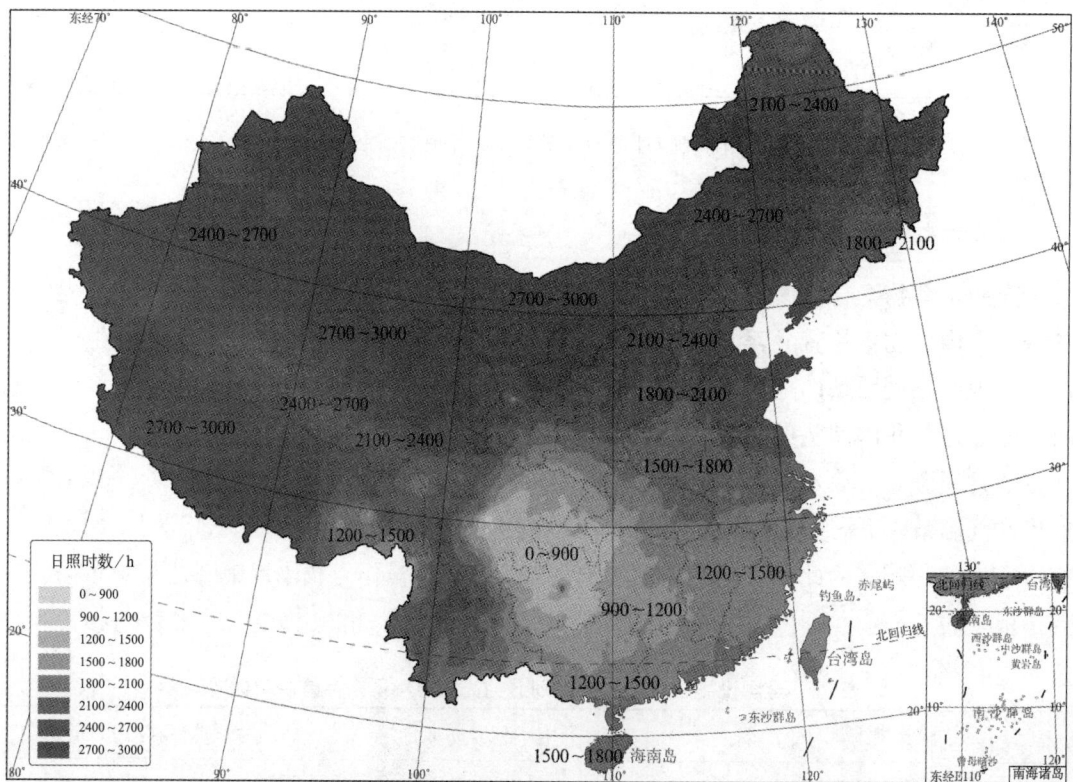

图6-6　1981～2010年我国日照时数分布图（根据国家气象信息中心数据）

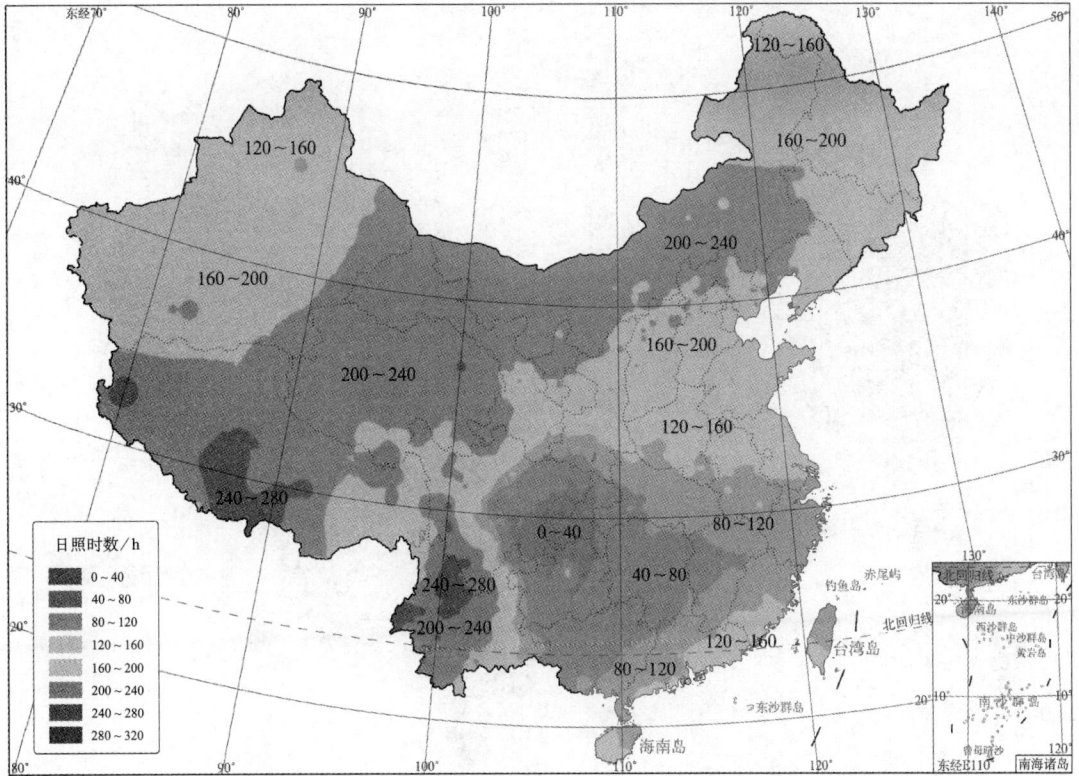

图6-7　1981～2010年我国1月日照时数分布图（根据国家气象信息中心数据）

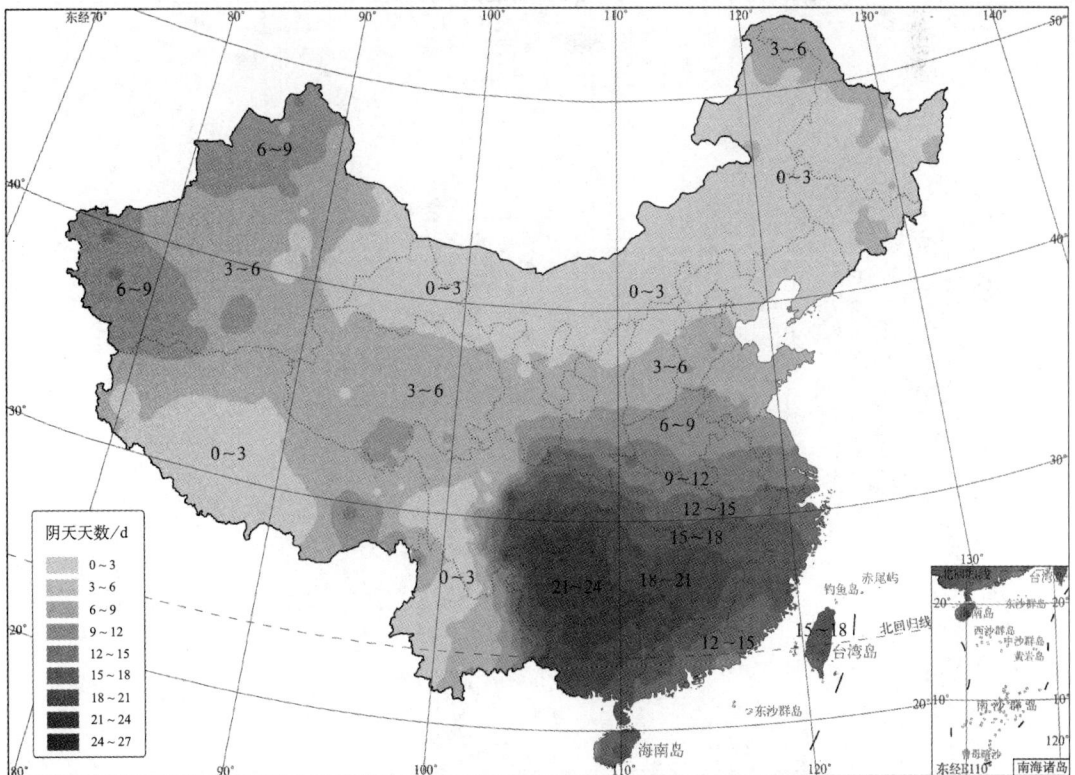

图6-8　1981～2010年我国1月平均阴天天数（根据国家气象信息中心数据）

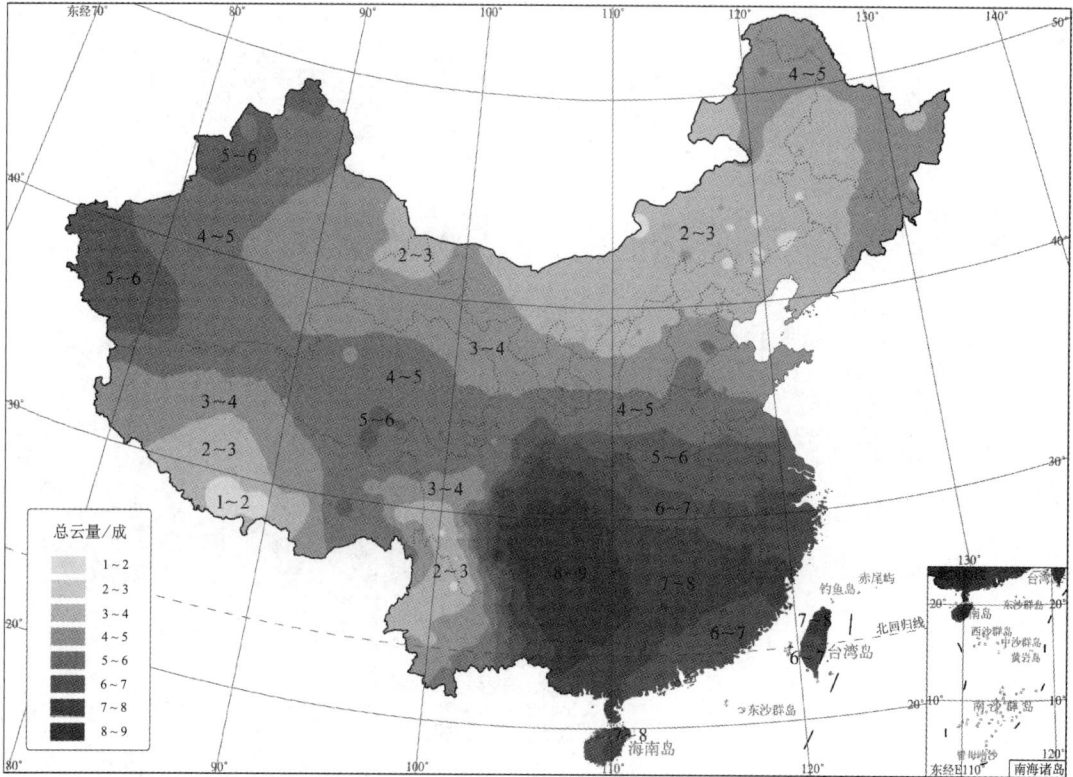

图6-9　1981～2010年我国1月平均总云量（根据国家气象信息中心数据）

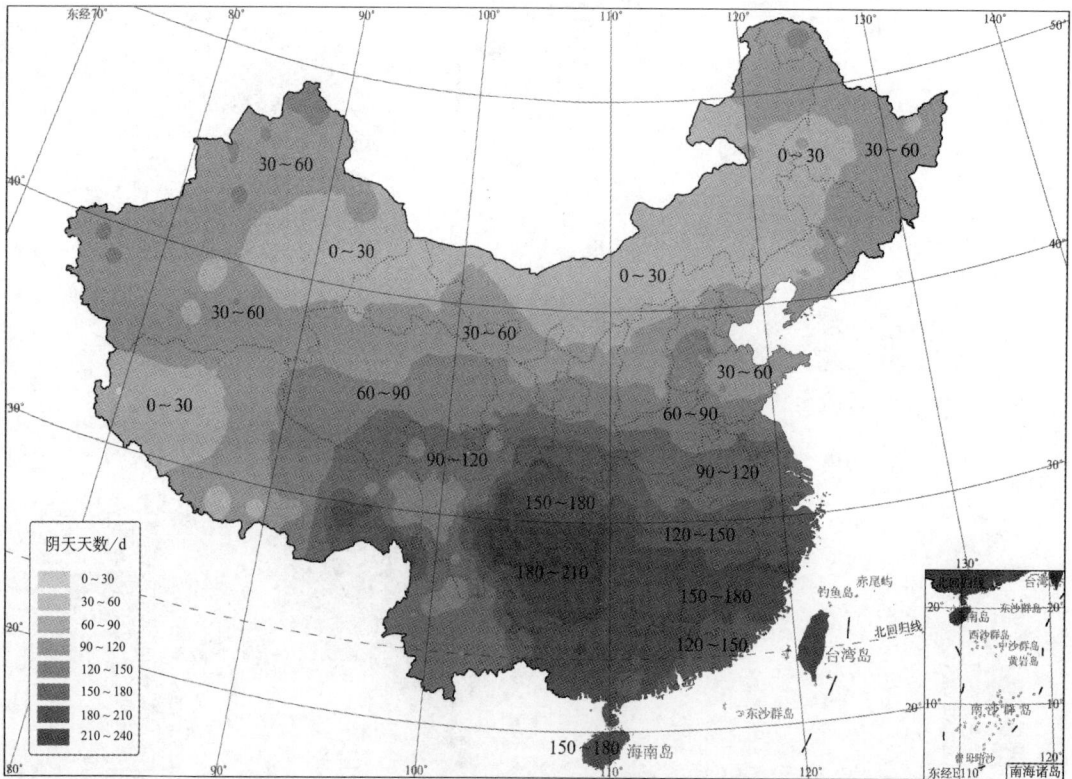

图6-10　1981～2010年我国年度平均阴天天数（根据国家气象信息中心数据）

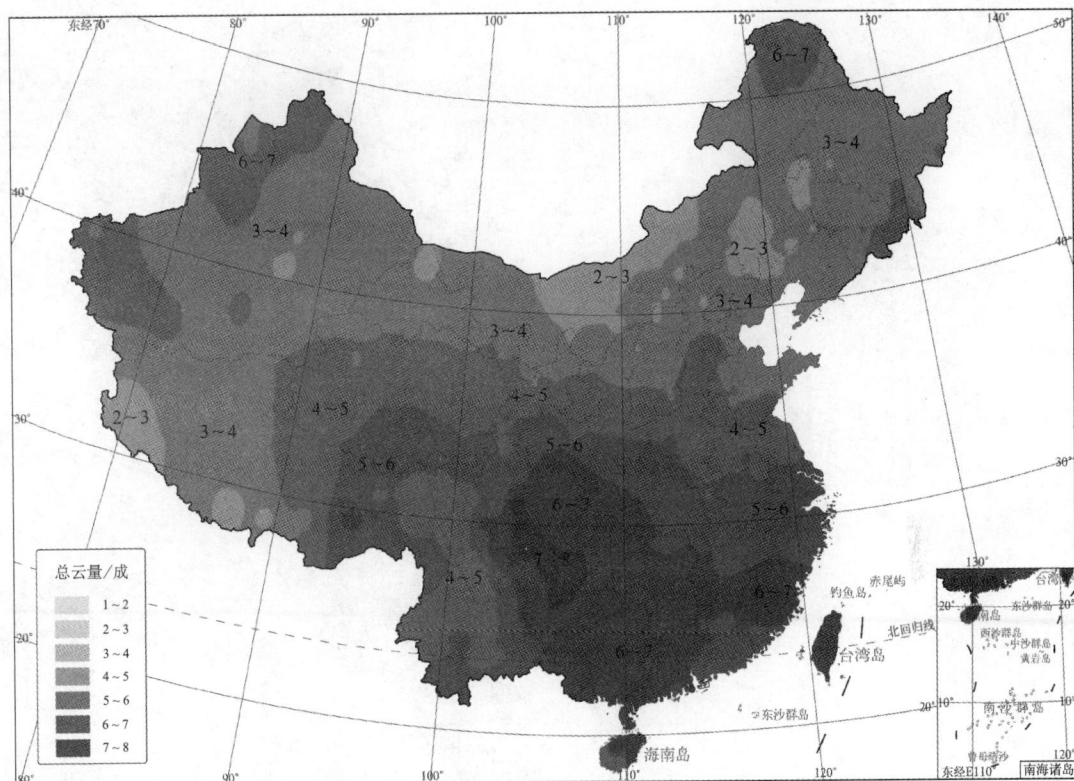

彩图请扫码

图6-11　1981～2010年我国年度平均总云量（根据国家气象信息中心数据）

中国年总辐射分布为（90～180）×4.1868KJ/cm²，最大值在青藏高原，最小值在四川盆地，长江中下游居中，在（110～120）×4.1868KJ/cm²之间。中国地面有效辐射总量为（35～55）×4.1868KJ/cm²，全年总辐射量多的地区，有效辐射量也多；辐射量少的地区，有效辐射量也少；最大值在青藏高原，最小值在四川盆地，长江中下游在（35～45）×4.1868KJ/cm²之间。

中国年辐射差额为（45～80）×4.1868KJ/cm²，最大值在青藏高原，最小值在四川盆地，长江中下游在（50～60）×4.1868KJ/cm²之间。各季的辐射总量，一般是夏季最多，冬季最少，依次是夏、春、秋、冬季。但有例外，比如，云南省的腾冲，由于夏季多数为阴雨天，夏季辐射量少于春、秋季，与冬季相当，辐射量依次是春、秋、夏、冬季。各季辐射差额，多数地区的辐射差额以夏季最大，冬季最小，春、秋介于两者之间。各季的气温也是如此，夏季最高，冬季最低，春、秋季介于两者之间。

总之，我国不论是日照时数和日照百分率，还是1月日照时数，均与太阳辐射一致，日照时数最小的是四川盆地，其次是云贵高原，第三是长江流域及其以南地区。而整个北方地区和青藏高原显著高于南方地区；同时，整个长江流域及其以南地区光照弱、云量多，其中四川盆地和云贵高原的阴天天数最多，光照资源最差。

彩图请扫码

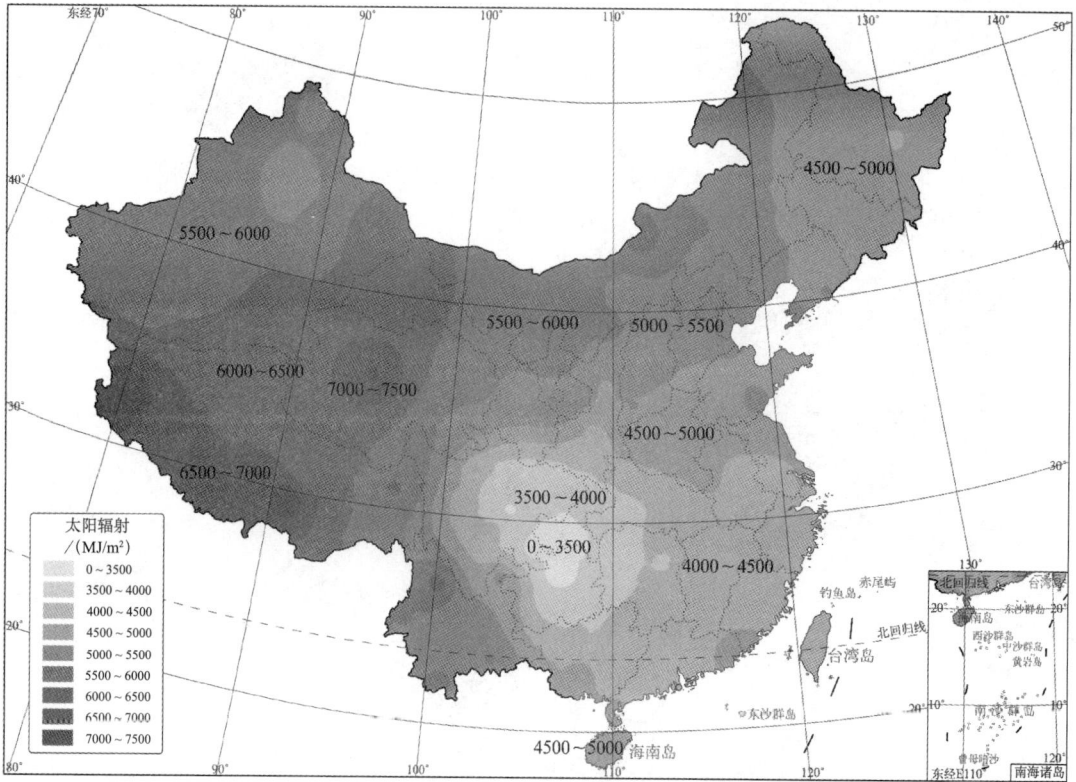

图6-12 1971~2000年我国年度太阳总辐射分布图（根据国家气象中心数据）

彩图请扫码

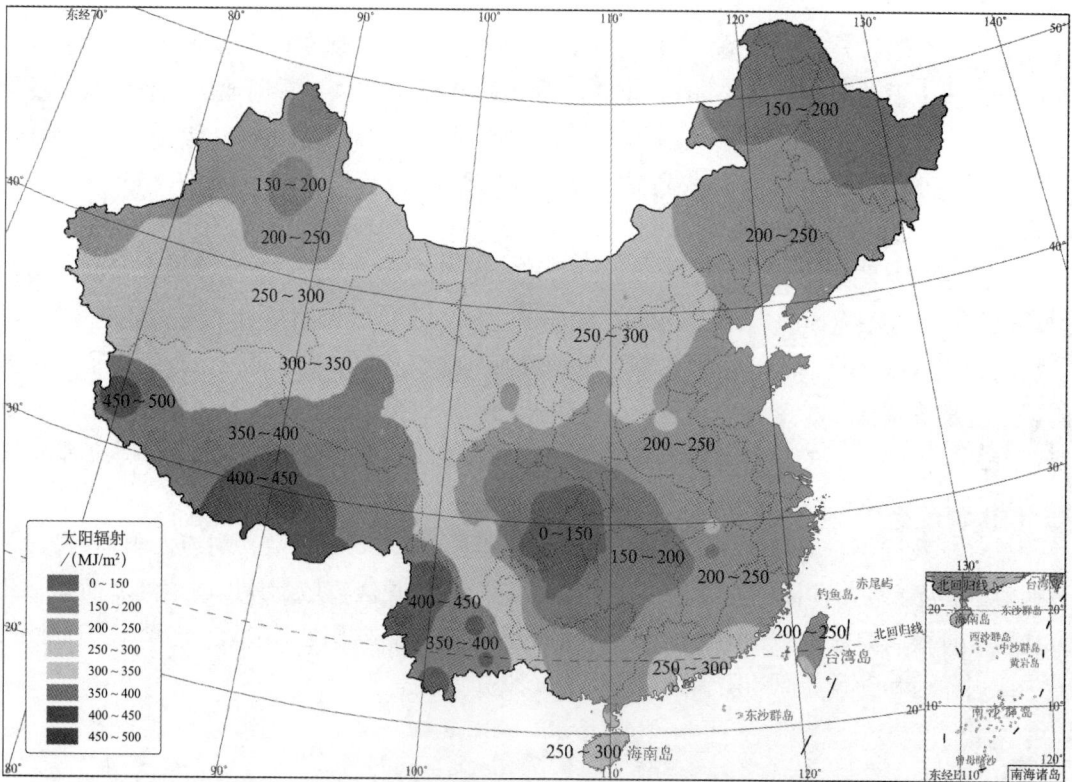

图6-13 1971~2000年我国1月太阳辐射分布图（根据国家气象中心数据）

3. 降水量与水资源状况

中国各地降水量差别很大，总趋势是从东南沿海向西北内陆递减，东南沿海的年降水量多在 1600mm 以上，西北有大片地区年降水量在 50mm 以下（图 6-14）。800mm 等降水量线基本沿秦岭淮河一线。根据年降水量的多少，我国从东向西可以划分为湿润地区、半湿润地区、半干旱地区和干旱地区。

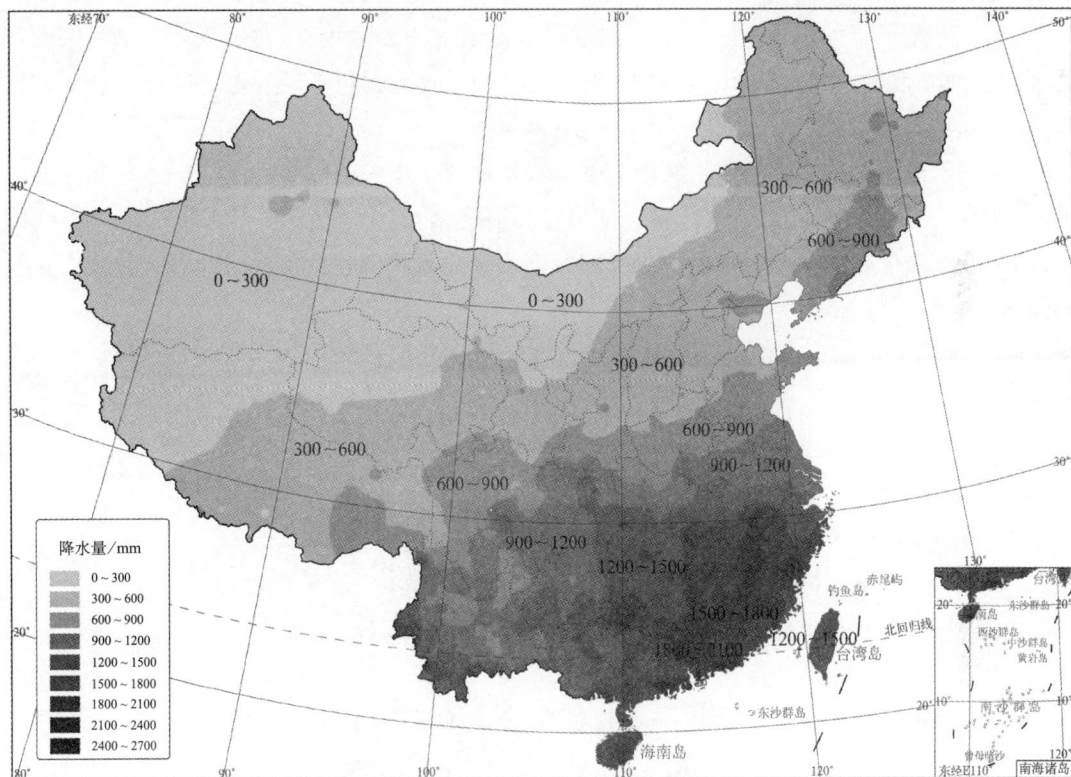

图6-14　1981～2010年我国年平均降水量分布图（根据国家气象中心数据）

4. 地形地貌等限制因素

与全国气候区划不同，在自然界中植物可以在任何地形地貌生长，而设施园艺是以人类活动为主的生产过程，不适宜人类居住和活动的地形地貌难以进行大规模的设施园艺生产，因此，我们的规划中不包括以下这些区域。

（1）青藏高原的高原亚寒带　青藏高原具有独特的自然地理与气候特点。其高原亚寒带海拔高度在 4000m 以上，约占青藏高原的 50%，人类生存非常困难，故在本规划中不作考虑。另外，青藏高原的高原温带和高原亚热带与我国其他地区明显不同，故单独作为一个设施园艺类型布局的一个亚区出现，即西北温带干旱及青藏高寒大区中的青藏高原亚区，主要包括西藏的阿里和那曲地区，青海的玉树州、果洛州、黄南州，甘肃的甘南州和四川的阿坝州等部分地区。

（2）我国大面积的沙漠地带　沙漠地带人类难以生存，故在本规划中也不做考虑，但在沙漠的边缘地带，由于光照资源好，如果有充足的淡水资源，可以进行非耕地设施园艺开发。我国沙漠大部分深居内陆，主要在乌鞘岭、贺兰山以西，沙漠戈壁分布较为集中，占全国沙漠戈壁总面积的 90%，包括戈壁及半干旱地区的沙地。目前全国沙漠总面积达 130.8 万 km^2，约占全国土地总面积的 13.6%，其中沙质荒漠占 45.3%、沙地占 11.2%、戈壁占 43.5%。根据 2009 年科学出版社出版的《中国荒漠化和沙化土地图集》，我国八大沙漠如下。

1）塔克拉玛干沙漠：位于新疆南部塔里木盆地中心，面积 35.73 万 km^2，是我国面积最大的沙漠，也是世界上面积第二大的流动沙漠。行政范围包括阿克苏、喀什、和田、巴州的部分地区。

2）古尔班通古特沙漠：位于新疆北部准噶尔盆地中央，面积 5.68 万 km^2，是我国面积最大的固定、半固定沙漠。行政范围包括昌吉和阿勒泰。

3）巴丹吉林沙漠：位于内蒙古高原的西南边缘，行政区包括额济纳旗和阿拉善右旗的部分地区，面积约 5.50 万 km^2。

4）腾格里沙漠：位于内蒙古阿拉善盟的东南部，总面积为 4.19 万 km^2。涉及甘肃、内蒙古、宁夏三个省区。

5）柴达木盆地沙漠：位于青海柴达木盆地、青藏高原东北部，面积 1.70 万 km^2，是我国海拔最高的沙漠。

6）库姆塔格沙漠：位于新疆南部东端，罗泊湖以南、以东，面积 2.21 万 km^2。

7）库布齐沙漠：位于内蒙古鄂尔多斯高原北部，面积约 1.39 万 km^2。

8）乌兰布和沙漠：位于内蒙古巴彦淖尔市和阿拉善盟东北部，河套平原的西南部，面积近 0.91 万 km^2。

（3）我国高寒地带　　我国高寒地带主要是大兴安岭北部地区，1 月平均温度低于 -30℃，年极端最低气温平均值低于 -44℃，日平均气温稳定 > 10℃的天数小于 100d，而且居民分布和活动较少；此外，还有新疆阿尔泰北部地区。以上地区在本规划中不做考虑。

（4）我国南海的海岛区域　　我国南海的海岛区域主要是海南岛以外的西沙群岛、东沙群岛、中沙群岛和南沙群岛等广阔海域。这些区域本规划中不做考虑。

（5）其他限制因素　　由于我国幅员辽阔，地形地貌复杂，海拔高差大，气候垂直地带性明显，因此，本规划只剔除了青藏高原的高原亚寒带、我国大面积的沙漠和高寒地带等大面积的不适宜人类活动的区域。尽管海拔高的山地不适宜人类生存和活动，但谷地和盆地仍有大范围的人类生存，考虑到区划的连续性，规划中没有进行剔除。所以，在各地具体实施中，还应根据实际自然气候特点进行因地制宜的规划设计。

（三）设施园艺类型布局的目标市场需求

蔬菜作为一种生活必需品，它的价格需求弹性比较少，不会因为价格低人们就大量购买，也不会因为价格上涨人们就不去消费。蔬菜的替代性较弱，每年人们对蔬菜的需求量也大致是相同的。因此蔬菜的需求主要受到人口数量的影响，人口增加，需求增加。目前我国人口虽然进入了低增长时期，但城镇化的快速发展，带来的是大量的农村人口涌入城镇工作和生活，城镇人口的增加，必将进一步导致蔬菜需求量的增加。

1. 市场前景分析

我国是世界蔬菜生产和消费大国，蔬菜产量和消费量长年稳居世界第一。我国设施蔬菜生产以满足国内消费市场为主。近年来，国内蔬菜消费水平总体稳定，生产总量基本满足市场需求，个别蔬菜种类周年供应不均衡，总体质量有待进一步提高。随着我国人口的不断增长、城镇化进程的进一步推进以及人们对蔬菜商品质量和供应均衡度要求的不断提高，今后一个时期，我国蔬菜的需求仍将呈刚性增长。

中国人口与发展研究中心预测了全国分县区人口规模：2030 年中国总人口 14.44 亿人，2033 年达到人口峰值 14.5 亿。2017 年我国城镇化率达到 58.52%，城镇常住人口超过 8 亿。"十二五"时期，我国城镇化率年均提高 1.23 个百分点，每年城镇人口增加 2000 万。预计到 2030 年我国城镇化率达到 68% 左右，城镇常住人口达到 10 亿左右，总计新增消费商品菜人口 3 亿人，按照平均每人每年消费蔬菜 182.5kg 计算，年需新增商品菜消费量 5475 万 t，加上 25% 左右的流通损耗，需增加 6800 万 t 原菜（按蔬菜采收环节计）。按照 2017 年全国设施蔬菜总产量约占整个蔬菜产量 32% 的比例计算，新增消费商品菜人口需增加设施蔬菜 2100 万 t。

同时，随着社会经济发展和人们生活水平提高，人们对设施蔬菜的需求量会相应提高。除了寒冷季节设施蔬菜防寒生产以外，炎热夏季、多雨季节遮阳和避雨设施蔬菜生产将会进一步增加，以提高逆境条件下的蔬菜产量。按 2030 年设施蔬菜需求量占蔬菜总产量比重由目前的约 32% 增至 50% 计算，该环节设施蔬菜需求量将增加 1200 万 t。

依据上述新增设施蔬菜需求总量，并按照 2030 年设施蔬菜单位面积产量提高 20% 计算，全国需新增设施蔬菜面积 40 万 hm^2 以上。另外，随着设施蔬菜产业的发展，塑料大中棚及日光温室蔬菜面积占蔬菜设施总面积的比重将进一步提高，塑料小棚的比重将逐渐减少。如果按照塑料大中棚及日光温室蔬菜面积占设施蔬菜总面积比重再提高 10 个百分点，即达到约 82% 计算，则日光温室和塑料大中棚面积需增加 70 万 hm^2，即达到约 336 万 hm^2。

从全国分县区人口规模预测与国家城市群发展规划研究结果可以看出，未来我国人口、经济发展城市群及其园艺产品的国内消费市场依然位于中东部地区。

2. 竞争力分析

（1）市场竞争力分析　　设施蔬菜生产的设施、人工、种苗、农资等投入均高于露地蔬菜，因此设施蔬菜生产成本高于露地蔬菜生产成本。据调查，大棚番茄、黄瓜、茄子、青椒等生产成本约为当地露地生产的 1.5 倍。然而，设施蔬菜主要是在露地不能生产的地区和季节进行生产，因此设施蔬菜的产销成本需要与外地调运的露地蔬菜产销成本比较。据调查，目前我国每千克蔬菜运输成本约为 0.5 元 /1000km，按露地蔬菜生产成本低于设施蔬菜 1.0 元 /kg 计算，则最经济的运输销售半径约为 2000km，这样海南瓜菜的最远运销区域为华中地区。如果以北京为目标消费市场，海南到北京的距离约为 3100km，公路运输时间大致为 5d，瓜菜运费 1.4 元/kg 左右，这样海南露地瓜菜运到北京的成本将高于北京本地设施瓜菜生产成本。此外，外运蔬菜途中损耗严重，鲜活度和营养价值大幅下降，多数蔬菜经 3d 贮运维生素含量会降低一半以上。尤其是当遭遇较重自然灾害导致交通困难时，靠远途运输难以保障蔬菜市场供应。由此可见，设施蔬菜的市场竞争优势和保障作用都十分明显。

（2）单产水平竞争力分析　　设施蔬菜与露地蔬菜相比，提高了复种指数（大棚蔬菜生育期延长 60～90d，节能日光温室延长半年），增加了土地和光热资源的利用率。例如，南方利用大中棚等设施可使蔬菜生产的复种指数达到 3.5 以上，而露地蔬菜生产的复种指数只有 2.7。因此，设施蔬菜单产一般均高于露地蔬菜单产。据调查，大棚番茄、黄瓜单产约为同地区露地单产的 1.2 倍、1.3 倍，设施蔬菜的单产具有明显竞争优势。目前，我国节能日光温室黄瓜、番茄等蔬菜平均单产仅是全国高产纪录的 1/5～1/4，设施蔬菜单产的增长潜力仍很巨大。

（3）质量安全竞争力分析　　同露地蔬菜相比，设施蔬菜可通过防寒保温、遮阳降温、阻隔防虫、避雨控湿防病等措施抑制病虫害发生，实现不用或少用农药，保障蔬菜质量安全。南方高温暴雨夏季，推广叶菜防虫网覆盖栽培技术，从播种到叶菜上市全程覆盖，避免害虫进入，可最大限度减少农药用量，同时可避免高温暴雨等灾害大气的不利影响，使产品品质优良；北方推广多功能防雾无滴棚膜和膜下滴灌（暗灌）配套技术，使设施内空气湿度降低 20%～30%，能有效抑制病害发生，农药用量减少 30% 以上。

（4）资源利用和应急能力竞争力分析　　我国荒山荒坡、滩涂湖泊、沙漠沟坡区域较多，大约占我国国土面积的 1/3，大部分荒废不可利用。设施蔬菜可以在这些区域通过无土栽培、有机栽培、生态环境调控等技术，较好地有效利用并创造效益。在自然资源利用上，通过设施蔬菜栽培可以提高光、热、水、气、肥等利用率 50% 以上，可以生产出更多的绿色植物产品。同时，设施蔬菜不仅抗灾减灾功能突出，而且能在灾后快速恢复生产并在抗灾育苗自救中发挥关键作用。2008 年初南方冰雪灾害、2009 年秋末冬初北方雨雪灾时，设施蔬菜生产都发挥了不可替代的抗灾保供作用。

3. 国际市场分析

2015 年以来，我国蔬菜国际贸易顺差超过水产品，成为我国第一大出口优势农产品，蔬菜出口额占我国农产品出口总额的 20% 左右。从 2010 年到 2015 年我国蔬菜类产品的出口量和出口金额平均每年分别增长 11.1% 和 6.67%，2015 年出口量达到 1018 万 t，出口金额达到 132.70 亿美元，贸易顺差为 127.30 亿美元（表 6-7）。王新华等（2018）认为，由于我国蔬菜进口额与出口额相比相对较小，所以蔬菜出口创汇对我国农产品贸易所带来的逆差有均衡作用。

表6-7 2010～2015 年我国蔬菜进出口情况（数据来源：《2016中国农产品贸易发展报告》）

（单位：亿美元）

	2010 年	2011 年	2012 年	2013 年	2014 年	2015 年
出口额	99.50	117.20	99.70	115.80	125.00	132.70
进口额	2.80	3.30	4.10	4.20	5.10	5.40
差 额	96.70	113.90	95.60	111.60	119.90	127.30

目前，我国蔬菜出口全球 140 多个国家及地区，其中，第一大出口市场是亚洲，出口量 726.38 万 t，占出口总量的 71%，主要是中国香港、韩国、日本；第二大出口市场是欧洲，出口量 134.85 万 t，约占总量的 13%，主要是荷兰与俄罗斯；北美洲地区及非洲地区市场仅占 6%，主要市场是美国。我国蔬菜出口结构相对稳定，其中鲜冷冻处理蔬菜的出口量最大，占出口总量的 64.15%，且出口量一直处于上升中，其次是加工保藏处理的蔬菜，出口量占总量的 31.24%。

2017 年我国蔬菜出口优势品种包括蘑菇、大蒜、木耳、番茄、辣椒、生姜、洋葱、胡萝卜及萝卜等，占比超过 60%。其中设施蔬菜的出口量比较大，未来仍将有较大的发展空间。近年来，随着我国"一带一路"倡议的实施和深入，我国设施园艺的国际市场不断扩大，国际出口额度不断增大。目前我国设施园艺的国际市场主要有 4 个：面向日韩的东北亚市场；面向俄罗斯和东欧的北方市场；面向哈萨克斯坦、乌兹别克斯坦、土库曼斯坦等的中亚市场；面向泰国、越南、柬埔寨和老挝的东南亚市场。此外，随着通过巴基斯坦的"一带一路"发展，未来还可以发展面向伊朗、沙特、伊拉克等的南亚市场。

三、设施园艺类型的时空布局

（一）设施园艺类型的总体布局

1. 全国设施园艺类型布局的总体指标体系

根据我国的自然资源和气候特点、各地发展现状和社会发展需求，参考《全国设施蔬菜重点区域发展规划》，并依据 1971～2010 年全国年度和 1 月平均温度、光照等气象资料，形成我国设施园艺类型布局的总体指标体系（表 6-8）；进而，可以将全国设施园艺整体布局分为五个大区和 14 个亚区，其中五个大区分别为：东北温带区、西北温带干旱及青藏高寒区、黄淮海及环渤海温暖区、长江流域亚热带多雨区和华南热带多雨区。全国设施园艺总体区划图见图 6-15，其与全国 1 月平均温度分布图、全国气候区划图和全国地形地貌卫星图的比较分别见图 6-16～图 6-18。

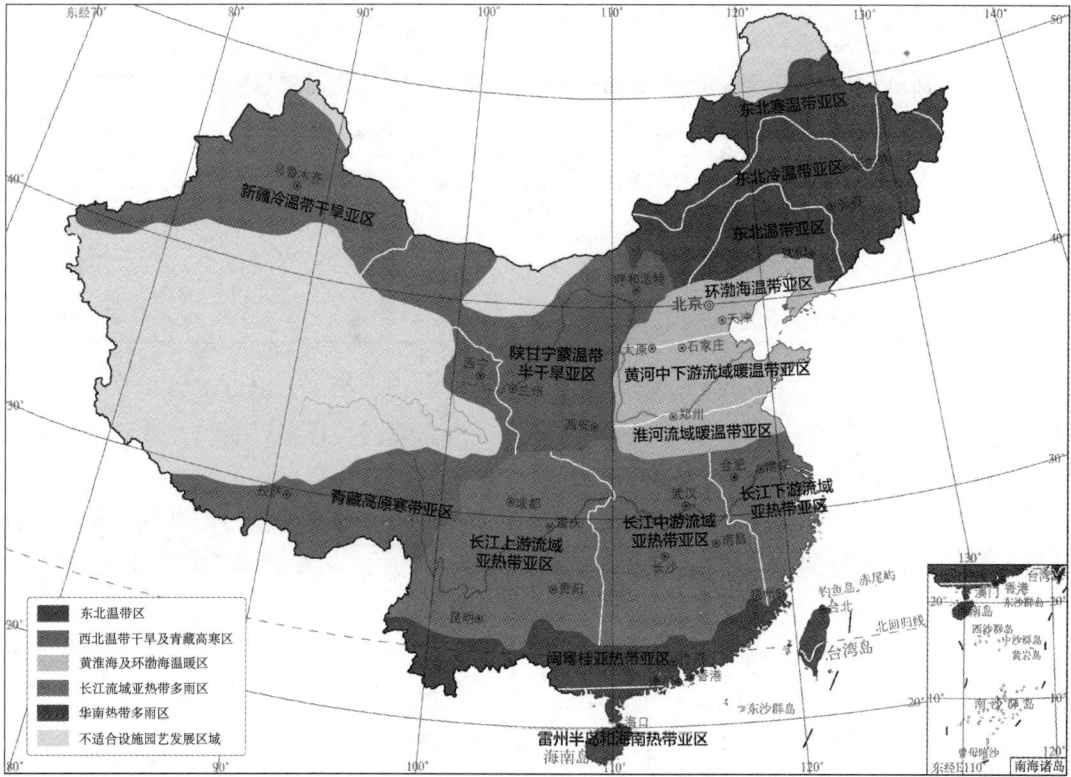

图6-15 全国设施园艺总体区划图

表6-8 全国设施园艺类型布局的总体指标体系

大区	亚区	地理位置	无霜期 /d	1月平均气温 /℃	年平均气温 /℃	年光照时数 /h	年太阳总辐射 / (MJ/m²)
东北温带区	东北温带区东北冷温区 东北寒温区	42°N～48°N 118°E～134°E	120～155	-20～-6	1～8	2500～3000	4800～5800
西北温带干旱及青藏高寒区	青藏高原区 新疆冷温区 陕甘宁蒙温带区	新、陇、宁、秦、青、藏及内蒙古西部	50～260	-15～-6	5～14	2000～3300	4200～8400
黄淮海及环渤海温暖区	环渤海温带区 黄河中下游流域暖温带区 淮河流域暖温带区	32°N～42°N 112°E～125°E	155～220	-10～2	8～15	2000～2800	3100～6100
长江流域亚热带多雨区	长江上游流域亚热带区 长江中游流域亚热带区 长江下游流域亚热带区	27°N～32°N 98°E～122°E	200～320	2～10	10～20	1000～2300	3350～5020
华南热带多雨区	雷州半岛和海南热带区 闽粤桂亚热带区	18.5°N～27°N 105°E～120°E	240～365	10～24	17～27	1400～4300	2350～5400

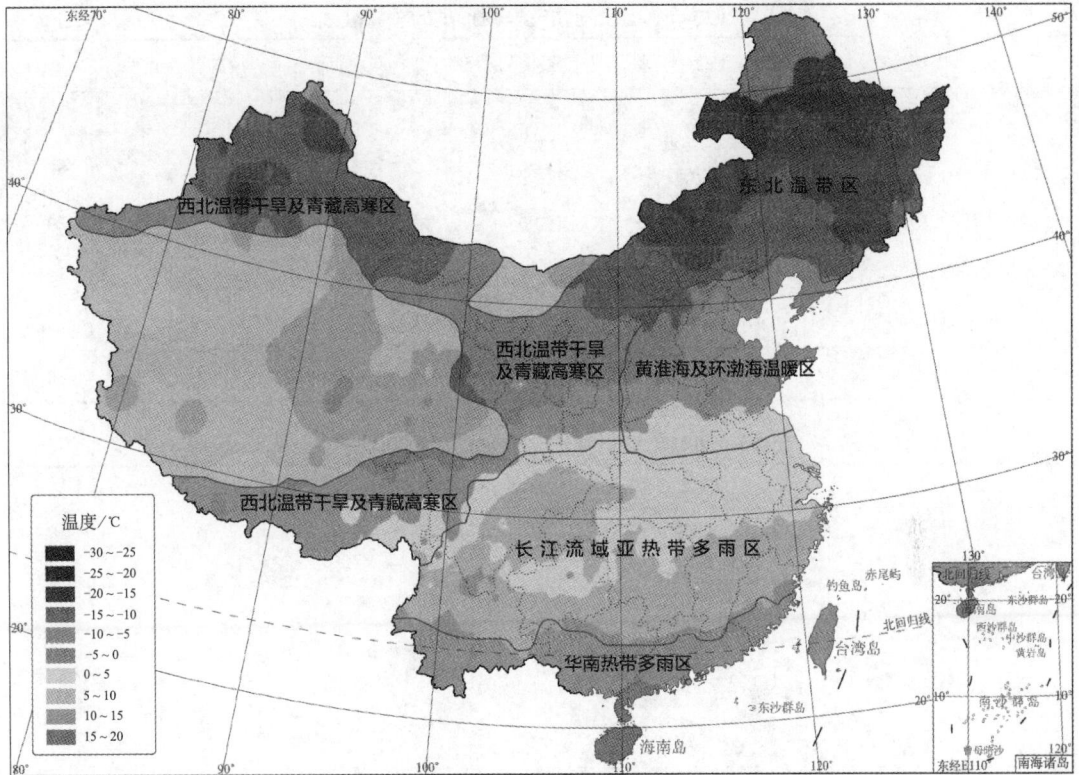

彩图请扫码

图6-16　全国设施园艺区划图与全国1月平均温度分布图（1981～2010年）比较

与郑景云等提出的全国气候图比较，全国设施园艺区划大大简化。本区划的华南热带多雨区包括全国气候区划的南亚热带、边缘热带和中热带三部分，同时，两者北部边界线基本一致；本区划的长江流域亚热带多雨区包括了全国气候区划的北亚热带和中亚热带，两者南部和西部的边界线基本一致，本区划的北部边界线的东段偏南；本区划的黄淮海及环渤海温暖区西北边界线以黄河为界，比全国气候区划范围减少，两者北部边界线基本一致；本区划的东北温带区和西北温带干旱及青藏高寒区均属于全国气候区划的温带区，本区划根据东北和西北不同地域气候特点、地形地貌特点和市场发展需求，剔除了青藏高原的寒温带和西北大面积的沙漠地带，故划分为两个大区（图6-15）。

2. 全国设施园艺类型的总体规划

全国园艺设施的主要类型为日光温室、塑料大中棚（含连栋）、遮阳避雨棚、连栋温室。预计到2025年，全国设施园艺作物栽培面积达到500万公顷，其中设施蔬菜栽培面积最大，设施蔬菜占67%，设施西甜瓜占27%，设施果树占3%，设施花卉占3%（表6-9）；设施蔬菜的不同温室类型中：日光温室占33.3%，塑料大中棚（含连栋）占55.8%，遮阳避雨棚占10.8%（表6-10），此外，连栋温室面积较少，不足1%。

表6-9　2025年全国设施园艺作物种类的总体规划　　　　　　（单位：万hm²）

区域	设施蔬菜面积	设施西甜瓜面积	设施果树面积	设施花卉面积	合计
东北温带区	14.7	12.0	0.6	0.8	28.1
西北温带干旱及青藏高寒区	39.3	18.0	3.3	0.7	61.3
黄淮海及环渤海温暖区	186.7	45.3	10.0	1.8	243.8
长江流域亚热带多雨区	86.7	46.7	2.8	5.7	141.9
华南热带多雨区	10.0	11.3	0.7	4.3	26.3
合计	337.4	133.3	17.4	13.3	501.4

表6-10　2025年全国园艺设施类型的总体规划　　　　　　（单位：万hm²）

区域	设施面积	日光温室面积	塑料大中棚面积	遮阳避雨棚
东北温带区	14.7	5.7	9.0	0.0
西北温带干旱及青藏高寒区	39.3	20.0	19.3	0.0
黄淮海及环渤海温暖区	186.7	86.7	100.0	0.0
长江流域亚热带多雨区	86.7	0.0	53.3	33.3
华南热带多雨区	10.0	0.0	6.7	3.3
合计	337.3	112.4	188.3	36.6

彩图请扫码

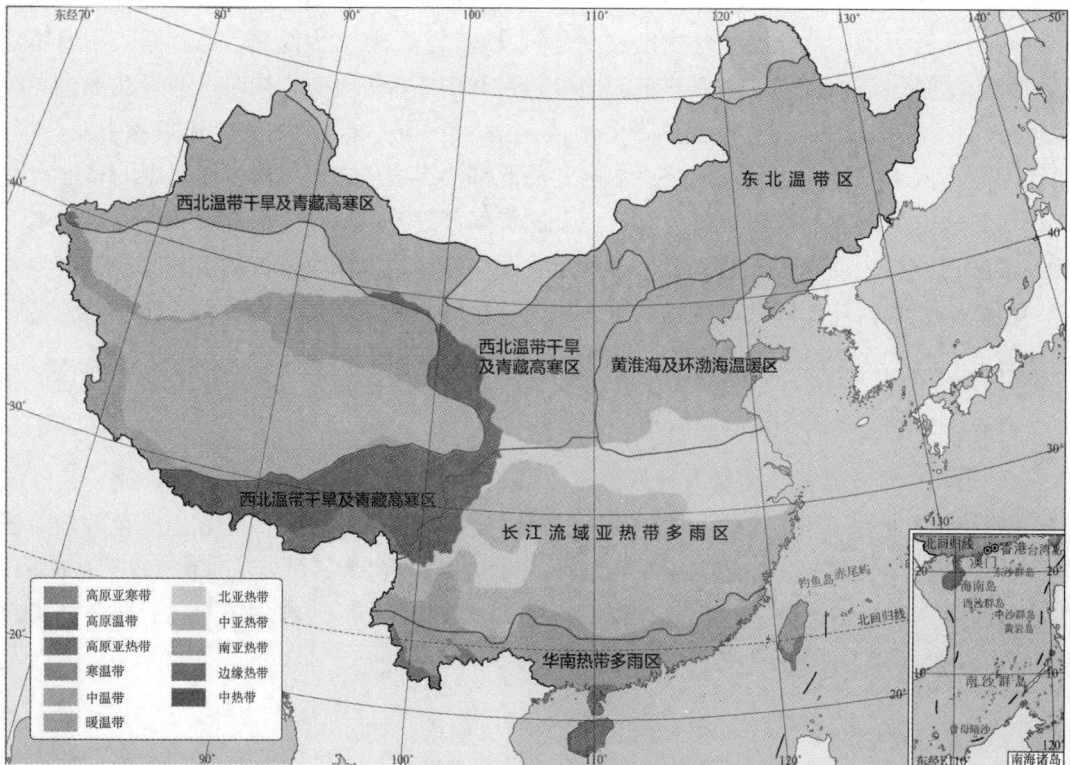

图6-17　我国设施园艺区划图与1981～2010年全国气候区划图比较

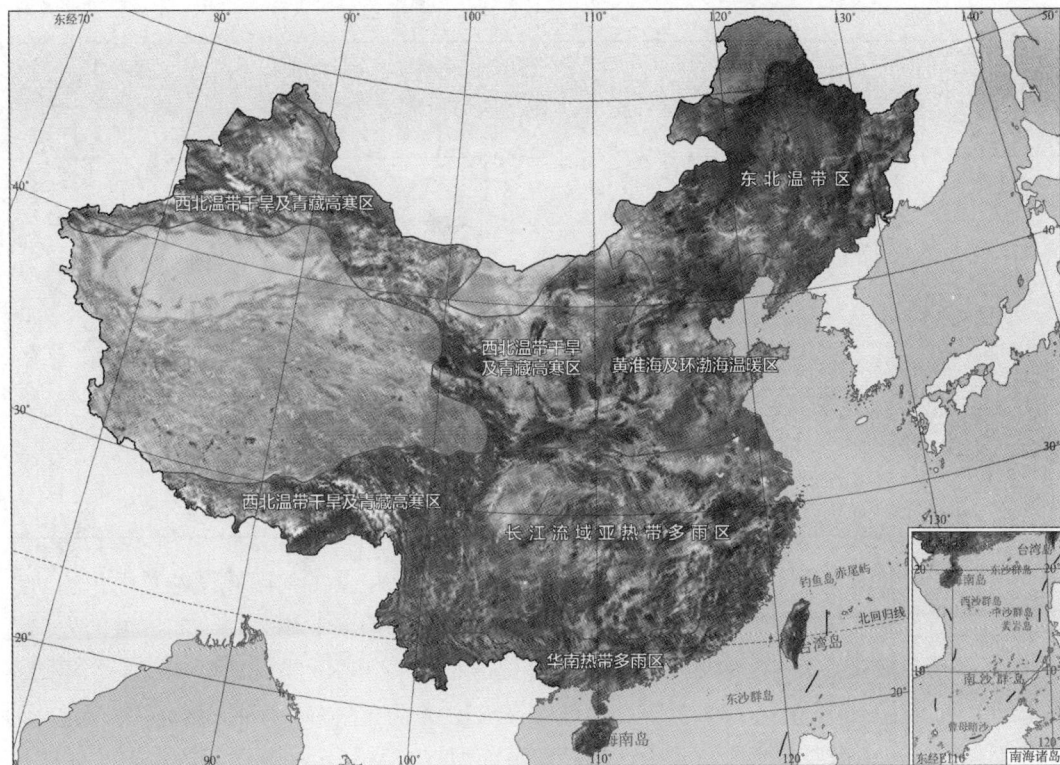

图6-18 全国设施园艺区划图与全国地形地貌卫星图比较

（二）设施园艺类型的区域布局

1. 东北温带区

（1）区域地理位置 本区域地处 42°N～49°N，110°E～132°E，包括辽（中北部）、吉、黑（中南部）、内蒙古（东部）、冀（北部）等4个省（自治区）（图6-15）。本区域又可分为3个亚区，即东北温带亚区：地处 40°N～44°N，114°E～125°E，包括辽中北部、吉南部、内蒙古东南部和冀北部地区；东北冷温带亚区：地处 44°N～46°N，110°E～132°E，包括内蒙古中东部、吉大部分和黑东南部地区；东北寒温带亚区：地处 46°N～49°N，115°E～130°E，包括内蒙古东北部和黑西北部地区。

（2）区域主要气候特点 本区域无霜期 120～155d；光资源充足，设施园艺主要县（区、市、盟）的全年日照时数 2500～3000h，全年日照百分率 56%～70%；热资源丰富，设施园艺主要县（区、市、盟）的全年太阳总辐射 4800～5800MJ/m²，年平均气温 1～8℃，1月平均气温 -20～-10℃，极端最低气温 -41.4～-26.4℃，极端最高气温 35.7～42.8℃；年平均降水量 350～800mm，4～9月占80%；属次大风压区（最大风速 20～23m/s）和大雪压区（最大积雪深度 0.1～0.5m）。主要气象灾害为干旱、风害、雪害、低温冷害、夏季高温高湿障碍等。本区域光热自然资源状况见表6-11。

表6-11 东北温带区光热自然资源状况

亚区	地理位置/(°N/°E)	无霜期/d	全年日照时数/h	全年日照百分率/%	冬季日照百分率/%	全年太阳总辐射/(MJ/m²)	年平均气温/℃	极端最低气温/℃	极端最高气温/℃
东北温带亚区	42～44/114～125（辽中北、吉东南、内蒙古东南部和冀北部）	140～155	2500～3000	56～70	56～80	5000～5800	5～8	-36.0～-26.4	35.7～42.8
东北冷温带亚区	44～46/110～132（内蒙古中东部、吉大部和黑东南部）	130～140	2500～3000	58～70	65～82	4800～5400	3～5	-41.4～-36.0	35.9～41.0
东北寒温带亚区	46～49/115～130（内蒙古东北部和黑西北部）	120～130	2600～2850	59～64	60～68	4800～5000	1～3	-39.0～-34.0	38.1～41.6

（3）**区域市场容量** 本区域设施园艺以设施蔬菜为主，占到区域设施总面积的90%以上，其次是设施花卉、果树和食用菌，主要在城郊和都市农业中发展。本区域的人口近8000万，其中城市人口3000余万，冬半年有长达6～7个月不能露地生产蔬菜，年蔬菜需求800万t以上；按损耗30%计算，年蔬菜需求1100万t左右；按照30%需要当地当时进行生产供应，则需要冬半年蔬菜生产用高效节能型日光温室6万hm²（净面积），占地13万hm²左右；如果夏半年90%左右需要当地当时生产供应，而且70%需要设施园艺生产，则还需塑料大中棚6.7万hm²左右。此外，本区域蔬菜还可销往东欧及东北亚国家，国际市场需求量比较大。本区域发展设施园艺的特点：具备市场运输距离短、供应及时、产品新鲜、经济效益好、可利用冬闲农村劳动力资源等优势；但一次性投入大，生产成本高，技术难度大，逆境生育障碍易于发生，对高效节能日光温室的结构与建造技术要求高。

（4）**区域设施园艺发展基础** 目前本区域的日光温室和塑料大中棚等设施蔬菜面积12.7万hm²，产量880万t，重点分布在33个基地县（市、区）；其中日光温室面积3.9万hm²左右，产量270t；大中棚8.8万hm²，产量610万t。此外，本区域的设施西甜瓜面积约10.7万hm²，产量810万t；设施果树面积约5000hm²，产量14.5万t；设施花卉面积约6800hm²。

（5）**发展目标** 到2025年，日光温室和大中棚等设施蔬菜栽培面积将达到14.7万hm²（占地26.7万hm²），播种面积26.7万hm²，产量超过1300万t。按地区布局，东北温带亚区8.7万hm²，产量800万t；东北冷温带亚区4.7万hm²，产量400万t；东北寒温带亚区1.3万hm²，产量100万t。按设施类型布局，日光温室蔬菜栽培面积5.7万hm²，产量超过700万t，冬半年生产量超过400万t；大中棚蔬菜栽培面积9万hm²，产量超过600万t。需新增设施蔬菜面积2万hm²，其中新增日光温室1.8万hm²；另需改造日光温室2万hm²。

此外，设施西甜瓜栽培面积将发展到12万hm²，产量910万t，新增设施园艺面积约1.2万hm²；设施果树面积6000hm²，产量22万t，新增设施园艺面积约2000hm²；设施花卉面积8400hm²，新增设施园艺面积1600hm²。

（6）**发展设施园艺类型的主攻方向** 选择发展设施园艺的类型应主要考虑以下几方面。

1）设施类型：本区域以第三代节能型日光温室为主，兼顾建造塑料大中棚。东北温带亚区主要以高效节能型日光温室果菜全季节生产为主；东北冷温带亚区主要以高效节能型日光温室冬季叶菜、春夏秋果菜生产为主；东北寒温带亚区主要以高效节能型日光温室春夏秋果菜生产为主。

2）主要措施：冬季要加强采光、蓄热、增温和保温防寒；日光温室内应设加热器、热风炉、火墙、燃烧块等应急加温设施；尽量增加光照强度和时间，提高棚膜透光率；采用高畦大垄、膜下滴灌栽培方式，提高地温，降低湿度；推广高产优质标准化栽培技术；注意提高土地利用率，发展平地南北双连栋日光温室或在日光温室间建塑料大中棚，坡地单栋或多连栋日光温室。

3）目标市场：以东北地区当地市场为主，兼顾发展东欧及东北亚等国际市场。

4）主栽作物类型：①设施蔬菜：日光温室种植茄果类、瓜类、豆类、西甜瓜等喜温果菜以及芹菜、韭菜等喜凉蔬菜；大中塑料棚种植茄果类、瓜类、豆类和绿叶菜类等蔬菜。②设施果树：日光温室以草莓、桃和葡萄等浆果类和核果类为主；大中塑料棚以草莓和葡萄等为主。③设施花卉：以绿色观叶植物、特色盆栽花卉、种球与切花为主。

5）主要供应期：东北温带亚区日光温室9月至翌年7月，大中棚5月中旬至7月下旬和9月中旬至10月下旬；东北冷温带亚区日光温室2月下旬至7月下旬和9月上旬至12月上旬，大中棚5月中旬至7月下旬和9月中旬至10月中旬；东北寒温带亚区日光温室3月中旬至11月下旬，大中棚5月下旬至7月下旬和9月中旬至10月中旬。

2. 黄淮海及环渤海温暖区

（1）区域地理位置　　本区域地处 $34°N \sim 42°N$，$110°E \sim 126°E$，是我国设施园艺产业发展的重点优势区与主要产区，包括辽（东西南部）、京、津、内蒙古（赤峰和乌兰察布地区）、晋、冀、鲁、豫、皖（中北部）、苏（中北部）等10个省（市、自治区）（图6-15）。本区域又可分为3个亚区，即环渤海温带亚区：地处 $38°N \sim 42°N$，$112°E \sim 126°E$，包括辽东西南部、京、津、冀中北部以及内蒙古赤峰和乌兰察布地区；黄河中下游流域暖温带亚区：地处 $35°N \sim 38°N$，$112°E \sim 122°E$，包括晋、冀南部、鲁、豫北部地区；淮河流域暖温带亚区：地处 $32°N \sim 35°N$，$112°E \sim 120°E$，包括豫中南部、皖中北部、苏中北部地区。

（2）区域主要气候特点　　本区域无霜期 $155 \sim 220d$；光资源丰富，多数地区全年日照时数 $2000 \sim 2800h$，部分地区最低年日照时数在1550h；热资源充足，全年太阳总辐射 $3169 \sim 6069MJ/m^2$，年平均气温 $8 \sim 15℃$，1月平均气温 $-10 \sim 2℃$，极端最低气温 $-35 \sim -11℃$，极端最高气温 $33.7℃ \sim 44.0℃$。

环渤海温带亚区1月平均温度 $-10 \sim -7℃$，7月平均气温普遍在 $22℃ \sim 24℃$，$\geqslant 0℃$ 的天数 $220 \sim 260d$，起于3月中下旬，止于10月下旬 $\sim$ 11月中旬，$\geqslant 10℃$ 积温 $2500 \sim 3500℃$，日平均温度 $\leqslant 10℃$ 的天数在180d以上；黄河中下游流域暖温带亚区1月平均气温 $-10 \sim 0℃$，7月平均气温 $21.1 \sim 27.5℃$，$\geqslant 0℃$ 的天数 $220 \sim 310d$，起于2月中 $\sim$ 3月中下旬，止于11月中旬 $\sim$ 12月中旬，日平均气温 $\geqslant 10℃$ 积温 $3000 \sim 4500℃$，日平均气温 $\leqslant 10℃$ 的持续天数166d；淮河流域暖温带亚区1月平均气温 $0 \sim 2℃$，7月平

均气温 27.2℃，日平均温度 ≥ 25℃的天数 57 ~ 81d，≥ 0℃日起于 2 月上中旬，止于 12 月中旬 ~ 1 月上旬，≥ 10℃积温 4390 ~ 5627℃。

本区域年平均降水量 400 ~ 1200mm，4 ~ 9 月占 90%；属次大风压区（最大风速 22 ~ 24m/s）和次大雪压区（最大积雪深度 0.17 ~ 0.50m）。主要气象灾害为干旱、风害、低温冷害、夏季高温高湿障碍等。本区域光热自然资源状况见表 6-12。

表6-12　黄淮海及环渤海温暖区光热自然资源状况

区域	地理位置 /(°N/°E)	无霜期 /d	全年日照时数 /h	全年日照百分率 /%	冬季日照百分率 /%	全年太阳总辐射 /(MJ/m²)	年平均气温 /℃	极端最低气温 /℃	极端最高气温 /℃
环渤海温带亚区	38 ~ 42 / 112 ~ 126（辽东西南、京、津、冀中北以及内蒙古赤峰和乌兰察布地区）	155 ~ 180	2400 ~ 2800	51 ~ 74	60 ~ 70	4800 ~ 5200	8 ~ 12	−35.0 ~ −28.6	33.7 ~ 43.3
黄河中下游流域暖温带亚区	35 ~ 38 / 112 ~ 122（晋、冀南、鲁、豫北）	180 ~ 200	1800 ~ 2800	50 ~ 60	45 ~ 70	3169 ~ 6069	12 ~ 14	−33.6 ~ −14.9	36.4 ~ 44.0
淮河流域暖温带亚区	32 ~ 35 / 112 ~ 120（豫中南、皖中北、苏中北）	200 ~ 220	1550 ~ 2500	35 ~ 56	42	4800 ~ 5200	14 ~ 15	−18 ~ −11	38.5 ~ 41.3

（3）区域蔬菜市场容量　　本区域人口近 5.0 亿，其中城市人口 2.5 亿多，冬半年有 4 ~ 6 个月基本不能露地生产蔬菜，年需要蔬菜 4000 万 t，若加上 30% 左右的蔬菜损耗，则年需要蔬菜 5200 万 t；如果 50% 需要当地当时生产供应，则冬半年需要高效节能型日光温室蔬菜栽培面积 53 万 hm²，占地面积需要 113 万 hm²；如果夏半年 90% 左右需要当地当时生产供应，而且 70% 需要设施园艺供应，则还需塑料大中棚 67 万 hm²；此外，本区域蔬菜还可销往我国三北地区及东欧和东北亚等地区，市场需求量巨大。这一区域具备市场运距短、供应及时、产品新鲜、经济效益好、可利用冬闲农村劳动力资源等优势，是我国十分重要的设施园艺生产优势区。

（4）区域设施园艺发展基础　　目前本区域日光温室和塑料大中棚等设施蔬菜栽培面积 153.3 万 hm²，产量 15.7 亿 t，其中日光温室面积 73.3 万 hm²，产量 8600 万 t；大中棚面积 80 万 hm²，产量 7100 万 t。此外，设施西甜瓜面积 40 万 hm²，产量 3200 万 t；设施果树面积 8.5 万 hm²，产量 310 万 t；设施花卉面积 1.68 万 hm²。

（5）发展目标　　到 2025 年，日光温室和塑料大中棚等设施蔬菜栽培面积将达到 186.7 万 hm²（占地 320 万 hm²），播种面积 367 万 hm²，产量 18 000 万 t。按地区布局，环渤海温带亚区 86.2 万 hm²，产量 9000 万 t；黄河中下游流域暖温带亚区 66.2 万 hm²，产量 6500 万 t；淮河流域暖温带亚区 33.3 万 hm²，产量 2500 万 t。按设施类型布局，日光温室面积 86.7 万 hm²，产量 9500 万 t；大中棚面积 100 万 hm²，产量 8500 万 t。设施蔬菜生产新技术、新材料和新品种综合应用率将达到 90% 以上，基本实现标准化生产；产品安全质量全面将达到无公害标准，部分实现绿色食品和有机食品标准；部分产品实现包装和分级，产品满足市场供应和质量需求。需要新增设施蔬菜面积 33 万 hm², 其中需要新增日光温室 13.7 万 hm²; 另需改造日光温室 33 万 hm²。

此外, 设施西甜瓜栽培面积将发展到 45 万 hm², 产量 3460 万 t, 新增或改造园艺设施 5 万 hm²; 设施果树栽培面积 10 万 hm², 产量 365 万 t, 新增或改造园艺设施 1.5 万 hm²; 设施花卉 1.83 万 hm², 新增或改造园艺设施 1.5 万 hm²。

(6) 发展设施园艺类型的主攻方向 选择发展设施园艺的类型应主要考虑以下几方面。

1) 设施类型: 环渤海温带亚区以第三代高效节能日光温室为主, 塑料大中棚为辅; 黄河中下游流域暖温带亚区高效节能日光温室与塑料大中棚并重; 淮河流域暖温带亚区以塑料大中棚为主, 高效节能日光温室为辅。各地发展日光温室应注意确定与当地自然环境相适应的温室结构标准, 避免盲目照搬。

2) 主要措施: 冬季加强蓄热增温和保温防寒, 尽量增加光照强度和时间, 提高温室棚膜透光率, 采用地膜覆盖栽培; 夏季采取短期遮阳降温栽培; 推广高产优质标准化栽培技术; 提升机械化水平, 提高劳动效率; 开发应用新材料、新棚型, 发展双屋面日光温室或日光温室间建塑料大中棚模式, 提高土地利用率。

3) 目标市场: 产品内销和外销相结合, 逐渐扩大外销量。主要目标市场为当地及三北地区和长江流域冬春淡季市场, 逐步扩大东欧和东北亚国际市场。

4) 主栽作物种类: ①设施蔬菜: 日光温室主要种植茄果类、瓜类、豆类、西甜瓜等喜温果菜及芹菜、韭菜、生菜等喜凉叶菜; 塑料大中棚主要种植茄果类、瓜类、豆类、西甜瓜等喜温果菜和油菜、茼蒿等绿叶菜类蔬菜; 外销蔬菜品种主要是耐贮运的番茄、辣椒、茄子、黄瓜、菜豆等果菜和韭菜、芹菜等叶菜。②设施果树: 日光温室以草莓、桃、葡萄、樱桃、李和杏等浆果类和核果类为主; 塑料大中棚以草莓、桃、葡萄等浆果类和核果类为主。③设施花卉: 日光温室以特色花卉和高档盆花为主, 兼顾观赏植物、盆栽花卉、食用与药用花卉, 以及鲜切花; 塑料大中棚以观叶植物、盆栽花卉、食用与药用花卉为主; 外销花卉以菊花、百合、彩色马蹄莲等为主。

5) 主要供应期: 日光温室主要供应时间为 9 月至翌年 7 月, 大中棚为 4 月至 6 月和 9 月至 11 月。

3. 西北温带干旱及青藏高寒区

(1) 区域地理位置 本区域包括新、甘、宁、陕、青、藏及内蒙古(中西部)等 7 个省(自治区)(图 6-15)。本区域又可分为 3 个亚区, 即青藏高寒亚区: 包括藏中东部、青中东部地区; 新疆冷温带干旱亚区: 包括新疆地区; 陕甘宁蒙温带半干旱亚区: 包括陕、甘、宁及内蒙古中西部地区。

(2) 区域主要气候特点 本区域南北之间与东西之间的跨度大, 海拔落差大, 地形复杂, 气候变化大。无霜期 50～260d, 光资源丰富, 全年日照时数 2000～3500h, 全年日照百分率 48%～80%; 热资源充足, 全年太阳总辐射 4200～8400MJ/m², 年平均气温 5.0～14.0℃; 年平均降水量 30～590mm; 属次大风压区和局部大雪压区(最大积雪深度 0.5m 以上)。其中, 青藏高寒亚区为高原寒冷区; 新疆冷温带干旱亚区太阳能丰富, 属次大风压区和大雪压及次大雪压区；陕甘宁蒙温带半干旱亚区绝大部分太阳能丰富，大部分地区为次大风区和低雪压区。本区域主要气象灾害为干旱、风害、沙暴、低温冷害、冰雹、夏季高温障碍、暴雪等。本区域光热自然资源状况见表6-13。

表6-13 西北温带干旱及青藏高寒区光热自然资源状况

区域	地理位置	无霜期 /d	全年日照时数 /h	全年日照百分率 /%	冬季日照百分率 /%	全年太阳总辐射 /（MJ/ m²）	年平均气温 /℃	1月平均气温 /℃	7月平均气温 /℃
青藏高寒亚区	西藏中东部、青海中东部地区	50～90	2500～3200	58～80	40～90	8160	5.0～8.0	-9.0～9.0	16～26
新疆冷温带干旱亚区	新疆地区	100～240	2550～3500	60～80	68～92	5000～6400	5.7～13.9	-18.0～-4.0	16～33
陕甘宁蒙温带半干旱亚区	陕、甘、宁及内蒙古中西部地区	130～260	2000～3100	48～75	55～75	4200～8400	6.7～14.0	-9.0～-0.5	18～27

（3）区域蔬菜市场容量 本区域人口近 1.0 亿，城市人口 3000 余万，冬半年有 3～7 个月不能露地生产蔬菜，需要蔬菜 700 万 t 以上，如果按损耗 30% 计算，需要蔬菜 1000 万 t 左右；如果 60% 需要当地当时生产供应，需要冬半年蔬菜生产用节能日光温室 13.3 万 hm²（净面积），市场需求量较大。本区域地广人稀，蔬菜运距较大，宜发展耐贮运设施园艺，区域需求明显，冬闲农村劳动力资源丰富，设施园艺生产经济效益好；但一次性投入大，生产成本高，技术难度大，逆境生育障碍易于发生。

（4）区域设施园艺发展基础 目前本区域日光温室和塑料大中棚等设施蔬菜栽培面积 30.7 万 hm²，产量 1690 万 t，其中日光温室面积 12.7 万 hm²，产量 900 万 t；大中棚 18 万 hm²，产量 790 万 t。不同亚区中，青藏高寒亚区 0.9 万 hm²，新疆冷温带干旱亚区 4.8 万 hm²，陕甘宁蒙温带半干旱亚区 25 万 hm²。此外，设施西甜瓜栽培面积 16 万 hm²，产量 1210 万 t；设施果树栽培面积 2.5 万 hm²，产量 92 万 t；设施花卉栽培面积 5000hm²。

（5）发展目标 到 2025 年，日光温室和塑料大中棚等设施蔬菜栽培面积将达到 39.3 万 hm²（占地 54.7 万 hm²），播种面积 66.7 万 hm²，产量超过 2700 万 t。按地区布局，青藏高寒亚区 2 万 hm²；新疆冷温带干旱亚区 5.3 万 hm²；陕甘宁蒙温带半干旱亚区 32.0 万 hm²。按设施类型布局，日光温室面积 20 万 hm²，产量超过 1800 万 t；大中棚面积 19.3 万 hm²，产量超过 900 万 t。设施蔬菜生产新技术、新材料和新品种综合应用率将达到 90% 以上；实施节水灌溉技术和无公害生产技术，产品安全质量全面达到无公害标准，部分实现绿色食品和有机食品标准；部分产品实现包装和分级，产品供应满足市场消费的数量和质量需求。需要新增设施蔬菜面积 8.6 万 hm²，其中新增日光温室 7.3 万 hm²；另需改造日光温室 6.7 万 hm²。

此外，设施西甜瓜栽培面积将发展到 18hm²，产量 1370 万 t，新增或改造园艺设施 2 万 hm²；设施果树栽培面积 3.3 万 hm²，产量 120 万 t，新增或改造园艺设施 8000hm²；设施花卉 6500hm²，新增或改造园艺设施 1400hm²。

（6）发展设施园艺类型的主攻方向　　选择发展设施园艺的类型应主要考虑以下几方面。

1）设施类型：本区总体以高效节能日光温室为主，塑料大中棚为辅。但是，不同地区应开发适宜的日光温室类型，不可简单照搬。

2）主要措施：冬季加强采光、蓄热、增温和保温防寒，日光温室内设加热器、热风炉等临时应急加温设施，尽量增加光照强度和时间，采用地膜覆盖栽培；陕甘宁蒙温带半干旱亚区夏季采取短期遮阳降温栽培；推广无害化高产优质规范栽培技术；注意提高土地利用率，发展平地南北双连栋日光温室或日光温室间建塑料大中棚模式，以及坡地单栋与多连栋日光温室。

3）目标市场：以本区当地不同区域市场为主，兼顾发展国家市场。

4）主栽种类：①设施蔬菜：日光温室主要种植茄果类、瓜类、豆类、西甜瓜等喜温果菜类蔬菜及芹菜、韭菜、莴苣等喜凉蔬菜；塑料大中棚主要种植茄果类、瓜类、豆类、西甜瓜等喜温果菜和花椰菜、油菜、茼蒿等蔬菜；外销蔬菜品种以耐贮运的番茄、辣椒、茄子、菜豆等果菜和韭菜、芹菜等叶菜。②设施果树：日光温室以草莓、桃、葡萄、杏、石榴等浆果类和核果类为主；塑料大中棚果树以草莓、桃、葡萄等浆果类和核果类为主。③设施花卉：日光温室以花卉种子、种苗、种球和高山花卉为重点，兼顾观叶植物、盆栽花卉、食用、药用与工业用花卉；塑料大中棚花卉以观叶植物、盆栽花卉、食用与药用花卉为主。

5）主要供应期：日光温室主要供应时间为 9 月至翌年 7 月，大中棚为 3 月至 6 月和 9 月至 11 月。

4. 长江流域亚热带多雨区

（1）区域地理位置　　本区域处于秦岭 - 淮河以南、南岭 - 武夷山以北、四川西部 - 云贵高原以东的长江流域各地，地处 27° N ～ 32° N，98° E ～ 122° E，包括川、渝、滇（北部）、黔、鄂、湘、赣、沪、浙、苏（南部）、皖（南部）、闽（北部）等 12 个省（市）（图 6-15）。本区域又可分为 3 个亚区，即长江上游流域亚热带亚区：地处 98° E ～ 109° E，包括川、渝、滇北部、黔等地区；长江中游流域亚热带亚区：地处 109° E ～ 117° E，包括鄂、湘、赣等地区；长江下游流域亚热带亚区：地处 117° E ～ 122° E，包括沪、浙、苏南部、皖南部、闽北部等地区。

（2）区域主要气候特点　　本区域东西跨度大，无霜期 200 ～ 320d；光资源较为丰富但不均匀，因区域范围广，地理地貌复杂，因此日照时数变化较大，多数地区冬季寡照，全年日照时数 1000 ～ 2300h，全年日照百分率 30% ～ 65%；热资源丰富，全年太阳总辐射 3350 ～ 5020MJ/m²，年平均气温 10.0 ～ 20.0℃；年平均降水量 800 ～ 2000mm；属亚热带季风气候区，大体处于最冷候气温 0℃等温线以南，5℃等温线以北地区。主要气象灾害为冬春季多阴雨、寡日照，夏季高温高湿障碍等。本区域光热自然资源状况见表 6-14。

表6-14　长江流域亚热带多雨区光热自然资源状况

区域	地理位置 / (°N/°E)	无霜期 /d	全年日照时数 /h	全年日照百分率 /%	冬季日照百分率 /%	全年太阳总辐射 / (MJ/m²)	年平均气温 /℃	1月平均气温 /℃	7月平均气温 /℃
长江上游流域亚热带亚区	27～32/98～109 (川、渝、滇北、黔)	200～320	1000～2300	30～65	18～75	3350～4190	10.0～20.0	0～12	19～29
长江中游流域亚热带亚区	27～32/109～117 (鄂、湘、赣)	200～300	1450～2150	35～55	20～85	4190～5020	15.5～19.0	0～12	24～30
长江下游流域亚热带亚区	27～32/117～122 (沪、浙、苏南、皖南、闽北)	200～270	1700～2150	40～55	30～80	4190～5020	15.5～18.5	2.5～8.2	27～29

（3）区域蔬菜市场容量　本区域人口近5亿，其中城市人口2亿多。区域内冬季和早春低温寡照，喜温性蔬菜生产上市难度大，春秋季多雨影响蔬菜正常生长和易发病虫害，夏季高温台风暴雨蔬菜生长较为困难；因此，日照较好的区域冬季需要塑料大中棚进行蔬菜保温栽培，春秋季需要设施避雨栽培，夏季需要设施遮阳降温避雨栽培。本区域内冬半年需要蔬菜供应量5000万t，如果按损耗30%计算，需要蔬菜采收量7000万t左右；如果按50%需要当地当季设施生产供应，则需要冬半年蔬菜生产用塑料大中棚80万hm²（净面积），占地面积需要100万hm²左右；如果夏半年90%左右蔬菜供应量需要当地当时生产供应，70%需要设施园艺供应，则还需遮阳和避雨塑料大中棚86.7万hm²（净面积），占地面积需要106.7万hm²左右。此外，本区域冬季设施园艺可销售三北地区及东南亚地区等国际市场，市场需求大。本区域发展设施园艺具备市场和经济效益好的优势，可利用冬闲农村劳动力资源和耕地资源。

（4）区域设施园艺发展基础　本区域目前重点设施蔬菜基地县（市、区）89个，塑料大中棚、遮阳避雨棚等设施蔬菜栽培面积73.3万hm²，产量3550万t。此外，设施西甜瓜栽培面积43万hm²，产量3310万t；设施果树栽培面积1.9万hm²，产量70万t；设施花卉栽培面积4.8万hm²。

（5）发展目标　到2025年，本区域塑料大中棚、遮阳避雨棚蔬菜栽培面积将达到86.7万hm²（占地106.7万hm²），播种面积146.7万hm²，产量6500万t。按地区布局，长江上游亚热带亚区23.3万hm²；长江中游亚热带亚区30万hm²；长江下游亚热带亚区33.3万hm²。产品安全质量达到无公害食品要求；冬季以防寒保温栽培、春秋季以避雨栽培、夏季以遮阳降温防虫隔离栽培为主，实现设施蔬菜的周年生产和均衡供应。需要新增塑料大中棚13.4万hm²，另需改造塑料大中棚26.7万hm²。

此外，设施西甜瓜栽培面积发展到46.7万hm²，产量3570万t，新增或改造园艺设施3.7万hm²；设施果树栽培面积2.8万hm²，产量100万t，新增或改造园艺设施0.9万hm²；设施花卉5.7万hm²，新增或改造园艺设施0.9万hm²。

（6）发展设施园艺类型的主攻方向　选择发展设施园艺的类型应主要考虑以下几方面。

1）设施类型：本区域以塑料大中棚为主，长江中下游亚热带气候区冬春季主要用于保温栽培，夏秋季主要用于遮阳、防虫隔离和避雨栽培；大中城市郊区和经济发达区适度发展部分连栋塑料大棚。

2）主要措施：夏季采取遮阳降温、防虫隔离和避雨栽培；冬春季采用大中棚内加小拱棚、地膜覆盖等多层覆盖保温栽培；推广无害化高产优质规范栽培技术。

3）目标市场：以满足当地及周边市场就近供应为主，适当调节华北和西北南部地区市场；少许出口东南亚市场。

4）主栽作物种类：①设施蔬菜：大中棚种植茄果类、瓜类、豆类、西甜瓜等喜温瓜菜及芹菜、莴苣等喜凉叶菜；防虫网等网室夏秋季以生产小白菜等叶菜为主；连栋塑料大棚以育苗和栽培茄果类、瓜类等喜温果菜为主。②设施花卉：以观赏苗木、高档盆花为重点，兼顾花卉种球种苗、鲜切花切叶、药食用花卉。③设施果树：栽培较少，以避雨栽培为主。

5）主要供应期：大棚冬春栽培供应时间为1月初至7月上旬，主要为黄瓜、番茄、瓠瓜、茄子、辣椒等果菜；大棚春提早栽培供应时间为4月中下旬至7月上旬，主要有黄瓜、西甜瓜、西葫芦、番茄、辣椒、茄子、四季豆、速生叶菜等；大棚秋延迟栽培，7月至8月采用遮阳网加防虫网的大棚育苗，供应时间为10月中旬至翌年1月上旬，主要有番茄、辣椒、茄子、瓜类等。

5. 华南热带多雨区

（1）区域地理位置 本区域处于南岭-武夷山以南，地处18.5°N～27°N，105°E～120°E，包括闽（中北）、粤、桂、琼、滇（中南部）等4个省（市、自治区）（图6-15）。本区域又可分为2个亚区域，即雷州半岛和海南热带亚区：地处18.5°N～21.5°N，108°E～111°E，包括粤湛江市、琼等地区；闽粤桂滇亚热带亚区：地处21.5°N～27°N，98°E～120°E，包括闽中南部、粤、桂、滇中南部地区。

（2）区域主要气候特点 本区域无霜期240d以上；光资源较为丰富，但因区域范围广，因此日照时数变化较大，许多地区冬季寡照，全年日照时数1400～4300h，全年日照百分率35%～85%；热资源丰富，年太阳总辐射3350～5400MJ/m²，年平均气温17.4～26.8℃；年平均降水量1000～2000mm；属热带和亚热带季风气候区，大体处于最冷候气温5℃等温线以南。主要气象灾害为冬春季多阴雨、寡日照，夏季高温高湿障碍等。本区域光热自然资源状况如表6-15。

表6-15 华南热带多雨区光热自然资源状况

区域	地理位置/（°N/°E）	无霜期/d	全年日照时数/h	全年日照百分率/%	冬季日照百分率/%	全年太阳总辐射/（MJ/m²）	年平均气温/℃	极端最低气温/℃	极端最高气温/℃
雷州半岛和海南热带亚区	18.5～21.5/108～111（广东省湛江市和海南省）	365	2400～4300	50～85	65～90	3350～4190	23.6～26.8	3.0～12.6	35.2～37.0
闽粤桂滇亚热带亚区	21.5～27.0/98～120（闽中南、粤、桂、滇中南）	240～360	1400～2450	35～55	15～45	4200～5400	17.4～26.8	-8.0～14.0	36.0～41.0

（3）**区域蔬菜市场容量** 本区域人口近 1.7 亿，其中城市人口 7000 万多。多数地区冬半年虽可露地生产蔬菜，但闽粤桂滇亚热带亚区因冬季露地温度低而蔬菜生产缓慢，夏季阴雨高温蔬菜生产较为困难；因此，冬季塑料大中棚蔬菜生产效益较好，夏季需要遮阳降温和避雨蔬菜栽培。当地全年需要蔬菜 3200 万 t，如果按损耗 30% 计算，年需要蔬菜 4500 万 t 左右；如果 20% 需要当地当时设施生产供应，需要蔬菜生产用塑料大中棚和遮阳避雨棚 13.3 万 hm^2（净面积），占地面积 20 万 hm^2 左右。此外，本区域冬季设施园艺还可销售长江流域及三北地区，市场需求量大。本区域发展设施园艺具备市场和经济效益好的优势，并可利用冬闲耕地和农村劳动力资源。

（4）**区域设施园艺发展基础** 本区域目前重点设施蔬菜基地县（市、区）35 个，塑料大中棚、遮阳避雨棚等设施蔬菜栽培面积 4.4 万 hm^2，产量 371 万 t。此外，设施西甜瓜栽培面积 10 万 hm^2，产量 759 万 t；设施果树栽培面积 5000hm^2，产量 18 万 t；设施花卉栽培面积 3.7 万 hm^2。

（5）**发展目标** 到 2025 年，塑料大中棚、遮阳避雨棚等设施蔬菜栽培面积将达到 10 万 hm^2（占地面积 13.3 万 hm^2），播种面积 20 万 hm^2，产量超过 750 万 t。按地区布局，雷州半岛和海南热带亚区 2 万 hm^2；闽粤桂滇亚热带亚区 8 万 hm^2。按设施类型布局，塑料大中棚面积 6.7 万 hm^2，产量超过 500 万 t；遮阳避雨棚面积 3.3 万 hm^2，产量超过 250 万 t。产品安全质量达到无公害食品要求；主栽品种冬春季以防寒保温果菜栽培、夏秋季以遮阳避雨防虫叶菜栽培为主，实现设施蔬菜的周年生产均衡供应。需要新增塑料大中棚、遮阳避雨棚蔬菜面积 5.6 万 hm^2，另需改造塑料大中棚、遮阳避雨棚 1.3 万 hm^2。

此外，设施西甜瓜栽培面积将发展到 11.3 万 hm^2，产量 867 万 t，新增或改造园艺设施 1.3 万 hm^2；设施果树栽培面积 7000hm^2，产量 26 万 t，新增或改造园艺设施 2000hm^2；设施花卉 4.3 万 hm^2，新增或改造园艺设施 0.6 万 hm^2。

（6）**发展设施园艺类型的主攻方向** 选择发展设施园艺的类型应主要考虑以下几方面。

1）设施类型：本区域以塑料大中棚和夏秋季遮阳网、防虫网、避雨棚并举，大中城市郊区和经济发达区域适度发展连栋现代化温室。

2）主要措施：夏季主要采取遮阳降温防雨栽培；冬季可采用大棚防雨栽培；推广无害化高产优质规范栽培技术。

3）目标市场：以满足当地市场为主，适当供应长江流域及三北地区市场；少许出口东南亚市场。

4）主栽种类：①设施蔬菜：大中棚种植茄果类、瓜类、豆类、西甜瓜等喜温瓜菜及芹菜等喜凉叶菜；防虫网等网室夏秋季以小白菜等叶菜为主；现代化温室以茄果类、瓜类、甜瓜等喜温瓜菜长季节生产为主。②设施花卉：以观叶植物、热带观赏苗木、出口盆景为主，兼顾切花切叶切枝等花卉。③设施果树：以南方果树为主。

5）主要供应期：大棚冬春栽培供应时间为 12 月初至翌年 5 月上旬，主要为黄瓜、番茄、甜瓜、西瓜、辣椒等瓜菜；网室越夏栽培，即利用防虫网、遮阳网、避雨棚等进行喜凉小白菜等叶菜的越夏栽培，供应时间为 7 月下旬至 8 月下旬；大棚春提前栽培供应时间为 4 月中下旬至 7 月上旬，主要有黄瓜、甜瓜、西瓜、番茄、辣椒、芹菜、茭白等；大棚秋延迟栽培，7 月至 8 月采用遮阳网加避雨棚育苗，供应时间为 10 月中旬至翌年 1 月上旬，主要有番茄、辣椒等。

第七章　设施园艺发展的战略重点

本研究项目组于 2017 年组织有关专家，分别到北京、陕西、甘肃、新疆、宁夏、青海、江苏、山东、河南、海南、河北、广东等地以及荷兰、以色列、俄罗斯等国家进行了调研，并通过查阅相关资料分析，归纳出了我国设施园艺发展的七个方面战略重点。

一、适于不同地区的园艺设施结构规范设计与建造

目前我国设施园艺产业正在向重点区域聚集。除了设施简易的小拱棚和面积很少的玻璃连栋温室这两种类型以外，我国园艺设施结构类型主要是节能日光温室、多层保温覆盖塑料大棚和遮阳避雨棚这三大类，其中，环渤海湾及黄淮地区、西北地区以节能日光温室为主，长江中下游地区以多层保温覆盖塑料大棚为主，南方热带地区以遮阳避雨棚为主。目前这些园艺设施结构类型多样、同一地区也五花八门，但不同地区又没有不同的规范标准。因此制定适于不同地区的园艺设施结构设计建造规范，实行设施设计、建造的规范化，是当前的工作重点。

（一）规范不同设施节能环保功能性覆盖材料

设施园艺所应用的覆盖材料多样，从功能上划分主要有：采光、遮光、防虫、内保温、外保温等覆盖材料；从材料性能上分主要有：透明、半透明和不透明覆盖材料三大类。设施采光用覆盖材料主要应用透明覆盖材料，除部分采用透明玻璃和塑料板材外，绝大部分采用透明塑料薄膜；温带和亚热带地区宜采用 PO 膜、多层共挤多功能 PE 膜或 EVA 膜，热带地区的单栋塑料大棚和遮阳避雨棚宜采用普通 PE 膜；设施用透明覆盖材料应具备无滴性、不易污染、高透光率、耐老化、高强度、无污染等特点，温带和亚热带采用的透明覆盖材料还应具备保温性。设施遮光用覆盖材料主要应用遮阳网，通常采用的是遮光率为25% 或 50% 的遮阳网；遮阳网应具备遮光均匀、耐老化、高强度、无污染等特点。设施防虫用覆盖材料主要应用防虫网，一般选用 20 ～ 32 目防虫网为宜；防虫网应具备强度大、耐老化、无污染和网眼均匀等特点。设施内保温用覆盖材料主要采用不透明的保温被、无纺布、铝箔遮阳保温幕或 PE 薄膜等；内保温材料应具备轻质、保温性好、易揭盖、耐老化、无污染等特点。设施外保温用覆盖材料主要采用保温被、稻草草苫等；外保温材料应具备保温性能好、耐用性好、易揭盖、重量轻、无污染等特点。目前我国设施覆盖材料的

规范性还较差，因此，未来我国在致力于研发高效节能、环保、保温、采光、耐候性覆盖材料的基础上，还要强化各类覆盖材料特征、特性的规范和使用的规范。

（二）提升设施环境调控能力

设施园艺作物生产环境是人工调控的环境，人工调控环境既可以调控成适宜作物生长发育的环境，也可以调控成不适宜作物生长发育的环境。要调控成适宜作物生长发育的环境，在没有科学的监控设备的情况下，单纯依靠人工操作，需要操作人员的技术水平和责任心，否则是不可能调控好设施内的环境的。我国多数设施园艺作物生产环境的调控仍然完全靠人工操作，因此，环境调控不到位而导致的减产降质经常发生。为此，未来我国设施园艺环境调控能力需要大幅度提升。首先，要建立设施园艺生产基地的气象实时自动监测系统，可以实时监测基地的气象环境。其次，要有设施内的气候环境实时自动监测系统，可以实时监测设施内的气候环境。再次，要有设施保温、放风、肥水管理等自动调控系统，实施设施园艺作物生产主要管理的自动调控。最后，还要将互联网系统应用到环境自动调控中，形成设施环境调控的物联网系统。未来我国还应该大力开发设施环境调控的智能化系统。

（三）规范设施结构的设计和建造

我国幅员辽阔，自然条件、经济水平和气候环境多样，这就决定了园艺设施结构的多样性，但园艺设施结构设计和建造在同一地区必须逐渐达到规范化。

根据我国不同地区的气候环境特点，暖温带和中温带地区主要设施类型宜选用节能日光温室，亚热带和暖温带南部地区宜选用多层保温覆盖塑料大棚，亚热带南部和热带地区宜选用遮阳避雨棚。当然同种类型设施结构设计和建造也应该根据不同地区而有所区别。

适于暖温带和中温带的节能日光温室结构的设计、建造目前需要解决三方面问题。首先是要解决节能日光温室合理采光、保温和蓄热的结构设计问题，重点是根据不同地理纬度确定适宜不同地区的节能日光温室结构的合理断面尺寸和保温蓄热要求，表7-1列出了适宜34°N～46°N的高光效新型节能日光温室结构的合理断面尺寸和保温要求。其次是要解决适宜不同地区节能日光温室结构建造材料的低成本、高性能问题，包括骨架材料、保温材料、蓄热材料等，骨架材料目前多采用镀锌钢骨架，这种骨架强度大、便于加工；保温和蓄热材料包括围护结构的固定式保温材料和移动式保温覆盖材料，这些材料具体包括土、砖、水泥预制件、彩钢板、水循环材料等；不同的材料具有不同特性，总体原则是在低成本前提下寻找适宜材料。最后是要解决适宜不同地区的节能日光温室结构建造方式问题，未来的重点发展方向是装配式，其中镀锌钢骨架装配式便于加工制作，但保温和蓄热的墙体装配式做起来较为复杂。目前已开始试验一些装配式混凝土墙体（图7-1）、外覆盖涤棉保温材料墙体（图7-2）、模块化装配式日光温室（图7-3）和彩钢板墙体（图7-4）等，其中无蓄热墙体需要安装蓄热系统，目前蓄热系统用的较多的是水循环蓄热系统。装配式混凝土墙体温室的建造成本较高；装配式骨架外覆盖涤棉材料温室的后墙不具有蓄热性能，夜间室内温度过低。近年来，荷兰和日本等国总结我国节能日光温室结构设计、建造的经验，分别设计、建造了装配式节能日光温室，其中荷兰的装配式节能日光温室采用镀锌钢骨架和板材拼接组成后墙（图 7-5a）；日本的装配式节能日光温室在改进的塑料大棚北侧加了一层保温被覆盖（图 7-5b）。总之，低成本、高性能装配式新型节能日光温室结构的设计、建造仍在探讨之中，但早日完成适合不同地区的低成本、高性能装配式新型节能日光温室结构的设计、建造，制定出相应的设计、建造规范，并形成设施园艺产业中的主体设施结构类型，是未来我国设施园艺产业发展中的重点任务之一。

表7-1　高光效新型节能日光温室结构的合理断面尺寸和保温要求

地理纬度 /° N	跨度 /m	脊高 /m	后墙高 /m	后屋面水平投影 /m	温室屋面角 / (°)	冬至日太阳能合理截获的最小屋面角 / (°)	墙体和后坡热阻 / (K/W)	保温覆盖热阻 / (K/W)	地面适宜下挖深度 /m
44～46	6.0	3.9～4.2	2.6	1.4～1.6	40.3～43.7				
	7.0	4.5～4.8	2.9	1.7～2.0	40.3～43.8	40.4～43.6			
	8.0	5.2～5.5	3.2	2.0～2.3	40.9～44.0				
	9.0	5.8～6.1	3.5	2.3～2.6	40.9～43.6		≥4.5	≥1.5	0
42～44	7.0	4.3～4.5	2.8	1.5～1.7	38.0～40.3				
	8.0	5.0～5.2	3.2	1.7～2.0	38.4～40.9	38.7～40.4			
	9.0	5.5～5.8	3.5	2.0～2.3	38.2～40.9				
	10.0	6.1～6.4	3.8	2.3～2.6	38.4～40.9				
40～42	7.0	4.1～4.3	2.7	1.4～1.5	36.2～38.0				
	8.0	4.8～5.0	3.3	1.5～1.7	36.4～38.4	37.0～38.7			
	9.0	5.3～5.5	3.5	1.8～2.0	36.4～38.2				
	10.0	5.9～6.1	3.8	2.1～2.3	36.8～38.4				地下水位低且降水少地区 ≤0.3
38～40	7.0	3.9～4.1	2.6	1.4～1.4	35.8～36.2		≥4.0	≥1.2	
	8.0	4.6～4.8	3.1	1.5～1.5	35.3～36.4				
	9.0	5.2～5.3	3.6	1.6～1.8	35.1～36.4	35.4～37.0			
	10.0	5.8～5.9	3.9	1.8～2.1	35.3～36.8				
	12.0	6.8～7.0	4.2	2.3～2.6	35.0～36.7				
36～38	8.0	4.5～4.6	3.2	1.1～1.5	33.1～35.3				
	9.0	5.0～5.2	3.3	1.4～1.6	33.3～35.1				地下水位低且降水少地区 ≤0.5
	10.0	5.6～5.8	3.9	1.5～1.7	33.4～35.3	33.4～35.4			
	12.0	6.6～6.8	4.0	2.0～2.3	33.4～35.0		≥3.5	≥0.8	
34～36	9.0	4.9～5.0	3.2	1.3～1.4	32.5～33.3				
	10.0	5.4～5.6	3.5	1.4～1.5	32.1～33.4	32.5～33.4			
	12.0	6.4～6.6	3.8	1.8～2.0	32.1～33.4				

图7-1 装配式混凝土预制板节能日光温室的应用

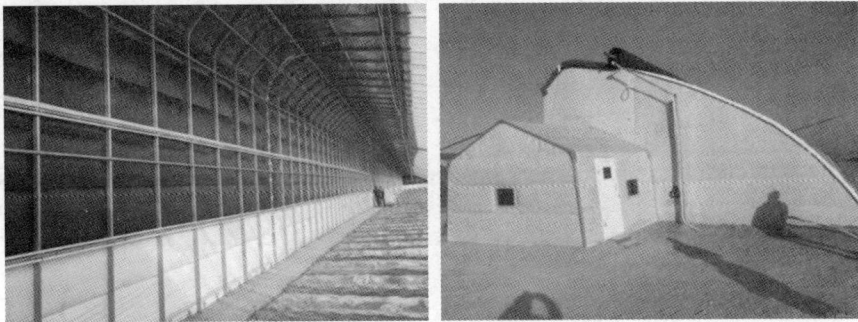

图7-2 装配式骨架外涤棉材料节能日光温室的应用

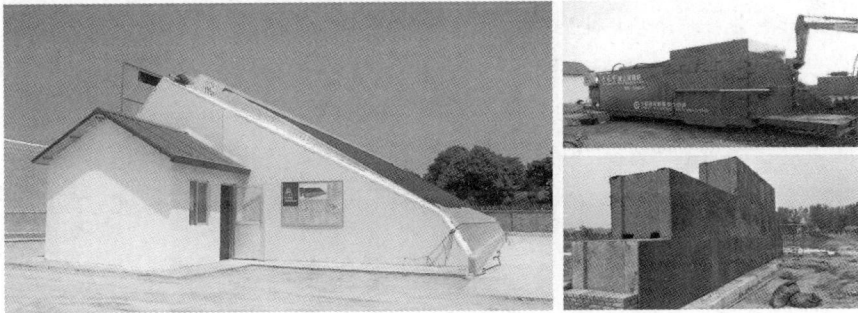

图7-3 模块化装配式节能日光温室的应用

图7-4 彩钢板滑盖装配式节能日光温室的应用

a.荷兰建成的装配式节能日光温室

b.日本的装配式节能日光温室

图7-5 装配式日光温室在其他国家的应用

适于暖温带南部和亚热带的多层保温覆盖单栋和连栋塑料大棚结构的设计、建造目前需要解决三方面问题。首先是解决适合不同区域的多层保温覆盖塑料大棚的抗风雪问题，特别是抗台风，可采用主副骨架设计方法，增强主骨架独立基础的稳固性。其次是解决适合不同区域的多层保温覆盖塑料大棚的保温问题，实现多层保温的密闭性和开闭的便利性。最后是解决适合不同区域的多层保温覆盖塑料大棚的通风降温问题，单栋大跨度塑料大棚要有顶部放风装置，连栋塑料大棚整体连栋数不宜过多，一般宽度不超过40m。总之，多层保温覆盖塑料大棚结构的设计、建造也应该根据不同地区的环境特点进行规范。

（四）开发新型低成本设施蓄热装置

墙体作为节能日光温室保温和蓄热的重要构造，是日光温室高效利用太阳能的关键所在，但因墙体占地面积大、建造费工费时费力、破坏土地结构等，是传统节能日光温室需要改造的重点对象。当前园艺设施朝着大型化、机械化、智能化方向发展，日光温室也是如此，减少墙体或用保温材料替代墙体的大跨度、连栋式日光温室正在开展一些试验，但去除或减少墙体就意味着日光温室内蓄热体的减少，这就需要寻找主动蓄热替代技术，以弥补墙体减少的蓄热不足。因此，主动蓄热技术在现代园艺设施的发展中将会起到越来越重要的作用。

（五）升级改造现有设施结构

我国园艺设施自20世纪80年代开始大规模建造以来，经过40年的发展，已经有许多早期设计、建造的设施不适应目前绿色优质高效生产的需求，需要进行升级改造。其中需要改造的重点是日光温室，根据老旧日光温室的结构现状，对其升级改造的重点有以下几方面：①提高老旧日光温室的脊高，在确保冬至日前栋温室不遮挡后栋温室光照的条件下，尽量提高日光温室脊高，以提升日光温室的采光。如果日光温室跨度或临栋温室间隔过小，则可因地制宜地拆除、合并日光温室，从而达到提高日光温室脊高、提高土地利用率的目的。②充分应用日光温室围护结构材料的最新研发成果，实现日光温室围护结构的装配化，减少日光温室建设及运行过程中的劳动力成本；同时在可能条件下装配基于物联网的日光温室环境监测系统。③在日光温室墙体内侧增加主动蓄热系统，外侧增加隔热材料防止热量流失，在满足日光温室保温蓄热性能的前提下，尽量减少墙体厚度，解决普通日光温室土墙厚、占用大量土地资源的现状。④根据不同地区气候资源、市场需求、实际生产所需、环境调控水平、自动化程度等差异，将日光温室分为高中低不同档次进行差别化改造。

（六）开发现代园艺设施

重点开发适于中温带和暖温带地区的现代节能日光温室、适于暖温带南部和亚热带的现代多层保温覆盖塑料大棚以及适于华南热带的现代塑料大棚结构与装备。

开发现代节能日光温室，要重点解决在低成本和太阳能高效利用前提下，适于机械化、建造装配化、环境调控自动化的设施结构问题。开发重点包括：①挖掘蓄热保温新材料，开发低成本高效主动蓄热新装置。②研制适于不同地区机械化作业和环境调控自动化的现代节能日光温室骨架类型，构建成块标准构件，实现模块屋面安装。③开发新型低成本、轻便、耐用的内外保温覆盖材料，提升覆盖材料性能。④开发全封闭式节能日光温室结构。

开发现代多层保温覆盖和遮阳避雨降温塑料大棚，重点包括：①开发适于不同地区机械化作业和环境调控自动化的大跨度单栋和连栋多层保温覆盖和遮阳避雨降温塑料大棚结构，实现快速组装建造。②研制新型抗台风、易保温和放风的骨架类型，组建成块标准构件，实现标准化建设。③开发适于不同地区多层保温蓄热和遮阳通风降温设备与系统。④制定不同区域大跨度塑料大棚建设标准。

二、设施园艺环境精准控制与信息化管理

我国设施园艺一直强调低成本，这就使得简陋的设施设备难以实现环境调控的精准化和自动化。因此，我国未来设施园艺产业的发展，需要解决园艺设施环境的精准调控和信息化管理问题，否则，将不可能实现设施园艺的提档升级和现代化。

（一）开发低成本园艺设施内光环境调控系统

植物所需要的光环境，包括光照强度、光照长度、光谱组成和光照分布四个部分，这四个部分对植物生长发育均有显著影响。自然环境条件下，冬季光照弱、光照时间短、短波光比例小；而夏季则正好相反，光照强、光照时间长、短波光比例大。园艺设施内因透

明覆盖材料的透光率和透过光谱的差异、保温覆盖材料揭盖时间差异、温室结构的采光和遮光差异等，常出现较露地自然环境下的光照环境更大的差异。因此设施内光环境对作物生长发育的影响更大，需要更好地调控。

首先是建造采光最佳的园艺设施，并建立透明覆盖材料的清洁管理系统，确保光弱季节有较高的透光率；其次是建立光照时间短的冬季保温覆盖自动调控系统，确保在温度适宜的条件下尽量早揭和晚盖保温覆盖物；再次是开发低成本高效临时补光系统，主要开发不同 LED 组合灯源设备，明确不同光质对不同园艺作物生长发育、产量和品质的影响，筛选适于不同园艺作物生长发育的最佳光质配方，开发出低成本高效 LED 光源的设施园艺作物生产补光装备与技术，并研制出设施园艺作物生产补光调控系统；最后是开发低成本高效遮光降温系统，主要开发适于不同地区的低成本园艺设施外遮阳系统，确定适于不同地区光温气候特点的遮阳比例，开发遮阳自动调控系统。

（二）开发低成本园艺设施内温度环境调控系统

园艺设施内的温度环境无论何季节均高于露地，但也受外界光、温、风等环境的影响。冬季园艺设施内的温度仍然较低，需要尽量增加能量以及蓄热、保温等；而夏季园艺设施内的温度却很高，需要尽量降低能量，减小保温、蓄热，进行通风降温。因此，开发低成本园艺设施温度环境调控系统，就是要围绕增温、保温、加温和降温，开发新材料、新设备、新技术、新能源以及温度环境自动调控系统，实现园艺设施温度环境的自动调控。

首先低成本园艺设施的新型清洁能源主要是太阳能、地热能、沼气能和风能等，这些能源需要依据不同用途进行低成本高效利用的技术开发，例如：光电转换驱动水泵、风机；太阳能驱动的水-溴化锂系统，构成吸收式制冷系统；太阳能驱动固体吸收式空调系统；还有空气循环、水循环、地中热交换、相变材料蓄放热等，均可应用于园艺设施温度环境的调控之中。其次要有科学合理的采光、蓄热和保温设施结构，确保冬季低温季节设施内可以接收、保存到更多的能量。最后要有很好的降温系统，园艺设施设计、建造时重要的是要有很好地遮光通风降温系统，必要时设有湿帘降温系统，确保夏季高温季节可以充分地通风降温。同时要开发出园艺设施温度环境自动调控系统。

（三）开发低成本园艺设施内 CO_2 浓度调控系统

CO_2 作为植物光合物质生产的原料，其浓度对设施园艺作物生长发育影响显著。调控 CO_2 浓度是设施园艺作物生产中的重要技术问题。园艺设施内 CO_2 的来源主要有：空气中的 CO_2，土壤呼吸放出的 CO_2，作物呼吸放出的 CO_2。其中空气中的 CO_2 可以通过室内外气体交换进行调节，但在气体交换最充分时，室内的 CO_2 浓度只能维持在大气中的水平，不能再有提高；土壤呼吸放出 CO_2 的多少主要受土壤有机物料的含量、土壤水分和温度等影响，这种放出的 CO_2 主要增加了空气中的 CO_2，放出的越多，空气中增加的就越多；作物呼吸放出 CO_2 的多少受作物大小和温度高低的影响，但这种放出的 CO_2 不会多于光合吸收的 CO_2。因此当设施内 CO_2 浓度低时，通过通风换气可以使 CO_2 浓度提高到大气中的水平；通过增加土壤呼吸可以显著增加空气中的 CO_2 水平；如果再想增加 CO_2 浓度就需要人工施用解决。调控设施内的 CO_2 浓度，主要是通过通风、土壤有机物料增施和人工施用等方法。首先要确定不同光照条件下不同园艺作物各生育阶段生长发育适宜 CO_2 浓度，建立相应的需求模型；然后根据需求估算土壤中有机物料的添加量，并用人工施用 CO_2 进行调节；最后要开发一套 CO_2 浓度实时监控自动增施调控系统。

（四）开发低成本园艺设施内降温和排湿通风调控系统

降温通风和排湿通风是园艺设施环境调控的重要方面。降温通风需考虑通风口的位置、大小、防虫性和装置的轻便性；排湿通风除了要考虑上述问题以外，还要考虑进风处的空气增温。因此，降温通风的设置，首先要建立不同外界环境条件下各类设施通风口位置和开口大小对室内温度及其分布影响的模拟模型，明确各类设施通风口位置和大小；然后要开发不同设施降温通风自动调控系统。排湿通风的设置要研究进风口空气增温及其自动调控系统。此外，研发低成本吸湿新材料、除湿设备及地中热交换除湿系统也是未来的重要任务。

（五）开发基于物联网的园艺设施环境自动化调控系统

目前我国特色园艺设施缺乏环境自动调控系统，对不同地区不同温室类型的环境模拟研究不足，缺少不同地区、不同园艺设施的环境数据库。一方面，目前虽然已有一些温室环境系统模型研究，但研究对象多为试验温室而非生产温室，试验数据也没有覆盖作物的整个生产周期，因此模型在实际温室中的模拟精度较低且不稳定。另一方面，温室环境系统模型复杂，计算量过大，难以设计出低成本实用的控制器，因此需要确定系统模型的复杂程度和精度间的平衡点；同时还要强化温室环境系统模型的完整性，确保环境要素缺一不可。因此未来要建立基于物联网和综合环境耦合模型的园艺设施环境自动调控系统，并在此基础上，研发智能化调控系统。

三、设施园艺作物集约化种苗规范生产

目前我国已经有了设施园艺作物种苗集约化生产，各地均建立了一些园艺作物种苗企业，但生产的总规模还不足 40%，多数仍以个体农户育苗为主，育苗质量不高，生产效率较差。集约化育苗的许多企业也因缺乏低成本高效育苗的设施和设备、育苗技术标准等，导致育苗质量不高、成本难以降低，最后造成销售市场不大且不稳定。因此，进一步强化集约化种苗的规范生产成为未来的重要任务。

（一）规范园艺作物集约化育苗的设施设备

规范园艺作物集约化育苗的设施设备，重点是规范各地的低成本节能设施设备，北方重点改造节能日光温室、长江流域重点改造多层保温覆盖塑料大棚，南方热带地区重点改造遮阳避雨棚，使这些设施适用于园艺作物集约化育苗；同时，各地要建立相应的标准。

除了规范适于各类型育苗设施的育苗设备，特别是播种设备、催芽设备、喷淋设备、嫁接设备、运输设备等，还要规范设施内环境自动调控系统。

（二）规范园艺作物集约化育苗的管理

规范园艺作物集约化育苗的管理，需要解决各种规范生产工艺问题，建立种子处理、播种、催芽、嫁接、育苗管理等生产工艺标准，构建基于不同光照的各种园艺作物育苗的环境管理模型，实施各种园艺作物集约化育苗管理的规范生产和环境的自动化调控。要大力开发低成本育苗基质、育苗方式、壮苗调控方法，实现园艺作物集约化育苗的低成本、节能和高效益。

（三）规范园艺作物集约化育苗的运销体系

规范园艺作物集约化育苗的运销体系，需要解决各种规范运销问题，建立各种园艺作物不同方式育苗的幼苗包装标准，明确各种园艺作物幼苗运销过程中的环境适宜指标，开发园艺作物幼苗运销的装备及其环境自动管理系统。

四、设施园艺作物轻简省力化生产

设施园艺作物轻简省力化生产的关键在于实现机械化，而我国设施园艺作物生产作业的机械化水平虽然稳步上升，但整体仍较低，2016 年其机械化率仅有 31.49%，不足主要农作物综合机械化水平的一半。不仅如此，仅有的机械化作业也存在生产效率不高、作业质量不佳、机械的故障较多等问题。因此，提升设施园艺作物生产机械化水平是未来重要任务。

（一）开发适宜设施园艺作物生产全程机械化的装备

我国设施园艺作物种植种类多样、种植模式不同、生产管理各异，加之设施狭小，因此要全面、全程实现设施园艺作物生产的机械化，问题较复杂，难度较大，但必须下大力气推进。当前最重要的是根据不同作物和不同种植模式，重视开发专用小微型机械，科学配套动力。开发、研制轻简型育苗、移栽、喷药、采收等多种作业机具，要求配套机械体积小，动力足，操作舒适，适应性、通用性强，减轻操作者劳动强度，尽量减少机械对环境的污染。

（二）开发适宜设施园艺作物生产全程机械化的设施

开发适宜设施园艺作物生产全程机械化的设施，需要在保持设施原有的节能和低成本特点基础上，解决设施便于农业机械进出和作业的问题。因此重点要开发低成本、高光效、保温好、寿命长、易机械化作业的日光温室及钢架大棚，在成本、性能、荷载允许情况下，尽量加高加宽园艺设施骨架，尽量促进园艺设施的大型化，并建立适于机械化生产的园艺设施结构标准。

（三）开发适于我国特色设施园艺作物全程机械化的种植模式

开发出适于我国特色设施园艺作物全程机械化的种植模式，需要通过农机农艺融合研究，并形成生产技术规程，完善相关标准体系。推进实施设施生产示范基地建设，推广应用与本地区经济技术水平、生产需求相适应的设施农业及机械化技术，提高对设施农业发展的指导服务水平，推进设施建造标准化，促进设施农业持续健康发展。

五、设施园艺作物绿色优质高效生产

目前我国设施园艺产品的质量安全问题备受人们关注。这一方面来自普通园艺产品的供大于求和人们生活水平的不断提高，另一方面来自确实有一些设施园艺产品农药残留、重金属和硝酸盐等含量超标以及蔬菜的营养品质下降。因此，推进设施园艺作物绿色优质高效生产是当前的重要任务。设施园艺作物绿色优质高效生产涉及多方面技术，主要有：优质高产抗病品种、性能优良的园艺设施、绿色优质的栽培技术等。

（一）设施园艺作物优质高产抗病品种的培育

优质高产抗病优良品种对于设施园艺作物绿色优质高效栽培极为重要，没有优质高产抗病品种，设施园艺作物就不可能生产出绿色优质高效产品。因此强化设施园艺作物优质高产抗病品种的培育是当前的重要任务。未来需要采用传统育种与现代分子辅助育种相融合的技术和方法，不断加快育种进程。要培育出一批具有高适应性（耐低温弱光、耐高温强光）、高生产力（植株紧凑、节间短、叶片小而厚、座果力强）、高品质（高糖高蛋白、高维生素 C、高功能性物质）、高综合抗病性（抗 5 种以上重要病害）、高耐贮运性等优良特性的设施专用品种；特别是要高抗新兴病害，如根结线虫、番茄黄化曲叶病毒病（TYLCV）、瓜类绿斑驳病毒病、番茄退绿病毒病等。

（二）园艺设施适宜环境的低成本调控

园艺设施适宜环境的低成本调控重点要解决设施内气候环境、土壤环境问题。气候环境主要是温度、光照、湿度、气体等，要解决的重点问题是：如何在低成本条件下，解决我国园艺设施冬季低温弱光、夏季高温强光、全年湿度大、CO_2 浓度时常不足、有害气体偶有发生等问题，这是设施园艺作物绿色优质高效生产需要解决的一个关键问题。土壤环境主要是土壤温度、湿度、酸碱度、营养供应能力等，要解决的重点问题是：如何在低成本条件下，解决土壤温度低的问题，以及避免土壤酸化和障碍、病原菌大量积累、硝酸盐含量过高等问题，这是设施园艺作物绿色优质高效生产需要解决的又一关键问题。

（三）设施园艺作物绿色优质高效栽培

目前我国设施园艺作物多以土壤栽培为主，栽培用设施多为节能日光温室和塑料大、中、小棚以及遮阳避雨棚，设施环境调控能力较差，这就决定了我国设施园艺作物的生产模式需要有别于荷兰玻璃连栋温室园艺作物生产模式。第一是要探明适合我国特色设施的园艺作物生产模式，建立可最大限度地获得高产优质的种植模式，如果菜类蔬菜以一年两茬为宜，不宜一年一大茬，这是因为设施空间和土壤营养供应均不适于过长季节栽培。第二是要探明设施园艺作物产量形成规律，特别是探明环境影响产量形成的瓶颈问题，解决好设施园艺作物生产的高产问题，实现单位面积高产目标。第三是要探明设施园艺作物糖、维生素 C、蛋白质等营养物质和色泽、形状、大小等外观品质形成的机制及其调控因子，解决好设施园艺作物的品质提升问题，实现高品质产品生产目标。第四是要探明设施园艺作物病虫害发生的规律，明确物理防病、生态环境控病、诱导抗病等的效应，解决好设施园艺作物生产的病虫害绿色防控问题。

六、基于可再生能源高效利用的设施低碳节能生产

目前可再生能源主要包括太阳能、风能、生物质能。充分开发利用这些能源，实现设施园艺作物的低碳节能高效生产，对于人口众多、资源相对不足的我国来说极为重要。

（一）太阳能高效利用的设施低碳节能生产

太阳能作为储量巨大的清洁能源，其利用形式包括光热转换、光化学转换和光电转换，这三种形式都能够实现太阳能的有效利用。就广泛用途而言，光电转换的用途最为广泛，因为光转换成电以后，所有的电器以及加温装置等都可应用，因此光电转换已经成为目前世界各国的重点研究课题之一。近年来，许多国家启动了太阳能生产项目，在过去 15 年里，光伏产业平均年增长 15% ～ 30%。我国在这一领域也取得了快速发展，技术水平不断提高，市场持续扩大，产业化建设已初具规模。但设施园艺的太阳能利用主要是热能，如果将光能转换成电能，电能再转换成热能，不仅会增加许多成本，而且也会损失许多能量，因为每次转换都有很大的损失率，光转电有损失，电转热又有损失，因此设施园艺宜采用光热直接转换。过去我们设计建造的节能日光温室就是一种光热转换高效利用方式，但如何更加主动地采用光热转换器来利用太阳能，提高太阳能的利用效率，是今后需要解决的重大课题。

（二）风能高效利用的设施低碳节能生产

风能也是一种清洁能源，在一些地方流量巨大。风能利用目前有风电转换和风热转换两种方式。同样，风电转换的用途较广，目前在许多国家得到广泛应用，我国风电发展也很快。比起风热直接由风转换成热能，风电转换再电热转换，也会增加成本和降低风能利用率。但由于设施园艺多在无风和少风地区发展，而风能转换成热能的输送损失和输送难度远比风能转换为电能的大，因此在少风地方发展设施园艺，宜采用风电转换后再加以利用，但如果在有风、特别是冬季寒冷季节有风的地方发展设施园艺，可采用风热转换方式。目前风热转换主要采用液力搅拌式致热、液力挤压式致热、风力驱动热泵致热、电涡流致

热等方式。国外已有研究将风能致热装置用于禽舍、温室、水产养殖室加温，向住宅、浴室、解化房供暖，干燥农产品等。至今，技术已经相当成熟，并且得到了推广应用。我国设施园艺领域的风能利用需要进一步加强。

（三）生物质能高效利用的设施低碳节能生产

生物质能源可利用农林废弃物产生，如林木枯枝败叶、农作物秸秆、食用菌棒、禽畜粪便和城市食物垃圾等，这些生物质可通过现代技术被转化为固态、液态或气态的燃料。在可再生能源中，生物质能源的比重正逐年攀升。据《中国生物质能源行业分析报告》数据显示，当下世界能源消耗中，生物质能源占世界总能源耗的 14%，位于石油、煤炭、天然气之后，排在第四。我国也制定了关于生物质能源的若干计划，并采取了许多措施以促进生物质能源产业发展，在专业技术、能源市场、能源管理方面已有初步起色，前景十分广阔，发展潜力巨大。充分开发生物质能源，不仅是能源本身的需要，而且是解决过多废弃生物质污染的需要。然而，目前生物质能源利用还有许多问题，最主要的仍然是成本问题，即需要降低成本。设施园艺虽然探讨了沼气"三位一体"或"四位一体"模式、生物反应堆模式等，但总体利用仍有一些问题，今后需要开发更加适应设施园艺作物生产的生物质利用新模式。

七、设施园艺生产的信息化管理

设施园艺智能化目前还难以在我国现实生产中整体实现，但推进设施园艺产业信息化管理，逐步提升信息化管理水平，为设施园艺智能化发展奠定基础，是今后的重要任务。

（一）基于物联网的设施园艺生产管理

现代设施园艺的标志性特征不仅是环境调控自动化和生产机械化，而且还需要生产的信息化，今后需要设施园艺自动化、机械化和信息化同时推进。推进设施园艺信息化的核心是物联网的科学应用，就是把互联网系统与环境自动监控系统、机械操作系统、生产作业系统等联系起来，形成远程操控设施环境自动观察、自动监测和自动调控等功能，实现设施园艺生产的全过程现代化监管和质量全程可追溯。

（二）基于信息化的设施园艺计划管理

设施园艺从产业策划、品种选择、生产资料投入、生产操作、人员定量管理、产品出售到市场运作，这一系列的产业计划管理如何精准化、高效化是提高产业效益的重要方面。因此未来我国设施园艺产业应建立设施园艺产业计划管理的信息化平台，构建产前、产中和产后整个产业链的人力、物力、财力投入和生产效应的数据库以及最佳管理方案预测模型，在作物生产、人员操作管理、质量控制、投入产出分析等方面实现定量化和精准化，以获得更大经济效益。

第八章　设施园艺发展的重点项目建议

　　我国设施园艺发展应紧密围绕设施园艺产业的国家需求，以设施园艺绿色优质高效发展为核心，以提高土地产出率、劳动生产率、资源利用率为重点，在解决目前产业面临的主要问题基础上，跟踪发达国家的研究前沿，突出设施园艺提质增效和推进现代化，突破园艺设施结构设计和建造、设施结构材料、设施新能源利用以及设施环境耦合互作、环境高效自动控制、作物绿色优质高效栽培等重大科学技术问题。设施园艺的发展要科学优化设施结构，研制现代设施，提升设施环境智能调控能力；研发工厂化育苗、设施园艺作物高产优质栽培以及园艺植物工厂等的技术规范和标准，构建设施园艺作物绿色优质高效生产技术体系，提升园艺产品的产量与质量；推进设施园艺生产的机械化和自动化，开展现代设施园艺生产示范，在实现整体设施园艺产业提质增效的基础上，推进设施园艺产业的现代化进程，形成具有中国特色的现代设施结构类型、配套工程体系及生产栽培模式与技术体系。同时也要积极探索设施园艺产业的智能化管理系统，使我国特色设施园艺产业的总体技术水平到 2025 年达到国际先进水平，到 2035 年达到国际领先水平。

一、基础性研究

　　（一）现代节能园艺设施环境变化机理及其模拟模型构建

　　利用光学、传热学、流体热力学、数学算法等理论和仿真、模拟等技术方法，进一步创新节能温室合理采光、保温和蓄热理论与方法，分析太阳光入射量与光能蓄积量的转变关系，解析设施内光环境分布与热能存贮机理；构建现代节能设施光热获取、蓄积、传播模拟模型；建立不同设施结构内光能分布、光热转变、热量蓄积以及光热调控模型。

　　（二）现代节能设施园艺作物－环境－营养互作机制及作物生长发育模拟模型构建

　　针对设施内密闭／半封闭环境以及园艺作物生育与环境因子的耦合关系，开展密闭／半封闭条件下环境因子变化规律及相互关系、作物与环境的交互作用机制研究，分析设施蔬菜生长特性及环境影响机理，建立作物－环境的动力学耦合模型；提出光、温、营养耦合的环境高效控制方法，充分挖掘作物的生物学潜力，研制相应的高效控制系统。解析设施作物动态生长需求的环境控制逻辑；建立基于作物最优生长和调控成本结合的环境控制决策；开发多环境因子耦合算法的温室卷帘、通风、降温、补充 CO_2 等控制系统；实现基于物联网的温室环境智能控制模式；深入推进精确传感技术、智能控制技术在温室环境监测与调控中的应用。建立不同气候条件下作物最优生长的环境多因子控制逻辑；建立综合作物生长和调控成本的设施环境控制决策模型；研发基于模型的温室卷帘、通风智能控制系统；实现温室卷帘、通风、补充 CO_2 的无线控制。通过研究现代节能设施内温度、光照、湿度等环境与园艺作物生长、营养吸收及分配的关系，构建基于各环境因子耦合的现代节能设施园艺作物生长及营养吸收模型，创建现代节能设施园艺作物绿色优质高效生产管理系统。

（三）设施园艺作物非生物逆境生育障碍及调控机制

系统开展设施园艺作物对非生物逆境的应答机制研究，探究设施园艺作物非生物逆境生育障碍的发生机制；挖掘设施园艺作物抵抗非生物逆境胁迫的基因和物质，阐明其功能及其调控机理；解析设施园艺作物非生物逆境生育障碍的调控机制、诱导抗性机制，明确植物生长调节剂在设施园艺作物非生物逆境胁迫响应中的作用机制与调控网络。

（四）设施园艺作物品质形成及调控机制

从转运蛋白、转录调控因子、表观修饰因子以及非编码 RNA 等方面研究设施园艺作物不同层级基因表达的级联调控机制及其调控网络，解析植物激素信号转导与品质形成的交互调控；以及研究品质代谢与环境的耦合调控机制等，探明园艺品质形成的调控网络和信号传导机制，重点开展设施园艺产品外观品质、色泽品质、营养品质、风味品质形成基础与调控研究，解析设施园艺产品品质形成各层级的级联调控机制及其调控网络、植物激素交互调控机制、基于环境耦合的品质代谢调控机制等。

（五）设施园艺作物土壤障碍发生及调控机制

系统研究设施园艺作物生产过程的土壤生物学和理化特性变化机制，及其对园艺作物生长发育和品质的影响，探究设施园艺作物土壤修复的作用机制，明确设施园艺作物长期施肥及连作对土壤理化性质及微生物群落的影响、土壤养分失衡及其对园艺生产的影响机理，解析设施园艺土壤退化的生理生态过程；阐明设施园艺土壤酸化形成与调控机理，探明微生物与有机肥在设施园艺障碍土壤修复中的作用机制。

（六）园艺植物工厂的作物 - 光 - 温 - 营养耦合与互作机制

通过设施园艺学、机械自动化和计算机等学科的交叉和融合，系统研究园艺植物工厂的作物 - 光 - 温 - 营养耦合与互作机制，重点开展如下研究：探究适于设施园艺作物田间高通量表型测定方法；建立设施园艺作物活体动态监测及形态与微形态数字采集系统；解析设施园艺作物生长发育状态；构建设施园艺作物关键农艺性状表型数据的图像处理和机器学习系统；明确设施园艺作物表型组及重要性状遗传与环境因子的互作机制；建立基于园艺植物工厂环境耦合的园艺作物生长发育模拟模型。

二、共性关键技术研究

（一）适于低成本节能园艺设施建造的新材料

研制新型玻璃材料、多功能专用塑料膜、农业专用 PC 板等透明材料，明确透明材料的主要性能；针对不同园艺作物对光质和光强的需要，开发不同遮光率和不同颜色的专用遮阳网；系统研究园艺设施保温覆盖材料结构，导热、防雨、防老化性能，开发新型保温材料，研制出适于高寒、多雨、强光辐射等不同地区的设施内外低成本轻型防水保温被；针对我国南北方气候环境和资源，建立设施结构材料性能评价技术体系；开展现代节能设施低成本骨架结构材料、适于装配式建造的低成本保温和蓄热结构材料的筛选，系统分析各类材料的保温和蓄热性能，构建适于现代节能日光温室建造的价廉、保温、蓄热、寿命长的规范化材料数据库。

（二）现代节能园艺设施（节能日光温室和大棚）结构优化设计

根据我国不同地区的气候特点，重点优化设计现代节能日光温室和塑料大棚。其中根据北方地区不同气候特点，进行现代节能园艺设施（节能日光温室和塑料大棚）结构优化设计，实现装配式建造、高效采光保温蓄热、低成本建造、便于机械作业；开展新型设施结构与构件加工工艺研究，制定各部件加工工艺标准；研发现代日光温室和塑料大棚保温、降温、蓄热、补光系统，系统研发现代节能设施配套系统性能参数测试与产品；研究现代节能园艺设施内的环境变化规律，开发现代节能园艺设施环境自动管理系统。根据长江流域夏季高温多雨、冬季低温高湿的环境，开展适于南方的多层保温覆盖单栋大型和连栋塑料大棚结构优化设计；开发新型塑料大棚结构和构建的加工工艺，实现新型塑料大棚生产的专业化与标准化；研制适于长江流域塑料大棚多层保温覆盖的保温系统和遮阳覆盖的降温系统。根据华南低级温暖和夏季高温多雨的环境，开展塑料大棚避雨、遮阳、降温结构优化设计；制定适于华南地区塑料大棚结构设计建造、配套组件、配套设备等技术标准。

（三）现代节能园艺设施新能源高效开发利用技术

太阳能的高效利用是园艺设施能源开发利用中最重要的。因此，要重点开发太阳能高效采集技术、光热高效转换技术、光热高效蓄积技术和光热有效阻隔技术。在其他新能源高效开发利用方面，开展生物源燃料应急加温系统、生物能热气加热系统及生物源发酵能源系统的高效开发利用研究，风热能转化介质及其配套设备温室蓄能高效循环利用研究，大储量蓄能技术与设备、深浅层地中蓄热及蓄放热材料与设备的开发研究。分析温室能源分布及耗散原理，构建能源管理线性优化模型；融合测量技术、软件技术和网络技术，建立具有实时监测核心能耗设备、数据分析诊断、能效评估决策的温室生产能源信息评估管理体系，提高能源利用率和能源利用的经济效益。开发设施园艺低成本高效应急补温技术与设备、多种能源耦合利用技术与控制系统。

（四）设施园艺绿色生产管理装备与系统

研究高通量多生境植物表型采集方法，植物表型大数据建模，基因–环境–表型互作规律与挖掘方法，高产、高效、抗逆智能化表型组分析评价方法，研制高通量多生境植物表型采集和分析系统，构建设施环境精确控制和高效栽培管理系统。针对设施园艺土壤和基质障碍日趋严重问题，探索基于热、电、微波等物理方法的土壤和基质高效节能消毒技术，并针对不同土传病害的消毒工艺参数优化消毒效果评价，开发适合设施园艺土壤基质栽培的消毒智能化装备。针对目前无土栽培中营养液残液直排导致的水肥浪费、成本增加、作物受害、环境污染等问题，研究灌溉量和施肥量的精确控制技术，营养液浓度、配比、pH 的精确调控技术，以及营养液回收液收集、消毒、检测、混合技术，开发水肥耦合与封闭管理智能装备，突破不能实时进行营养液的配比调整以及难以做到精确水肥耦合管理和闭环灌溉的瓶颈。针对设施园艺空间密闭的特点，开展多波峰光谱害虫诱引、远程虫量实时监控与虫情信息发布、病害发生规律预测预报等综合防控技术创新，开发适应密闭条件下不同园艺作物农药高功效、低污染病虫害智能防治装备。针对设施园艺栽培生产残留的大量秸秆废弃物，研究设施园艺秸秆就地基质肥料化处理关技术和智能化成套装备，开展高湿秸秆收集和高效粉碎装备、秸秆堆置发酵技术创新及其工艺参数的优化；开发适合不同作物生长的园艺作物秸秆有机基质肥料；实现设施园艺秸秆的资源化利用。

（五）设施园艺作物网络化高效管控技术与装备

研究设施植物的内部生化电反应和外部表征及其感知方法，探索作物体内生命体征、果实成熟度与品质、作物长势变化等信息的快速无损检测技术，突破多自然因素耦合干扰下植物生命体征信息动态感知的难题。研发系列个体植物生长信息传感器，如特征叶、果实生长速度、茎秆微变化等长势信息传感器；研发系列群体植物生境信息监测传感器，如设施环境群落光合、呼吸、蒸腾、生物量在线监测传感器。研究主要温室栽培作物逆境信息获取和逆境预报警系统，建立基于生长信息的长势动态预测模型。研究以实时获取的作物生长信息作为反馈控制量、以经济效益与节能和产量等为目标的设施环境优化控制技术，开发基于植物生长信息的温室环境因子精确控制智能装备，突破机器与植物对话和按作物生长真实需要反馈控制的技术难题。针对设施园艺作物生产管理综合信息运行与服务短缺、数据量大而难以提供适用服务的实际问题，应用工程技术、信息技术和设施农业技术，研究集成物联网和云计算的基础设施；引入大数据分析技术，构建设施农业大数据应用综合服务云平台；研发适合现代农业发展水平的温室设施检测系统；研发设施农业专业职能搜索引擎工具。面向蔬菜、食用菌、花卉、瓜果典型设施作物生长管理应用需求，研制可移动平台的设施园艺作物生产管理与决策系统，具备集中或分散管理、农资管理、生产任务分配与管理、劳动力管理、能源管理、产量、成本评估、收益核算等功能，并集成数据分析专家知识为生产管理提供决策依据，实现设施园艺作物生产环境的异常预警、农事活动适宜期提醒、无土栽培营养决策、农产品市场数据的集市挖掘与聚类分析信息主动服务，以达到设施园艺作物生产的资源高效利用和节本增效的目的。

（六）设施园艺作物机械化和自动化生产技术及装备

从推进我国设施园艺作物生产全程机械化出发，以机械化模式研究、关键环节作业装备创新为突破口，开展适合机械化生产的现代节能设施高效栽培模式与技术、全程机械化装备与技术、现代节能设施装备与智能化环境调控系统、全程高效冷链贮运机械装备与技术、工厂化育苗节能高效装备与技术、节能高效无土栽培技术、节能高效蔬菜植物工厂栽培技术等创新。针对设施园艺作物生产中打叶、施药、采摘作业的劳动强度大、作业效率低等问题，研究多行间巡回续接作业最优路径规划电动作业平台，开发多机具的机-电-控快速通用挂接、手眼连续对靶的自动实时采摘以及配套打叶、施药、采摘机具与技术。以减轻劳动强度，提高作业效率和设施产能为目标，研制精细化整地、精良化播种、自动化移栽、轻简化采收作业装备，解决设施园艺从育苗到收获的薄弱环节机械装备；从高产和标准化生产着眼，研究与机械化作业相适应的设施园艺作物栽培农艺技术规范、机具选型与优化配置技术，制定统一完整的设施园艺作物机械化作业规程和作业质量规范。研制设施园艺作物生产中的物流输送系统，包括穴盘苗、盆花等不同生产环节间转移的物流系统，实现设施园艺作物在不同生产区域的物流链。通过采收识别定位技术、柔性采摘等关键技术的突破，开发出一批设施园艺作物采摘、植保、嫁接和运输的机器人，逐步使设施园艺作物生产管理机器人实用化。研究开发设施园艺产品采后加工处理技术，包括采后清洗、分级、预冷、加工、包装、储蓄、运输等过程的工艺技术及配套设施装备。

（七）园艺植物工厂节能高效生产装备与技术

针对目前全封闭园艺植物工厂建造成本高、智能化水平低等问题，开展全封闭智能型园艺植物工厂结构低成本节能优化设计、内部多层立体栽培架和栽培系统设计，研究开发最佳的营养液、湿温度、补光和新风调控装备以及杀菌与消毒装备，攻克营养液高效安全再利用和高光效补光关键技术，提高全封闭智能型植物工厂建造成本和使用效率。研发适合园艺植物工厂的闭锁式育苗、栽植、物流运输、精确管理、收获、包装等关键环节的自动化生产装备，开展园艺植物工厂生产流程的规划调度与过程控制技术研究，实现从一粒蔬菜种子直至成品上市全过程的自动化生产，大幅度提高园艺植物工厂的生产效率和劳动生产率。开展高光效人工光源、移动式补光和动态补光、太阳能和地热资源能效转化利用、环境调控机组节能运行等节能关键技术与装备的研发，开发适合园艺植物工厂生产的高效节能控制系统；提出一整套园艺植物工厂节能解决方案，突破园艺植物工厂最突出的光温控制能耗大的难题。通过节能光源、耦合环境控制、园艺植物工厂结构、营养液立体栽培、全自动生产装备、节能与配套栽培技术体系等的关键技术和装备的组装集成，研发出具有我国特色的"低成本、节能、高效"智能型园艺植物工厂装备与技术体系，并进行示范应用。

（八）低成本高效工厂化育苗集成技术

研发嫁接新技术、工厂化育苗容器、嫁接机器、传输机械、包装与运输设备等；开发适合我国设施园艺中小型工厂化育苗基地或企业的低成本小型播种、灌溉、催芽、运输设备，降低设备成本和劳动力成本，提高工厂化育苗生产效率。利用当地农业废弃物、生活垃圾和畜禽粪便，开发低成本理化性质适宜的设施园艺作物工厂化育苗的轻质基质，降低对进口草炭的依赖，提高育苗生产效益。以提高瓜类和茄果类蔬菜对逆境和土传病虫害的抗性为目标，培育、引进和筛选适宜当地的蔬菜砧木新品种，研制小型嫁接工具和设备，提高嫁接效率，改进嫁接方法和嫁接愈合管理技术，提高嫁接成活率。针对设施园艺作物工厂化育苗集约化程度高的特点，研究不同设施园艺作物种苗的营养液配方和水肥管理技术措施，提高种苗质量。

（九）设施园艺作物低成本无土栽培关键技术

针对我国不同地域环境，系统研究大田秸秆、蔬菜秸秆、菇渣、酒糟、畜禽粪便等农业废弃物生物发酵技术，开发优质廉价栽培基质；大力研发适合多种园艺作物栽培的有机生态型无土栽培基质优质配方。系统开展设施园艺作物营养基质栽培的营养生理研究，集成构建设施园艺作物绿色优质高效营养基质栽培技术体系。开发针对不同作物、不同时期及不同无土栽培方式的营养液配方，形成专业化与专用的营养液；开发针对不同设施结构类型的园艺作物无土栽培营养液循环系统，形成低成本、节能、自动化控制的营养液闭路循环系统；开发专业化无土栽培容器、营养液循环系统、营养液消毒系统、营养液监测系统等，形成新型节能高效的无土栽培种植系统。

（十）设施园艺作物绿色优质高效土壤栽培关键技术

利用作物收获后和定植前的空闲期，采取多种措施处理设施内土壤，降低土壤中病原菌、线虫的基数。开展低温等离子技术、硫黄熏蒸法、辣根素消毒、夏季高温处理、冬季低温处理等试验，明确低温等离子体不同制剂对根结线虫、茎基腐病、疫病、根腐病等主要土传病害的防治方法、具体技术参数；开展不同纬度、不同气候条件下日光温室、塑料大棚等不同设施类型夏季闷棚和冬季冻棚的防效试验，形成适宜不同地域的闷棚或冻棚技术方案。通过轮间作及提质增效栽培技术、结合土壤消毒、性诱剂、生物农药和高效低毒化学农药等环境友好型防治措施进行绿色防控技术研究，集成适合生产实际的环境友好、品质优良、节本增效的栽培技术模式；集成栽培技术、生态调控、生物防治技术、理化诱控和科学用药等绿色综合防控技术体系，并进行示范推广。主要考核指标为设施土传病害发病率降低 5%，化学农药投入量降低 15% 以上。

（十一）设施蔬菜生物防治技术

针对设施蔬菜主要病虫害盲目施药导致的用药量大、产品污染严重等问题，开展设施环境与设施蔬菜病虫害发生规律研究；开展土壤消毒、性诱剂、生物农药和高效低毒化学农药筛选等绿色防控技术研究；开展生物农药与目前使用的高效、低毒化学农药品种混用增效技术研究，筛选出增效组合；集成设施蔬菜农药安全施用技术模式。针对设施园艺作物病害发生规律和防控手段的现状，优化主要设施园艺作物病害防控技术标准，筛选与优化设施园艺作物农药减量与病虫害综合防控、农产品质量提升与降低防控成本相平衡技术。

（十二）设施蔬菜专用品种选育

针对设施蔬菜生产特点，研究开发耐弱光、低温、高温，多抗病害及优质高产的设施蔬菜专用品种，主要包括番茄、黄瓜、茄子、辣椒、西瓜、甜瓜等蔬菜瓜果。利用现代育种技术，筛选聚合高营养品质、抗病、抗逆等适合设施环境需求的相关性状优良基因，进行种质资源创新；选育高产、优质的蔬菜新品种，通过田间试验与生产示范，进行大面积推广。

（十三）设施蔬菜产品运作模式创新与利用

从全产业链视角围绕我国设施蔬菜生产环节的主推技术和关键技术，对其预期的经济、生态、社会效益进行技术经济评价；以比较优势的理论及我国设施农业产业布局现状、各地区资源禀赋分析为基础，制定我国设施农业产业布局优化方案；以我国现有设施蔬菜产业组织形式分析为基础，提出不同区域设施蔬菜产业组织培育及竞争力提升策略；以不同区域现有蔬菜产品营销模式与品牌建设现状分析为基础，监测市场动态，提出不同区域蔬菜品牌营销模式。建设"互联网＋蔬菜"产业云服务信息化平台，实现不同区域设施蔬菜生产全过程标准化、服务专业化，为设施蔬菜产业服务群体提供品质优化、保障供应、节本增效和生产透明、质量认同和质量溯源服务，为菜农提供设施蔬菜标准化生产智能管理平台、专家远程技术咨询平台和设施蔬菜生产地生产规范与环境监控平台，形成全程可追溯性的信息化云服务系统。

（十四）设施园艺信息平台功能的完善与应用

各级政府农业管理部门根据当地近5年农产品的供需情况对当地蔬菜生产的主要种类、品种、数量、茬口及外来蔬菜种类、数量等信息进行统计分析，将相关信息在农业公共信息管理平台上进行共享，提出先导性意见，以避免跟风式农业种植，并减少农民损失。

三、区域性研究课题

（一）东北温带区设施园艺绿色优质高效生产技术研究

东北地区具有光照充足、土地宽广、夏季凉爽、区位优势明显等特点。在设施园艺发展中主要面临的问题是冬季严寒、雪大的制约因素，所以主要应开展以下研究。

（1）东北大型现代节能日光温室结构创新研究　针对东北高寒地区环境特点，在现有节能日光温室的基础上，开展新型现代设施结构设计与性能研究，进一步增大温室跨度，提高土地利用效率及机械化操作能力。

（2）**东北地区日光温室保温蓄热材料研究** 针对冬季严寒这一问题，进一步开展温室的保温防寒结构设计与材料结构研究，进一步提高东北日光温室的保温性能。

（3）**东北特色低成本节能无土栽培技术研究** 针对东北地区农业废弃物资源，研发廉价可循环利用的设施园艺作物栽培基质；针对基质营养构成开展水肥营养研究，形成以东北农业废弃物为主体的廉价种植基质和傻瓜型基质栽培技术。主要针对大量的玉米、水稻秸秆和食用菌等废弃物的研发内容有：①栽培基质应用。例如，设施园艺可利用的农业有机废弃物料资源的筛选，农业有机废弃物料基质化处理关键技术的研究，轻简化设施基质栽培模式的研发（栽培形式、配套设备及材料、管理技术等）；②育苗基质应用。例如，育苗基质可利用的农业有机废弃物料资源的筛选，农业有机废弃物料基质化处理关键技术的研究，不同类型育苗基质配方及产业化生产工艺的研发。

（4）**东北地区设施蔬菜水肥一体化精准管理技术研究** 以东北土壤与气候环境为依据，研究形成东北不同土壤类型、不同季节茬口及不同作物的水肥一体化管理技术方案，全面提升水肥一体化管理水平。

（5）**高寒地区设施果蔬安全高效栽培模式研究** 研究高寒地区设施果蔬化肥、农药减施技术的集成创新；研发与推广高寒地区设施果蔬高效越冬生产技术模式；研发与示范基于全产业链的高寒地区设施果蔬生产模式。

（6）**东北非耕地设施园艺产业发展模式研究** 针对东北地区盐碱地、矿区回填地等地区的土壤性质，研究土壤改良技术、抗性作物筛选及配套栽培技术，形成适宜该区域的设施园艺产业发展模式。

（二）西北温带干旱及青藏高寒区设施园艺绿色优质高效生产技术研究

针对西北干旱地区及青藏高原、新疆高寒地区、陕北山地等特殊地理环境，设施园艺主要开展如下研究。

（1）**西北不同生态环境、不同功能节能日光温室结构优化设计与性能研究** 研究青藏高原高寒地区的种养两用棚，新疆、陕北、河西走廊的非耕地无土建装配式节能日光温室和大棚，以及适应不同地区环境与经济投资的实用新型设施结构，全面提高温室保温性能、抗灾能力及使用性能。以目前现有的大跨度非对称温室结构为基础，研发新型大跨度、机械化温室结构，开展新型设施结构与构件安全性和稳定性测试，进一步优化温室结构，实现设施结构的升级；研发新型大跨度温室保温系统、遮阳系统，开展温室配套系统性能参数测试与产品开发；研发新型保温蓄热材料设备，通过性能参数及安装方式优化试验，监测与分析新型保温蓄热系统对温室环境和生产性能的影响。

（2）**西北设施园艺作物基质高效栽培技术研究** 依据西北地区农业废弃物资源，全面开发和应用大田作物秸秆、蔬菜秸秆、菇渣、家禽粪便等农业废弃物生物发酵技术；大力研发适合多种蔬菜作物栽培的有机生态型无土栽培基质优质配方；深入研究营养基质高抗、高产、高效特性的养分调控机制；系统开展设施作物有机生态型栽培的营养生理研究；推进富营养型基质在设施作物无公害栽培技术研究中的应用。

（3）**西北地区设施园艺作物水肥一体化技术研究** 主要针对西北沙地、黄土地、关中及南部山区等不同土壤结构及环境气候特点开展水肥一体化技术研究。从农业设施微环境系统出发，研究温室温度、光照、空气湿度等因子对作物不同生育阶段的水分蒸发、蒸腾量的影响规律；组装设施环境因子的监测设备，编写模型软件，开发设施瓜菜智能化灌溉决策系统；开展主要蔬菜亚低温和常温下营养吸收规律研究，形成不同环境下主要瓜菜精准化施肥指标；研究水肥耦合、灌溉时间、灌溉频率对土壤栽培和基质栽培的设施蔬菜生长、产量品质及养分吸收分配的影响；深入推进水肥一体化技术在生态型设施农业中的应用与推广。建立温室环境因子与作物蒸发、蒸腾量的数学关系模型及设施蔬菜灌溉预测模型；开发设施蔬菜智能化灌溉决策系统；形成设施蔬菜不同茬口、不同栽培方式的水肥精准化灌溉体系，制定相应的精准化灌溉施肥技术规范。

（4）西北设施园艺作物绿色优质高效栽培技术研究　　针对新疆高寒地区、青藏高原、黄土高原、秦巴山区、河西走廊、关天地区等不同地区的环境特点，研究组装集成设施蔬菜优质高效生产技术标准与高效生产技术模式，包括栽培模式、环境调控、管理措施、信息化控制等技术。

（三）黄淮海与环渤海温暖区设施园艺绿色优质高效生产技术研究

黄淮河及环渤海湾地区是我国设施园艺产业发展快、基础好、效益高的地区，也是引航我国设施园艺产业发展的地区，提档升级和推进现代设施园艺产业发展，是该地区设施园艺产业发展的方向。目前该地区设施园艺产业面临的主要问题是以日光温室为主体的设施结构栽培空间狭小、环控水平低，高产栽培技术缺乏，亟待开发大型化蓄热保温型日光温室、绿色低碳温光控制技术与装备、高产无土栽培技术与装备，提升设施耕地效能，节省土地资源。主要开展如下研究。

（1）低成本节能园艺设施结构优化设计　　针对现有日光温室空间小、自动化程度低等问题，开展节能型大跨度日光温室结构设计，研发安装简便、自动化程度高、成本相对较低的新型节能日光温室。针对该区域温暖的气候条件，开展新型装配式塑料大棚结构设计与优化，开发大棚内部环境调控管理设备，形成适宜、亚适宜气温下设施蔬菜种植的新型装配式塑料大棚结构。连栋温室是渤海湾地区温室的主要类型之一，在引进吸收国外温室结构、材料及管理模式经验的基础上，进一步在结构设计与机械化、智能化控制方面进行创新优化设计研究，形成具有我国自主知识产权的，适宜渤海湾地区的建造成本低、智能化程度高的连栋温室结构。

（2）低成本节能设施园艺作物基质栽培技术研究　　利用当地资源，大力研发适合多种蔬菜作物栽培的有机生态型无土栽培基质优质配方；深入研究营养基质高抗、高产、高效特性的养分调控机制；系统开展设施作物有机生态型栽培的营养生理研究；推进富营养型基质在设施作物无公害栽培技术研究中的应用。

（3）低成本节能设施园艺作物无土栽培技术研究　　开发无土栽培基质发酵设备、搅拌设备及自动装运设备，形成自动化程度高的无土栽培机械。开发无土栽培营养液智能管理软件及配套管理设备，实现无土栽培营养液的自动化管理系统。

（4）低成本节能设施园艺作物高效立体栽培技术研究　　开发适宜设施蔬菜高效生产的立体栽培设施设计，形成外观新颖、作物根际生产环境温度的多功能立体栽培设施；并研究不同立体栽培设施、不同栽培季节及作物的配套管理栽培技术，特别是光照管理、水肥管理关键技术，形成该区域设施蔬菜单位面积产量倍增的栽培管理模式。

（5）低成本节能设施园艺作物绿色优质高效栽培技术集成　针对该区域生态特点，选育设施蔬菜专用品种，开发基于设施内部环境的设施园艺作物水肥药一体化技术，组装集成设施园艺作物绿色优质高效生产模式与技术体系。

（四）长江流域亚热带多雨区设施园艺绿色优质高效生产技术研究

长江流域包括长江上游的西南地区和长江中下游的华东地区，两个地区的地理环境和地形地貌有所差异，因此长江流域亚热带多雨区分成华东地区和西南地区两个部分说明。

1. 华东地区设施园艺绿色优质高效生产技术研究

（1）设施结构优化设计研究　目前，华东沿海北部地区，如江苏北部，仍以日光温室占较大比例，早期引进的山东型日光温室已逐渐被苏北型改良日光温室替代。日光温室后墙结构主要以砖墙＋保温板、秸秆及油麻块等为主，建造成本较高。对此，建议以当地来源广泛的原料为主，大力开展后墙保温材料的研发，并对多种原料进行复配，检测其保温性，最终形成装配式后墙模块，以降低建造成本，并便于规范化操作。其他地区则主要以塑料大棚为主，虽能满足大部分蔬菜生产，但仍存在一些问题亟待解决。例如，8m跨度塑料大棚机械化操作程度不高，单位生产成本增大；而连栋大棚内温、湿度等环境因子虽相对较均匀，但由于连片面积过大，一旦病虫害爆发，较难隔离控制。因此，需研发适合在该地区推广应用的大跨度双层保温大棚。

（2）耐弱光、高湿设施专用蔬菜品种培育　目前，市场上已有很多抗逆性强的蔬菜品种，但大多是抗病、抗高温、低温品种，而耐弱光、高湿蔬菜品种相对较少。因此，针对东南沿海地区的气候特点，急需加大分子育种力度，研发适宜该地区大面积高效种植的设施蔬菜专用品种。

（3）无土栽培基质及有机肥的区域化开发　无土栽培是设施农业发展的重要方向，而栽培基质在蔬菜育苗及无土栽培中应用极其广泛，需求量较大。此外，有机肥是设施栽培中用量最大的底肥，也是保证设施蔬菜向绿色、有机目标发展的重要前提。目前，栽培基质和有机肥因生产原料、运费等原因，导致其价格较高，无形增加了设施蔬菜的生产成本。对此，不同地区应根据当地或周边邻近地区现有的工农业废弃物资源，研究其发酵的条件、配比等，形成本地适宜的无土栽培基质。

（4）设施内补光技术研究应用　华东沿海地区雨水相对较多，日照时长较短，且栽培设施主要以双层塑料大棚为主，设施内多数时间处于弱光状态。故应大力开展设施内补光技术研究，可针对不同的设施类型、结构和采光性等因素，选择适宜的光源，研究出相对最适的光源及光谱配比。此外，还应研究补光灯的安装固定并入大棚结构建造工程，并研发出适宜的可移动固定架，实现产业化生产。

（5）设施内除湿技术研究应用　华东沿海地区空气湿度普遍偏大，设施内高湿时有发生，极易引发及传播植物病害。对此，建议从以下几方面着重研究：一是大棚覆盖材料进一步优化研究，重点研究大棚覆盖膜的透光、无滴技术；二是水肥一体化滴灌技术研究，使水肥滴灌更加精准、稳定，结合地膜覆盖材料，降低地面水分的蒸发；三是农用除湿机的研究，开发适合设施内使用、成本较低的农用除湿机；四是吸湿微肥研究，可研究一类具有吸湿功能的微粉状复合肥料，其含有植物生长所需的微量元素、生长调节剂等，当设施内空气湿度过大时可通过喷雾设备将其均匀喷入设施内空气中，使其与悬浮在空气中的水分子结合后通过重力作用降落到植物叶片上或是土壤中最终被植物吸收利用。

（6）设施园艺产业链的完善与延伸　设施园艺产业发展中，种植环节最重要，但目前其效益相对较低。因此，建议该地区在政府及市场调控下，加大产学研合作力度，不断输入新产品、新技术及新模式，完善肥料及栽培基质生产、设施工程建造、种子研发等上游产业，提升设施园艺作物种植技术，实现其呈绿色、有机发展的良好态势，拓展设施园艺产品的深加工、电商、休闲观光等产业。最终，在各地区形成较完善的设施园艺产业链，以有力保障当地设施园艺产业的健康、可持续发展。

2. 西南地区设施园艺绿色优质高效生产技术研究

（1）园艺设施设计建造技术创新与集成　西南地区总体上温度高，年日照时数较少，平均 1000 ～ 1600h，但整个西南地区气候环境复杂，既有成都平原高温、高湿、寡日照地区，也有云贵高原、川西高原等高温差和长日照地区。成都平原地区不适合建设日光温室，可大力发展多层保温覆盖连栋塑料大棚。但该地区目前很多塑料大棚的生产水平低，附属设施不配套，环境调控能力差；设施结构简易，抗御自然灾害能力差，土地利用率低，保温、采光性能差，作业空间小，不便于机械作业；其设施农业发展只注重了数量和规模化建设，而忽视了水、电、保温和设备等设施条件的配套，以及相关结构设计的更新，更谈不上对设施内的温、光、水、气、肥等环境因子的综合调控。因此，需开展抗灾能力强、透光率高、具有保温性能的大型化设施结构设计与研究。川西地区气温较高，干湿季节分明，降水量较少，可以采用大跨度日光温室，同时开展不同设施类型环境调控关键技术研究。例如，通过正确揭盖草苦和保温被等保温覆盖材料并使用卷帘机等机械设备以尽量延迟光照时间；后墙涂白、于果实着色期挂铺反光膜，以增加散射光；利用补光灯进行人工补光以增加光照强度等措施可有效改善设施内的光照条件。

（2）特殊气候条件下设施园艺作物栽培的关键技术集成研究　针对川西干热河谷气候，如攀枝花芒果产业面临的主要灾害是旱灾和低温冻害，该区域应重点开展设施作物防冻害设施及配套栽培技术研究。成都平原高温、高湿，该区域应重点开展避雨高效栽培模式研究，如设施栽培葡萄常采用避雨栽培技术。

（3）设施特色种质资源开发与利用　西南地区野生蔬菜瓜果资源丰富，应主要开展野生蔬菜瓜果资源收集与引种研究，野生瓜果蔬菜标准化生产与栽培研究；并根据野生蔬菜瓜果在野生状态下生长发育所需要的生态环境采取有针对性的技术措施，如弱光改善、选用"导土"等。

（五）华南热带多雨区

华南热带多雨区气候四季温暖，夏季雨多炎热，因此，主要应该开展如下研究。

（1）热带设施蔬菜专用品种筛选培育与示范　针对热带地区气候和设施环境特点，通过引进西瓜、甜瓜、青瓜、辣椒、苦瓜、豇豆和叶菜等新品种，并结合田间常规育种和分子标记辅助育种技术，筛选培育出综合性状表现优良的设施蔬菜专用品种；建立蔬菜品种示范基地，配套实施相应栽培技术，对引进及选育的优良设施蔬菜新品种进行集中展示。

（2）热带设施蔬菜嫁接育苗技术研究与示范　主要开展热带地区西瓜、甜瓜、青瓜、辣椒、苦瓜等嫁接苗工厂化生产技术研究，西瓜、甜瓜、青瓜、辣椒、苦瓜专用砧木的筛选及育苗生产技术研究，并建立相应的示范基地。

（3）热带设施蔬菜安全生产关键技术研究与示范　围绕热带地区西瓜、甜瓜、青瓜、辣椒、苦瓜、豇豆和叶菜设施生产中的重大关键问题，开展适合热带地区蔬菜设施安全生产关键技术、主要设施病虫害的生态防治新技术、多种病虫害早期预测技术研究。

（4）热带设施蔬菜土壤质量改良研究与示范　针对热带地区设施蔬菜土壤肥力下降、板结、酸化、次生盐渍化和土传病害等连作障碍问题，开展机械深耕深松、轮作倒茬、秸秆还田、增施有机肥和改良剂、改施碱性肥料和微生物菌肥等综合改良措施研究，并建立相应的示范基地。

（5）热带冬季瓜菜棚型开发与优化设计研究及示范　针对热带冬季西瓜、甜瓜、青瓜、辣椒、苦瓜、豇豆和叶菜品种特性和热带地区的气候特点，对现有棚型进行优化设计及经济生态棚型的开发，以适应不同品种和生态地区的棚型及覆盖材料。

（6）热带常年蔬菜"设施大棚农机农艺"融合研究与示范　热带常年蔬菜"设施大棚农机农艺"融合研究是针对热带蔬菜，如菜心、生菜、上海青、小白菜及豆类等品种特性和热带地区夏秋季的气候特点，按照"设施服务农机、农机适应农艺、农艺适应农机、设施满足农艺"原则，通过设计满足机械化作业和作物生长的抗台风设施大棚，引进和研发适应栽培作物的专用农机装备，培育适合机械化作业的品种，优化适应机械化作业的栽培模式等重点攻关，集成热带常年蔬菜"设施大棚农机农艺"融合技术体系，并在热带地区及相似气候区域蔬菜基地推广应用。

（7）热带设施蔬菜采后商品化处理及贮藏保鲜技术与示范　研究热带净菜处理、预冷、保鲜膜和保鲜剂的工艺配方、包装等关键技术，创新集成适合热带地区特性和商品特性的商业化保鲜综合技术，构建冷链综合保鲜技术模式，建设热带蔬菜保鲜和商品化处理示范生产线。

（8）热带设施蔬菜产品质量溯源体系构建　通过对热带地区西瓜、甜瓜、青瓜、辣椒、苦瓜、豇豆和叶菜等品种的投入品管理、采摘环节、包装环节、销售环节等对蔬菜生产过程进行管理，构建热带蔬菜质量溯源平台，集成热带蔬菜产品安全质量溯源体系。

四、集成与示范类项目

计划在东北、华北、华东（山东、江苏、安徽）、华中（河南）、西北、西南（云南）等地建立综合示范区 20 个，重点开展如下四方面技术集成与示范。

（一）现代节能设施园艺作物绿色优质高效生产技术集成与示范

集成基础研究与区域性课题研究技术成果，在 20 个不同示范区示范现代节能新型设施结构、设施园艺作物土壤高效绿色种植技术模式、设施园艺作物无土栽培技术、轻简化栽培技术，应用推广新型设施园艺作物专用品种、小型设施专用设备及智能管理设备，实现现代节能设施园艺作物绿色优质高效生产。

（二）节能设施园艺清洁生产技术集成与示范

集成适宜不同区域特点的种植模式，使用清洁能源和原料，利用先进的工艺技术与设备，科学、智能化的环境调控方案，集成绿色防控、资源高效利用的绿色清洁生产技术模式，在不同生态生产区进行推广示范，提升设施园艺经济效益。

（三）智能植物工厂生产技术集成与示范

集成不同作物光源设备、补光技术、营养液管理技术和环境自动管理技术，示范建造成本低、运营成本低、高效生产的智能园艺植物工厂及配套生产管理技术。

（四）特种设施园艺（观光、采摘、体验）生产技术集成与示范

在经济发达区域，针对不同区域经济水平和居民生活习惯，开展观光、采摘和体验等不同目的的特色设施园艺作物生产模式示范。

第九章　设施园艺发展的重大战略措施建议

设施园艺产业在我国国民经济发展中占有极其重要的地位，它不仅是解决我国园艺产品周年均衡供应不可或缺的重要产业，而且也是广大农村脱贫致富、增加就业岗位不可或缺的重要产业。但目前这一产业面临土地产出率、劳动生产率和资源利用率不高以及产业效益逐年下降的局面，因此，为确保我国设施园艺产业健康可持续发展，需要政府部门采取重大政策和扶持措施，加快产业提档升级和提质增效，促进产业的现代化进程。

一、全面规划建设我国设施园艺产业集群

现代设施园艺是一个涉及众多学科领域的高度多样化的产业，涵盖设施制造、作物生产、产品销售三大板块，涉及材料、制造、工程、能源、环境、信息、电子、生物、加工、运输、经济等诸多学科的技术经济领域，环环相扣、错综复杂。因此，规划建设设施园艺产业集群，首先是要根据各大板块的各个领域区域化布局、产业化经营、专业化生产的基本要求，规划设施园艺产业多学科技术经济领域在地域、空间和项目运行上高度聚集融合发展，实现团体效应和大品牌效应，大幅度提高综合生产率、资源利用率和劳动生产率，促进设施园艺产业的快速持续稳定发展。这是当前及未来我国设施园艺产业提高竞争力、增强发展优势的重要途径和必然选择。

通常产业集群发展的要素包括以人类创造为主的高级生产要素，和以人口、气候、地理位置、自然资源为主的初级生产要素。前者对产业的创新驱动发挥更为重要的作用，后者则能够提供初始竞争优势，是产业集群形成的基础条件之一。因此，全面规划建设我国设施园艺产业集群，还要根据我国不同区域地理位置、人口、气候和自然环境特点以及现有生产、技术、资金基础建设设施园艺产业专业化集中产区，并在规划的基础上，打造设施园艺产业优势产区。目前的重点是：规划建设以黄淮海及环渤海湾以及西北半干旱两个区域为核心的暖温带节能日光温室园艺产业集群、以长江流域及云贵高原等地区为核心的亚热带多层保温覆盖塑料连栋/单栋大棚园艺产业集群、以闽粤桂地区为核心的热带遮阳避雨棚园艺产业集群。此外，要规划建设以长三角和京津冀地区为核心的温室装备制造集群、以云南斗南和辽宁凌源地区为核心的温带设施花卉产业集群、以西北和黄淮海及环渤海湾以及闽粤桂地区为核心的温带和热带设施西甜瓜产业集群、以黄淮海及环渤海湾以及长江流域地区为核心的暖温带和亚热带设施果树产业集群、以东北和黄淮海及环渤海湾以

及长江流域地区为核心的温带和亚热带设施食用菌产业集群。

二、按照产业集群建设完整的设施园艺产业链

完整的设施园艺产业链是设施园艺产业健康发展的重要因素。要按照设施园艺产业集群规划，建设设施设计和建造、生产资料供应、生产管理、产后处理和市场营销等系统完整的产业链，促进种子、种苗、农资、设备、工程、储加、物流、销售、金融、保险、研发等相关产业的聚集发展；同时应充分发挥政府的协调和宏观引导作用，利用产业协会、联盟等群团组织的作用，逐步实现"政产学研用"一体化，建设好金融服务、信息服务、技术服务、生产服务等完整的服务体系，促进一二三产业的有机融合。

三、加快推进设施园艺科技创新集成和成果转化

我国设施园艺装备研发不系统、不持续的问题由来已久，故应尽早制定《国家设施园艺装备与生产技术创新发展规划》，对重点研究领域、重要技术装备、重大研究项目进行科学规划；结合科技管理体制改革的新要求，对体制机制创新、保障体系建设进行安排，特别对那些长期存在的"短板"问题，要建立长期支持的重点扶持计划；在园艺作物生长机理、温室结构与装备及作物栽培管理等重要节点开展深入持久的研发，做好基础数据的研究收集工作，为科技原创奠定重要基础，保障产业的合理有序、持续健康发展。

要按照设施园艺产业集群发展的要求，整合多学科、企事业单位的研究人员和机构，打通组织人事关系，建立多学科紧密结合或融和一体的设施园艺综合科研平台（联合攻关体），这是解决科研力量条块分割，消除研究与应用相互隔离、各自为战的根本措施。还要在大力开展设施园艺原创性、标准化、地方特色技术及理论基础研究的同时，确保成果的实用性和研究工作的持久性。

依据《中华人民共和国促进科技成果转化法》和各级政府的相关规定，各地应建立健全科技成果转化相关鼓励政策并确保其贯彻执行；大力扶持建立符合各地实际情况的设施园艺生产技术综合服务体系，充分有效地利用扶贫资金、技术推广资金，调动广大农业技术推广人员的积极性；加快培训设施园艺产业的一线技术推广人员和生产者；扶持建立一批接地气的示范园区，推进设施结构标准化、作物生产规范化、产品品牌化、经营产业化、管理现代化，提高园艺产品质量和安全水平，提升产业竞争力。

四、组织实施设施园艺的提质增效工程

经过了 20 世纪 90 年代设施园艺生产规模爆炸式增长，我国的设施园艺产业已经从追求规模效益转为追求质量效益。在产业规模逐步向优势产区集中的同时，各地应根据自身自然、经济和市场条件，编制设施农业发展规划，引导产业结构调整和转型升级。按照设

施园艺产业集群规划，组织实施设施园艺提质增效工程项目。

一是加强技术创新，提高生产水平。在设施装备方面，要改造和新建一批适用于不同生态区域、不同生产模式、不同作物种类的高水平节能设施，加强设施农业共性关键技术装备的研发与推广，最终实现设施设备的标准化；在农艺方面，要加强设施园艺标准化园区和生产标准化技术体系建设，实现农机农艺有机结合，大幅度提高劳动生产率和生产管理质量水平，实现资源高效利用。二是调整优化结构，提高产品档次。因地制宜建设设施园艺精品园区，生产高质量、高附加值、功能性产品；建立发展休闲观光设施农业，通过园艺教育、养生治疗等不同业态的链条式服务，实现设施园艺产业的增值。三是完善市场体系建设。依托产地优势，建设区域性农产品市场；加强信息网络建设，做好市场信息服务，实现生产与市场的真正对接。四是延长产业链条，实现由第一产业向第二产业、第三产业的延伸与整合。大力发展农业设施、装备和生产资料的生产加工业、设施园艺生产服务业、农产品加工业、生鲜农产品物流与营销业，大幅度提升设施园艺产业的价值空间。

五、推进设施园艺的现代化进程

设施园艺是高投入高回报的产业，国家应通过财政资金引导、金融机构借贷、民营资本募集等多渠道资金投入，建立各层次的综合性或专业性设施园艺工程技术创新研究平台，设立设施园艺科技创新研究专项，开发具有中国特色的设施园艺现代化装备和生产系统，全面提高我国设施园艺理论与技术水平。

在设施现代化方面，大力发展节能型日光温室的结构标准化和装备现代化，提高塑料薄膜大棚在环境调控和防止台风等自然灾害方面的能力。在装备现代化方面，一方面应大力开发应用小型设施的环境自动化控制装备与系统，利用农业物联网技术实现温室环境控制自动化和水肥供给自动化；另一方面逐步开发推广现代化（智能化）生产管理装备和控制系统，实现生产的轻简化、自动化和高效率。在生产工艺方面，重视推进农艺与农机融合，实现栽培模式与技术标准化、生产管理机械化。在产后处理方面，实现产品分选包装机械化、储运冷链化、产品质量可追溯化。

第十章 设施园艺发展的重大政策建议

设施园艺属于高投入、高产出、高效益的技术密集型产业，在提高资源利用效率、提升农业产出效益和竞争力方面具有独特的优势，是现代农业的重要标志和组成部分，具有广阔发展前景，因此一直备受各级政府的重视。我国目前已成为名副其实的设施园艺生产大国，但还不是强国。在设施园艺产业发展过程中，政府作为设施园艺的监管主体，应发挥好引导、管理、服务职能，从政策、资金、技术、信息、市场等多方位提供支持和配套服务，加快推进各项制度改革，建立和完善一套适合设施园艺发展的体制机制，为产业健康发展提供一个良好环境。

一、强化宏观规划引导和标准化技术体系建设

经过近三十年的发展，我国的设施园艺产业取得了举世瞩目的成就，我国已成为世界上名副其实的设施园艺生产大国。但是，总体看来，我国对设施园艺产业发展的统筹规划与科学引导不足，发展盲目性和随意性仍较大。《全国设施蔬菜重点区域发展规划（2015—2020 年）》虽已发布，但执行较难落到实处。个别地方政府强调政绩工程，存在较强的行政干预现象，缺乏整体规划和科学论证；有些地区设施类型、栽培制度、作物种类等缺乏区域特色，比较优势不明显；有些园区规划设计不科学，田间布局不合理，水电路不配套，生产效益不高；多数地区的设施设计和建造规范化、标准化水平差，个别地区盲目照搬其他地区的设施类型和结构，未按当地地理位置和气候条件进行科学设计，导致生产条件不理想，产量、质量、效益较差。

我国幅员辽阔，地理位置和气候条件差异悬殊，设施园艺发展很难采取一种模式。一方面，从全国层面，在《全国设施蔬菜重点区域发展规划（2015—2020 年）》基础上，应尽快制定全国设施花卉、设施果树等产业发展规划，明确不同区域的发展规模、主导设施类型、作物种类、种植模式等，为地方发展规划的制定提供指导；另一方面，各地应立足当地气候特点和经济水平，在全国发展规划框架内，因地制宜地制定本区域的发展规划，并在实际工作中贯彻执行，以便使规划真正落到实处。规划制定要坚持以市场为导向和效益优先的原则，依靠科技支撑，充分发挥当地的自然资源优势。规划实施过程中，政府应积极做好信息网络、市场运销、质量安全监管等配套基础设施建设。

在制定区域发展规划的同时，各地应组织优势力量，围绕不同区域的生态气候特点，

制定和完善相配套的区域设施园艺标准化体系，包括设施结构建造标准和种植管理技术标准。我国目前相当数量的日光温室和塑料大棚由农户自行建造，随意性强；同时，由于入门门槛低、市场监管不严，部分设施生产厂家不能严格执行相关标准；当然，也有部分标准因实用性和可操作性差而被束之高阁。因此，政府应加强对标准制定和实施的指导和监督，并加大宣传和贯彻执行力度，推动区域设施园艺标准化步伐。荷兰是世界设施园艺强国，荷兰农业管理当局委托农业环境工程研究所（后并入瓦赫宁根大学），分别于1978年、1985年和1997年制定了温室结构设计标准、施工安全标准和荷载标准，有力促进了温室的规范化建造和设施园艺行业的健康发展，其经验做法值得我们学习借鉴。

二、强化设施园艺科技创新平台和队伍建设

设施园艺的发展离不开新型材料、机械装备、电子信息、生物科学等领域的科技进步。我国的设施园艺科技工作者经过几代人的努力，在节能日光温室结构创新、大型连栋温室国产化、新型覆盖材料、优质高效栽培技术等方面取得了长足进步，有力推动了设施园艺发展的步伐。尽管如此，我国设施园艺相关基础和应用基础研究仍较薄弱，技术创新不够、储备不足，在环境控制、精准栽培、专用品种、人工智能、物联网应用方面与发达国家还有很大差距。目前，我国约60%塑料大棚为竹木骨架，70%日光温室为竹木土墙结构，设施蔬菜的综合机械化水平不足30%，平均亩产仅4500kg左右，水肥利用率只有30%~40%；温室环境和精准灌溉施肥管理系统、茄果类蔬菜种子、草花种子等主要依赖进口。设施园艺属于多学科交叉融合的新兴学科，虽然目前国内有众多高校和科研院所开展与之相关的研究，但科研力量仍较薄弱，且人员分散，重复研究过多，尤其是高层次专门人才缺乏。

我国具有人多、地少，水资源、耕地资源、能源严重不足等基本国情，发展设施园艺不能照搬照抄任何国家的模式，必须走自己的路子，坚持"节能、低成本、生态、安全、高效"特色。构建符合中国国情、具有中国特色的设施园艺技术体系，政府必须加大对设施园艺关键共性技术研发的支持力度。建议国家重点研发计划、国家自然科学基金等项目将设施园艺作为优先支持领域，国家自然科学基金设置与设施结构和环境调控研究相关的申请代码。进一步完善政府、社会多方投资机制，构建以产业需求为导向的设施园艺创新体系。

为提高我国设施园艺科技创新能力，建议组建国家级设施园艺科技创新平台，集中相关学科优势力量，组织开展设施园艺科技创新，为我国设施园艺产业快速健康发展提供科技支撑。与此同时，应优化现行的科研体制机制，解决条块分割造成的人员分散、资源浪费等问题，整合国内优势创新力量，有效聚集创新要素和资源，大力推进高校、科研院所、行业企业和政府部门的深度合作，组建国家级设施园艺协同创新中心，充分释放人才、资本、信息、技术等创新要素的活力，提升持续创新活力。荷兰以瓦赫宁根大学和所属研究机构为核心，聚集了大量国际顶尖的跨国公司和科研院所，约有15 000名农业及食品科学领域的科研人员，协同开展温室园艺相关研究。2018年3月，沈阳农业大学联合国内相关

单位组建了"中国设施园艺科技与产业创新联盟",其目的在于通过引领产业重大技术难题、聚集优势科研资源、保障科学运行机制等手段,聚集和协调全国设施园艺产学研诸多方面的优势资源和力量,共同探索优势互补的产学研结合的新机制和新模式,对产业发展的全局性重大战略难题、共性关键技术和区域性发展的重大关键性技术问题开展联合攻关,提升我国设施园艺产业自主创新能力和产业化水平。

三、构建促进设施园艺产业发展的土地、金融、保险、财政、税收政策

发展设施园艺,首先遇到的是用地问题。为规范设施农业用地管理,2010 年国土资源部、农业部下发了《关于完善设施农用地管理有关问题的通知》,明确了设施农用地管理有关要求和支持政策;2014 年 9 月,国土资源部下发了《关于进一步支持设施农业健康发展的通知》,合理界定了设施农用地范围,积极支持设施农业发展用地;2019 年 12 月自然资源部会同农业农村部印发了《关于设施农业用地管理有关问题的通知》,在原有设施农业用地管理方式、使用耕地和用地程序等支持政策基础上,在用地划分、使用永久基本农田范围、用地规模、用地取得等方面作了进一步改进。各省市也以此为基础制定了适合当地实际的差异化政策。上述政策的出台适应了现代农业发展要求,促进了设施园艺产业健康有序发展。

设施园艺往往前期投入较大,对信贷和保险服务的需求有别于以粮食及经济作物为主的一般农业生产。尤其在我国现阶段,设施园艺主要以家庭为经营主体,投资能力有限,建立和完善合理的经济支持政策尤为重要。荷兰、日本、以色列等国设施园艺发展过程中,政府都根据各自国情,通过提供资金补贴、低息贷款等方式降低投资成本。但是,在发展的不同阶段,财政支持的方式可能不一样。在前期的规模化发展阶段,主要对温室或大棚建设进行补贴,以降低设施园艺进入的门槛,补贴资金通常达到设施建设成本的40% ~ 50%,日本甚至高达 60% ~ 70%;除直接补贴外,政府也可以通过提供政策性低息贷款降低融资成本。在后期的发展过程中,为了引导行业技术升级,主要对特定的技术方向进行差异化补贴。荷兰在 20 世纪 90 年代以后,政府不再简单地补贴设施建设面积,而是改为对节能型温室和照明系统升级、有机生产等进行补贴,引导设施园艺经营主体从粗放型经营向绿色集约化经营转变;日本和以色列则通过专项补贴,促进环境友好、可循环利用的薄膜等覆盖材料的应用。

我国各地的实际情况不同,所处的发展阶段也不一样,应根据设施园艺发展的阶段性特征,区分设施结构和装备制造、设施作物生产、设施园艺产品运销等不同情形,针对新建设施、老旧设施的修缮更新、技术和装备推广应用等不同情况,制定差异化补贴政策。经济支持手段可包括银行贷款、机构担保、财政贴息、资金补贴、政策保险等。

对设施园艺企业应给予相应的税收减免,并重点向新兴、绿色、创新型设施园艺领域倾斜,以鼓励高效、环保、节能型设施园艺发展;要加大财政贴息、担保基金等对设施园艺发展的支持,通过开发融资租赁、设施抵押贷款等新型信贷产品,更好地适应设施园艺

发展的融资需求；应及时将新型设备列入农机购置补贴目录，加快设施园艺装备化、机械化的步伐；进一步拓展设施农业补贴的范围。2010 年以来，浙江省在设施农业补贴方面探索出了一套较为成熟的经验，为我国制定相关政策提供了参考。2018 年，农业农村部、财政部将大棚骨架正式纳入农机购置补贴试点范围，补贴类型包括单体塑料大棚、连栋钢架大棚和玻璃连栋温室。日光温室骨架补贴已在辽宁、山东等省试点。建议抓紧制定和完善各省市设施农业纳入农机购置补贴的政策方案，并尽快组织实施。

设施园艺生产容易受自然灾害影响，有时会造成巨大损失。因此，我国设施园艺发展要顺应其需求和特点，加快推进设施园艺保险产品开发，扩大保险品种覆盖面，提升保险赔付率，简化理赔程序，逐步构建以政策性保险为主、商业性保险为补充的保险体系。对符合标准的设施或者园区，因火灾、雪灾、雨灾、风暴、严寒、地震等不可抗拒因素造成损失的，应实行风险补偿。近年来，山东、江苏、福建、四川等多省实施设施园艺保险，取得了良好成效，经验值得总结推广。

对设施园艺的经济支持政策必须有利于推进设施园艺的标准化、规模化和专业化，这是未来设施园艺的发展方向，应优先资助具备区域化、规模化、标准化生产的设施园艺主体，以及具有高技术含量的产品和装备。

四、扶持设施园艺产业新型经营组织

日本和荷兰设施园艺的快速发展，在一定程度上归因于完善的农户合作。日本农产品进入市场以农协为主，农协的职能范围广泛，除了向成员供应生产、生活资料和销售农产品外，还包括为其成员提供信贷、保险等服务。农协的活动渗透到农民生活的方方面面，职能是全方位的，具有浓重的社会组织色彩。农协作为日本实施农业政策的一个辅助机构，政府的资金支持是一个很重要的部分，《农业协同组合法》明确规定，政府在每年的年度预算中，应当给予农协中央事业经费补助。荷兰农业合作社遍及农业生产领域的各个环节，是一种由农民自愿组织起来互助共利的特殊经济组织，其设立遵从独立性、自愿性、民主性、紧密性、非资本获利性和公平性等 6 项基本原则。合作社日常管理机构建有完整的服务体系、推广体系、检测体系、信贷体系、市场体系和信息系统，对社员实行全程化全方位服务。经营范围和服务内容主要有三大类：一是供应合作社，二是销售与加工合作社，三是服务合作社。合作社的运行特点，一是专业化的生产服务，二是一体化的加工销售配送服务，三是社会化的金融服务，四是市场化的外部运营。

农民合作组织是小生产与大市场之间、政府与农民之间的桥梁，是推动现代农业发展不可或缺的重要力量。良好的农户合作，一方面，提高了组织化程度，有利于强化普通农户的市场连接性，改善小农户对接大市场的不利局面，提升农户参与分享设施园艺产业链、价值链收益的能力，夯实设施园艺发展的长期内生动力基础；另一方面，也为满足分散农户的生产服务需求提供了便利，使得设施园艺社会化服务供需配套更加有效。

我国目前的设施园艺生产以家庭分散经营为主（80% ~ 90%），生产单元小，规模效益差，对设施园艺产业高投入和高风险的承受能力弱，难以实现自我积累和自我发展，无法与市场建立相对固定的供货渠道并占有相对稳定的份额，很难与大市场、大流通对接；而且，面对千家万户，生产管理、技术推广、质量监管的难度均较大。因此，必须重视和大力推进农民合作组织发展，提高农业组织化程度。要在充分发挥市场配置资源基础性作用的同时，加强政府对合作组织的扶持，促使合作组织努力改善自身治理结构和内部管理模式，完善自身运行机制，保障其在市场上的竞争力。与此同时，各地区文化传统、经济发展水平、主导产业不同，合作组织方式也应做到因地制宜，不能照搬一种模式。

我国现阶段的主要任务，一是要因地制宜，积极引导扶持组建家庭农场、农民专业合作社、专业大户、农业企业+农户等新型经营主体，提高生产的组织化程度。二是要推进农村人力资源和耕地资源的市场化合理配置，通过土地、劳动力等生产要素重组，释放各要素活力，获得最佳效益；应按照"依法、自愿、有偿"的原则，进一步加快农村集体土地承包经营权按其使用价值依法有偿流转，并积极探索土地转包、转让、租赁、托管、互换、入股、抵押等多种机制。

五、健全设施园艺产业管理机构和服务体系

发展设施园艺产业，不仅能有效丰富人民群众的"菜篮子"、"果盘子"和"花篮子"，而且对保障园艺产品质量安全、带动相关产业发展、推动农村区域经济发展、促进农民增收致富意义重大。但是，设施园艺属于多学科、多行业交叉融合的新兴产业，发展过程涉及土地、农机、农艺、金融、税收等不同部门。目前对设施园艺产业的管理，各级政府多沿用过去的条块分割模式，不同方面隶属于不同的部门管理，这样很容易造成制定政策相互矛盾、遇到问题相互推诿、只重建设不重管理、只看数量不看质量等问题；也有个别地区的政府管理部门，设施园艺产业尚属管理的真空，无人问津。

为保障设施园艺产业健康有序发展，建议各级政府部门，尤其是设施园艺优势产区，能整合相关力量，设立专门的设施园艺产业管理机构，强化政府对产业的宏观引导和有效监督。重要的是，政府要进一步转换职能，简政放权，由"行政化管理"转向"贴心式服务"，将更多精力投入到提供行业公共服务方面，如加强产业配套和市场开拓、强化设施园艺技术供需衔接、推进标准制定和技术推广等。荷兰、日本、以色列等设施园艺发达国家，不仅在设施园艺产品生产方面具有国际竞争力，育种育苗、机械装备、市场流通、物流配送等配套产业也具有明显优势，并且有些处于全球领先地位。20世纪60年代初，荷兰政府积极参与欧共体的共同农业政策，连接起了广阔的欧洲市场，为荷兰设施园艺发展注入了强大动力，现今向德国出口的农产品占到荷兰出口总量的四分之一，有些种类甚至高达80%。为促进设施园艺技术的供需衔接与推广，政府或行业组织应首先汇集设施园艺生产经营的需求，然后让研究机构按需提供解决方案，农技推广部门则结合区域特点对农户开展针对性指导培训，形成"政府-科研院所-推广部门"协同作战的局面，可有效促进产业快速发展。

与此同时，设施园艺技术装备水平高、集约化生产程度高、科技含量高，而我国现阶段的经营主体以农民为主，文化层次和科技素质偏低，在一定程度上制约了设施园艺产业

发展。政府要进一步加大专项经费投入保障，加强农技推广体系建设，稳定农技推广队伍，支持农技推广人员通过进修深造、业务培训等形式，及时更新知识结构，不断提高推广能力和水平；应鼓励农技人员深入生产一线开展设施园艺新技术示范、指导、培训等推广活动，并不断创新推广方式；改革现行的职称评定、薪酬定级办法，注重对农技推广人员工作业绩的考核，把职称、薪酬与推广业绩挂起钩来，以充分调动农技推广人员积极性，推动设施园艺产业发展。

六、加强设施园艺与"一带一路"倡议、乡村振兴战略融合

2013 年 9 月和 10 月，习近平总书记先后提出共建"一带一路"的重大倡议，并得到国际社会高度关注。农业交流和农产品贸易自古以来就是丝绸之路的主要合作内容。新时期，农业发展仍然是"一带一路"沿线国家国民经济发展的重要基础，沿线大部分国家对解决饥饿和贫困问题、保障粮食安全与营养的愿望强烈，开展农业合作是这些国家的共同诉求。在"一带一路"倡议下，农业国际合作成为沿线国家共建利益共同体和命运共同体的最佳结合点之一。2017 年 5 月，中华人民共和国农业部、国家发展和改革委员会、商务部、外交部发布了《共同推进"一带一路"建设农业合作的愿景与行动》，现代农业及相关产业是"一带一路"相关国家参与"一带一路"倡议实施的重要领域，应当把农业科技交流、农产品贸易、农业投资作为"一带一路"沿线国家农业合作的优先方向。我国的设施园艺经过近 30 年发展，技术不断完善和成熟，形成了节能、低成本的明显特色。虽然现阶段我国的园艺产品在国际市场上仍具有一定价格优势，但未来的设施园艺将不再仅仅是园艺产品的输出，更重要的是设施园艺技术和装备的输出。

实施乡村振兴战略是党的十九大作出的重大决策部署，是决胜全面建成小康社会、全面建设社会主义现代化国家的重大历史任务，是新时代"三农"工作的总抓手。产业振兴是乡村振兴的基础和重点。在乡村振兴过程中最迫切的任务是发展产业，提升产业的质量和效益，不断提高劳动生产率、土地产出率、资源利用率。现阶段，设施园艺已成为我国农业产业结构调整的重要内容和部分地区脱贫致富的支柱产业。2016 年全国设施蔬菜生产总额近 1 万亿元，占种植业产值的 25%，在种植业中排名第一，设施水果产值约 491 亿元，设施花卉产值也达 15 亿元以上，设施园艺亩产值至少为大田作物的 10 倍以上。而且，设施园艺产业的发展解决了农村劳动力转移问题，粗略计算，全国 470 万 hm² 设施园艺生产可以安排 4500 多万人就业。同时，作为观光休闲和生态农业的重要内容，设施园艺可以带动第三产业发展。因此，发展设施园艺能够全面支持我国乡村振兴战略的实施，解决适度经营、谁来种地、基础薄弱、资源短缺等问题，实现城乡同步、农村繁荣、农民富裕、农业发展等目标。

因此，政府在出台"一带一路"倡议和乡村振兴扶持政策时，建议将设施园艺产业作为重要方面加大支持，推动"一带一路"倡议、乡村振兴战略和设施园艺产业融合发展。

参 考 文 献

白义奎，李天来，王铁良，等 . 2011. 辽宁日光温室结构研究进展 . 北方园艺，1：62-67

鲍顺淑，齐飞，魏晓明，等 . 2010. 中国设施园艺发展的意义和作用 . 北方园艺，15：25-28

别之龙 . 2007. 从国家农业科技发展导向探讨中国设施园艺的发展方向 . 农业工程技术（温室园艺），10：30-31

曹楠，鲍顺淑，袁雪锋，等 . 2016. 荷兰、德国典型温室园艺设施功能与布局解析 . 农业工程技术，36（10）：58-64

陈春良 . 2016. 荷兰、日本、以色列设施农业发展经验与政策启示 . 政策瞭望，9：47-50

陈殿奎 . 2000. 我国设施园艺生产技术引进吸收情况 . 农业工程学报，6：10

陈殿奎 . 2000. 引进推动了我国设施园艺发展 . 农村实用工程技术，10：2-3

陈永生，胡桧，肖体琼，等 . 2014. 我国蔬菜生产机械化现状及发展对策 . 中国蔬菜，10：1-5

邓秀新，项朝阳，李崇光 . 2016. 我国园艺产业可持续发展战略研究 . 中国工程科学，18（1）：34-41

丁小明 . 2011. 荷兰设施园艺发展对我国的启示 . 中国蔬菜，3：3-7

丁小明，魏晓明，李明，等 . 2016. 世界主要设施园艺国家发展现状 . 农业工程技术，36（1）：22-32

辜松 . 2015. 我国设施园艺智能化生产装备发展现状 . 农业工程技术，28：46-50

辜松，张跃峰，丁小明，等 . 2016. 实用主义指引的设施园艺工厂化——美国设施园艺产业考察纪实 . 农业工程技术，36（1）：68-74

郭世荣 . 2005. 栽培基质研究现状及今后的发展趋势（上）. 农村实用工程技术（温室园艺），10：16-17

郭世荣 . 2007. 江苏省设施蔬菜发展现状及可持续发展对策 . 内蒙古农业大学学报（自然科学版），3：269-273

郭世荣，孙锦，束胜，等 . 2012. 我国设施园艺概况及发展趋势 . 中国蔬菜，18：1-14

郭世荣，孙锦，束胜，等 . 2012. 国外设施园艺发展概况、特点及趋势分析 . 南京农业大学学报，35（5）：43-52

国家统计局农村社会经济调查司 . 2009. 改革开放三十年农业统计资料汇编 . 北京：中国统计出版社

国家统计局 . 2018. 中国统计年鉴 2018. 北京：中国统计出版社

何芬，齐飞，鲍顺淑，等 . 2010. 当前中国设施园艺发展存在的主要问题和建议 . 北方园艺，15：29-32

扈立家，李天来，陈爽 . 2006. 我国蔬菜产业化问题研究 . 沈阳农业大学学报（社会科学版），1：20-22

蒋高明. 2007. 中国需高度警惕耕地白色污染. 资源与人居环境, 13：58-59

蒋卫杰, 邓杰, 余宏军. 2015. 设施园艺发展概况、存在问题与产业发展建议. 中国农业科学, 48（17）：3515-3523

蒋卫杰, 屈冬玉. 2000. 我国设施园艺发展趋势和可持续发展的建议. 中国农学通报, 3：61-63

科技日报. 2017. 中国设施园艺面积世界第一. http://finance.china.com.cn/roll/20170822/4360312.shtml.

李保明. 2005. 中国设施农业技术的研究与应用进展. 农机推广与安全, 5：10-11

李萍萍. 2011. 设施园艺中的土壤生态问题分析及清洁生产对策. 农业工程学报, 27（S2）：346-351

李式军. 2000. 积极发展中的南方设施园艺业. 中国蔬菜, 3：3-6

李式军, 郭世荣. 2011. 设施园艺学. 2 版. 北京：中国农业出版社

李天来. 2000. 论我国设施蔬菜产业可持续发展中应注意的几个问题. 沈阳农业大学学报, 1：9-14

李天来. 2005. 辽宁省日光温室发展现状和今后研究方向（上）. 农村实用工程技术（温室园艺）, 6：11-13

李天来. 2005. 辽宁省日光温室发展现状和今后研究方向（下）. 农村实用工程技术（温室园艺）, 7：18-19

李天来. 2005. 我国日光温室产业发展现状与前景. 沈阳农业大学学报, 2：131-138

李天来. 2011. 我国设施园艺发展的几点思考. 农业工程技术（温室园艺）, 3：25-26

李天来. 2016. 我国设施蔬菜科技与产业发展现状及趋势. 中国农村科技, 5：75-77

李天来, 齐红岩, 齐明芳. 2006. 我国北方温室园艺产业的发展方向——现代日光温室园艺产业. 沈阳农业大学学报, 3：265-269

李天来, 王琦, 王世富. 2006. 辽宁省农村科技现状分析与发展建议. 沈阳农业大学学报（社会科学版）, 3：428-432

李晔, 孙周平, 李天来. 2007. 基于光热资源的中国北方地区设施园艺发展分析. 农业工程技术（温室园艺）, 6：13-15

李晔, 孙周平, 李天来. 2007. 我国设施园艺产业发展对策探讨. 北方园艺, 7：80-82

李中华, 孙少磊, 丁小明, 等. 2014. 我国设施园艺机械化水平现状与评价研究. 新疆农业科学, 51（6）：1143-1148

刘宏军. 2007. 关于我国设施农业、设施园艺业发展现状与对策研究. 农业与技术, 4：5-8

刘铭, 张英杰, 吕英民. 2010. 荷兰设施园艺的发展现状. 农业工程技术（温室园艺）, 8：24-33

刘文科. 2015. 栽培工程化技术推进我国设施园艺现代化进程. 农业工程, 5（5）：153

刘文科, 杨其长. 2013. 现代设施园艺的最高形式——植物工厂. 科技导报, 31（33）：11

刘文科, 杨其长. 2015. 植物工厂 LED 照明应用的几点思考. 照明工程学报, 26（4）：98-102

陆春胜, 鲍业强. 2006. 关于温室产业化发展的几点看法. 农业工程技术（温室园艺）, 11：11-12

栾非时, 崔喜波, 孙占海. 2003. 我国高寒地区设施园艺发展存在问题及解决对策. 东北农业大学学报, 2：226-230

吕艳. 2013. 新一代滑盖式现代节能日光温室. 农业工程技术（温室园艺）, 12：26-27

农业部设施园艺发展对策研究课题组. 2011. 我国设施园艺产业发展对策研究. 现代园艺, 5：13-16

齐飞, 李伟方, 魏晓明, 等. 2010. 我国设施园艺产业发展状况评价指标体系的研究. 农机化研究, 32（5）：

228-231，235

齐飞，魏晓明，鲍顺淑，等．2010.我国设施园艺发展的机遇与挑战．农机化研究，32（12）：222-226

齐飞，魏晓明，张跃峰．2017.中国设施园艺装备技术发展现状与未来研究方向．农业工程学报，33（24）：1-9

齐飞，周新群．2011.从科学发展的角度看中国设施园艺产业的未来．农机化研究，33（12）：233-236

齐飞，周新群，鲍顺淑，等．2013.设施园艺工程集成模式的表达方式和评价方法．农业工程学报，29（8）：195-202

齐飞，周新群，丁小明，等．2011.设施园艺工程集成模式构建方法．农业工程学报，27（8）：1-7

齐飞，周新群，丁小明，等．2012.设施农业工程技术分类方法探讨．农业工程学报，28（10）：1-7

齐飞，周新群，张跃峰，等．2008.世界现代化温室装备技术发展及对中国的启示．农业工程学报，10：279-285

沈军，高丽红，张真和，等．2014.我国设施园艺现状调查与分析．河南科技学院学报（自然科学版），42（5）：16-21

沈军，高丽红，张真和，等．2015.中国设施园艺产业的经济性分析．农业现代化研究，36（4）：651-656

孙忠富．2005.发展可控环境农业在我国农业现代化中的作用．农村实用工程技术（温室园艺），1：15-17

佟雪姣，孙周平，李天来，等．2016.温室太阳能水循环集热装置的蓄热性能研究．沈阳农业大学学报，47（1）：92-96

汪晓云．2013.新型无土栽培模式系列谈（一）：无土栽培技术的现状及存在问题．农业工程技术（温室园艺），1：50，52，54

王宏丽，邹志荣，周长吉．2008.西北地区设施园艺发展现状与对策探析．上海交通大学学报（农业科学版），5：377-381.

王栴，张天柱．2017.北京市"十三五"发展设施农业集群探讨．农业工程，7（3）：175-177，180

王先裕，黄元姣，余丽萍．2006.日本蔬菜生产和消费需求近况．中国蔬菜，7：33-34

王晓冬，马彩雯，史慧锋．2008.新疆日光温室建设及配套装备技术现状、存在问题及应对措施．农业工程技术（温室园艺），8：13-15

王新华，王克飞，陈月玲．2018.我国蔬菜出口的现状、问题及对策．农村经济与科技，29（20）：149-151

魏灵玲，杨其长，刘水丽，等．2009.LED在设施园艺中的应用系列（一）：LED在密闭式植物苗工厂中的应用．农业工程技术（温室园艺），5：13-14，47

魏琴芳，马骥．2006.对日光温室发展中土地利用率的探讨．农业工程技术（温室园艺），8：22-23

魏晓明，齐飞，丁小明，等．2010.我国设施园艺取得的主要成就．农机化研究，32（12）：227-231

伍德林，毛罕平，李萍萍．2007.我国设施园艺作物生长模型研究进展．长江蔬菜，2：36-40

许世卫，王东杰，李灯华，等．2017.我国"互联网+"现代农业进展与展望．农业网络信息，1：10-17

严斌，丁小明，魏晓明．2016.我国设施园艺发展模式研究．中国农业资源与区划，37（1）：196-201

杨其长．2016.供给侧改革下的设施园艺将如何发展？.中国农村科技，5：40-43

杨其长，张成波．2005.植物工厂系列谈（二）：植物工厂研究现状及其发展趋势．农村实用工程技术（温

室园艺），6：38-39

杨仁全，张晓文，周增产，等 . 2006. 荷兰设施园艺工程最新进展 . 农业工程技术（温室园艺），6：9-11

杨雅婷，魏灵玲，魏强，等 . 2009. LED 在设施园艺中的应用系列（五）：LED 在温室补光中的应用 . 农业
　　工程技术（温室园艺），9：15-16

袁兴福，李天来，印东生，等 . 2007. 我国北方现代日光温室的研制及效果评价 . 北方园艺，1：54-56

张超坤 . 2001. 加强农膜污染治理，促进农业可持续发展 . 广西农业科学，5：277-279

张福墁 . 2000. 设施园艺工程与我国农业现代化 . 农村实用工程技术，1：2-3

张福墁 . 2001. 设施园艺与我国农村经济结构调整 . 农村实用工程技术，11：2-3

张福墁 . 2002. 农业现代化与我国设施园艺工程 . 农村实用工程技术，12：9-10

张福墁 . 2006. 强化科技创新大力提升我国设施园艺现代化水平 . 沈阳农业大学学报，3：261-264

张亚红，陈青云 . 2006. 中国温室气候区划及评述 . 农业工程学报，11：197-202

张亚红，陈青云，陈端生 . 2003. 我国南方设施园艺气候区划的研究 . 中国生态农业学报，4：41-44

张跃峰，秦四春 . 2015. 设施园艺智能化发展趋势与路径 . 农业工程技术（温室园艺），25：25-28

张真和 . 2012. 我国农用塑料应用技术的发展与展望 . 蔬菜，11：1-5

张真和 . 2015. 农用塑料技术在设施园艺产业中的应用与发展 . 中国蔬菜，7：1-5

张真和，马兆红 . 2017. 我国设施蔬菜产业概况与"十三五"发展重点——中国蔬菜协会副会长张真和访
　　谈录 . 中国蔬菜，5：1-5

张震，刘学瑜 . 2015. 我国设施农业发展现状与对策 . 农业经济问题，36（5）：64-70，111

张志斌 . 1999. 荷兰温室产业及发展我国设施园艺的建议（上）. 农村实用工程技术，8：14

张志斌 . 1999. 荷兰温室产业及发展我国设施园艺建议（下）. 农村实用工程技术，9：12-13

张志斌 . 2007. 中国设施园艺高新技术的发展探讨 . 内蒙古农业大学学报（自然科学版），3：252-255

张志斌 . 2015. 我国设施园艺发展现状、存在的问题及发展方向 . 蔬菜，6：1-4

张淑英 . 2005. 中国农村经济调研报告 2005. 北京：中国统计出版社

郑景云，卞娟娟，葛全胜，等 . 2013. 1981 ～ 2010 年中国气候区划 . 科学通报，58：3088-3099

中国农业年鉴编辑委员会 . 2017. 中国农业年鉴 2016. 北京：中国农业出版社

周长吉，冯广和 . 2000. 引进温室带给中国设施园艺现代化的思考 . 沈阳农业大学学报，1：23-25

邹志荣 . 2001. 西部地区设施园艺产业发展前景 . 西北园艺，6：3-4

Ampatzidis Y，De Bellis L，Luvisi A. 2017. iPathology：Robotic applications and management of plants and
　　plant diseases . Sustainability，9：1010

Anda，J. D，Shear，H. 2017. Potential of Vertical Hydroponic Agriculture in Mexico . Sustainability，9：140

Balliu A，Sallaku G. 2016. An overview of current situation and trends in Albanian vegetables protected
　　cultivation sector. Acta Horticulturae，1142：449-454

Bayer P，Saner D，Bolay S，et al. 2012. Greenhouse gas emission savings of ground source heat pump systems
　　in Europe：A review. Renewable and Sustainable Energy Reviews，16（2）：1256-1267

Berkovich Y A, Konovalova I O, Smolyanina S O, et al. 2017. LED crop illumination inside space greenhouses. REACH, 6: 11-24

Davis P A, Burns C. 2016. Photobiology in protected horticulture. Food and Energy Security, 5（4）: 223-238

De Silva T A, Forbes S L. 2016. Sustainability in the New Zealand horticulture industry. Journal of Cleaner Production, 112: 2381-2391

Duffy R. 2017. Good agricultural practices for greenhouse vegetable production in the south east european countries . Rome: Food and Agriculture Organization of the United Nations, 19-20

Fanos T, Belew D. 2015. A review on production status and consumption pattern of vegetable in Ethiopia. Journal of Biology, Agriculture and Healthcare, 5（21）: 82-93

Ghehsareh A M, Borji H, Jafarpour M. 2011. Effect of some culture substrates (date-palm peat, cocopeat and perlite) on some growing indices and nutrient elements uptake in greenhouse tomato. African Journal of Microbiology Research, 5(12): 1437-1442

Hiwasa-Tanase K, Ezura H. 2016. Molecular breeding to create optimized crops: from genetic manipulation to potential applications in plant factories . Frontiers in Plant Science, 7: 539

Jaimez R E, Costa M, Araque O, et al. 2015. Greenhouses in Venezuela: Current status and development prospects. Rev. Fac. Agron.（LUZ）. 32: 145-174

Janke R R, Altamimi M E, Khan M. 2017. The use of high tunnels to produce fruit and vegetable crops in north America . Agricultural Science, 8: 692-715

Jishi T, Kimura K, Matsuda R, et al. 2016. Effects of temporally shifted irradiation of blue and red LED light on cos lettuce growth and morphology . Scientia Horticulturae, 198: 227-232

Lee J, Yun I H, Yoon Y, et al. 2015. Energetic and Economic Assessment of Pipe Network Effects on Unused Energy Source System Performance in Large-Scale Horticulture Facilities. Energies, 8（5）: 3328-3350

Lewthwaite J R, Bussell W T, Cornforth I S, et al. 2011. Sustainable disposal of surplus nutrient solutions from soilless greenhouses in New Zealand. Acta Horticulturae, 893: 1091-1098

Miglani S, Orehounig K, Carmeliet J. 2017. Design and optimization of a hybrid solar ground source heat pump with seasonal regeneration. Energy Procedia, 122: 1015-1020

Min G, Yu Y, Nam Y J. 2016. Feasibility assessment of using power plant waste heat in large scale horticulture facility energy supply systems. Energies, 9: 112

Nekrasov V, Wang C, Win J, et al. 2017. Rapid generation of a transgene-free powdery mildew resistant tomato by genome deletion . Scientific Reports, 7: 482

Nordey T, Basset-Mens C, De Bon H, et al. 2017. Protected cultivation of vegetable crops in sub-Saharan Africa: Limits and prospects for smallholders. A review. Agronomy for Sustainable Development, 37: 53

Pérez-Hedo M, Suay R, Alonso M, et al. 2017. Resilience and robustness of IPM in protected horticulture in the face of potential invasive pests. Crop Protection, 97: 119-127

Ray P P. 2017. Internet of things for smart agriculture: Technologies, practices and future direction. Journal of

Ambient Intelligence and Smart Environments，9：395-420

Reddy P P. 2016. Sustainable Crop Protection under Protected Cultivation. New York：Springer：23-43

Silva A，Rocha L V，Machado A P，et al. 2017. Automation system for rainwater harvesting and water management accommodation using mobile app. Espacios，38（19）

Singh B. 2014. Protected cultivation of horticultural crops in India：Challenges and opportunities. Hyderabad：Hyderabad International Convention Centre

Sturm B，Marina M，Royapoor M，et al. 2014. Dependency of production planning on availability of thermal energy in commercial greenhouses—a case study in Germany. Applied Thermal Engineering，71（1）：239-247

Tal A. 2017. Rethinking the sustainability of Israel's irrigation practices in the Drylands. Water Research，90：387-394

Tewolde F T，Lu N，Shiina K，et al. 2016. Nighttime supplemental led inter-lighting improves growth and yield of single-truss tomatoes by enhancing photosynthesis in both winter and summer . Frontiers in Plant Science，7：448

Tüzel Y，Öztekin G B. 2015. Protected cultivation in Turkey . Chronica Horticulturae，55（2）：21-26

Ueta R，Abe C，Watanabe T，et al. 2017. Rapid breeding of parthenocarpic tomato plants using CRISPR/Cas9 . Scientific Reports，7：507

van der Lans C J M，Meijer R J M，Blom M. 2011. A view of organic greenhouse horticulture worldwide. Acta Horticulturae，(915)：15-21

van Os E A，Speetjens S L，Ruijs M N A，et al. 2012. Modern，sustainable，protected greenhouse cultivation in Algeria. Wageningen UR Greenhouse Horticulture：71-83

Vanthoor B H E，Stigter J D，van Henten E J，et al. 2012. A methodology for model-based greenhouse design：Part 5，greenhouse design optimisation for southern-Spanish and Dutch conditions. Biosystems Engineering，111（4）：350-368

Villalobls F J，Mateos L，Testi L，et al. 2016. Principles of Agronomy for Sustainable Agriculture. New York：Springer：63-65

Visser P H B D，Dijkxhoorn Y. 2012. Business opportunities for protected horticulture in South Africa An overview and developments in South African protected horticulture. Anthrozoos A Multidiplinary Journal of the Interactions of People & Animals：50-78

Wolfert S，Ge L，Verdouw C，et al. 2017. Big data in smart farming：a review. Agricultural Systems，153：69-80

Zhang Y，Kacira M，An L. 2016. A CFD study on improving air flow uniformity in indoor plant factory system. Biosystems Engineering，147：193-205